Expansion • Interaktion • Akkulturation

Historische Skizzen zur Europäisierung Europas und der Welt

Band 2

Herausgegeben von

Peter Feldbauer
Thomas Kolnberger
Gottfried Liedl, geschäftsführend
John Morrissey
Manfred Pittioni

für den Verein zur Förderung von Studien zur interkulturellen
Geschichte, Seitingergasse 159c, A-1130 Wien
und für den Verein für Geschichte und Sozialkunde (VGS)
c/o Institut für Wirtschafts- und Sozialgeschichte der Universität
Wien, Dr. Karl Lueger-Ring 1, A-1010 Wien

GOTTFRIED LIEDL
MANFRED PITTIONI
THOMAS KOLNBERGER

Im Zeichen der Kanone

Islamisch-christlicher Kulturtransfer
am Beginn der Neuzeit

2002
Mandelbaum Verlag Wien

Die Deutsche Bibliothek – CIP-Einheitsaufnahme

Im Zeichen der Kanone. Islamisch-christlicher Kulturtransfer am Beginn der Neuzeit / Gottfried Liedl ... – Wien: Mandelbaum Verlag, 2002
    (Expansion • Interaktion • Akkulturation: Bd. 2)
    ISBN 3-85476-075-2

Gedruckt mit Förderung des Bundesministeriums für Bildung, Wissenschaft und Kultur.

Layout/Satz: Marianne Oppel
Lektorat: Andrea Schnöller
Umschlaggestaltung: Michael Baiculescu
Druck: Interpress, Budapest
Titelbild: Detail eines Holzschnittes, Deutschland 1535

ISBN 3-85476-075-2

Inhalt

Expansion • Interaktion • Akkulturation

Editorial

Drei Schlagwörter, die Programm sind. Diese kleine Reihe hat sich zur Aufgabe gesetzt, handliche Bücher zu produzieren, die weder eine geschlossene Einheit, noch eine vollständige Behandlung des Themas sein wollen. Es ist uns ein Anliegen, den einzelnen Autoren soviel Gestaltungsfreiheit einzuräumen, solange sie am geforderten Leitmotiv orientiert bleiben. Somit sind die drei Schlagwörter nicht nur Programm, sondern ihre Abfolge die Struktur der historischen Herangehensweise. Interaktion ist unserer Ansicht nach der eigentliche Modus von Expansion und Akkulturation. »Aufeinander reagieren und wechselseitig im Verhalten beeinflussen« (Interaktion) bestimmt die Wege der Expansion, »der räumlichen Ausdehnung und Erweiterung eines Macht- und Einflussbereiches«. Keine gesellschaftliche Expansion ist jemals gleichmäßig und homogen verlaufen. In jeder Phase, ja bereits bei der Ursachenforschung, wird man auf Interaktion stoßen, die Akkulturation, »eine Übernahme fremder geistiger und materieller Kulturgüter und Anpassung an fremdes Milieu von Einzelpersonen oder ganzen Gruppen« zeigen. Kein Aufeinandertreffen von Menschen und Kulturen verlief wohl jemals in bloß eine Richtung. Menschen und Kulturen können nicht einfach verpflanzt, wie ein Samenkern in neue Erde gesenkt werden, um sich identisch zu reproduzieren, denn »Fremdes« wird ungesehen zum »Eigenen« gemacht. Die Auseinandersetzung als soziale Zusammenkunft ist Motor der Entwicklung, macht den Unterschied, und daher die Unterscheidung in der Darstellung und historischen Herangehensweise Sinn. Differenz wird als Chance und nicht als Makel aufgefasst.

Ein anderer Autor, eine andere Autorin, hätte zum selben Thema vielleicht ein anderes Buch geschrieben und andere Herausgeber die Themenschwerpunkte abweichend gesetzt. Die Zusammenstellung der einzelnen Bände wird dadurch aber nicht beliebig, sondern kreist in ergänzender Weise um die Expansion aus dem europäischen Raum, einem Raum, der zu allererst geographisch aufgefasst wird. Das Europa unserer Tage formiert sich eben erst in den Epochen, die auch unser Betrachtungszeitraum schwerpunktmäßig abdecken soll – vom europäischen Hochmittelalter bis zur späten Neuzeit. Und gerade die Erfahrung der überseeischen Ausbreitung europäischer Mächte und Menschen trug zur wachsenden Einheit der Weltgeschichte bei, an der Europa entscheidenden Anteil genommen hat. Durch Zusammenschau und Verflechtung der unterschiedlichsten Themenbereiche soll eine Gesamtdarstellung mit persönlich gefärbter Auswahl geschrieben werden, die mehr Zusammenhänge und Dichte zustande bringt, als Fragment überzogener Ambitionen zu bleiben, den alles umfassenden Sammelband zu verfassen.

Nun sei noch eine abschließende Bemerkung zu den im Buch verwendeten Zitaten angebracht. Wir haben diese – bis auf wenige Ausnahmen, d.h. kurze, sprachlich besonders prägnante Formulierungen – ins Deutsche übertragen.

Die Herausgeber

Vorwort

GOTTFRIED LIEDL/THOMAS KOLNBERGER

> »Im Übrigen bin ich der Meinung, dass
> Karthago zerstört werden muss.«
> *Cato vor dem Römischen Senat*

Um Geschichte zu schreiben, muss man wissen, was man wissen will. Dass man nicht über etwas geschrieben hat, muss aber umgekehrt nicht bedeuten, dass es bewusst verheimlicht, unterschlagen oder nicht zur Kenntnis genommen wurde – kurzum, man es nicht wissen wollte! Geschichtswissenschaft braucht gerade solche Missverhältnisse als Problemstellungen, denn ohne Probleme keine Geschichte. Geschichtswissenschaft ist zu ihrem besten Teil fundierter Widerspruch und wiederholte Thematisierung vorliegender Problemlösungen. Andrerseits soll die Historie verhindern helfen, über etwas schweigen zu müssen, bloß weil darüber wenig geredet, wenig geschrieben wurde, oder weil Tatsachen zu geringen, ja kärglichen Eingang in die allgemeine Diskussion gefunden haben. »Die Tatsachen gehören alle nur zur Aufgabe, nicht zur Lösung« – so Ludwig Wittgenstein im *Tractatus logico-philosophicus*.

Wir spielen hier auf die Debatte um die so genannte »Military Revolution« an. Unser kleines Buch ist thematisch als ein qualifizierter Einwand angelegt, der für und gegen eine »Military Revolution« im Sinne von Geoffrey Parker gelesen werden sollte.[1] Den eigentlichen Grund für diese Zwitterstellung kann man aber nur im Zusammenhang einer allgemeineren und noch viel weiterreichenden Debatte verstehen: einer Debatte über den Aufstieg des Westens während der Neuzeit etwa ab 1500. Das Datum, auch verstanden als ein symbolisch aufgeladener Stichtag – man denkt natürlich sofort an die Entdeckung Amerikas durch Kolumbus –, fällt hier zunächst nicht ins Gewicht. Wichtiger scheint es uns zu sein, die ganze »Logik« des Wirkungsgefüges zu hinterfragen be-

---

[1] Parker 1990, Black 1994 u. 1998, Rogers 1995.

ziehungsweise zu testen. Ab 1500 erhöht sich die Präsenz europäischer Mächte in der Welt merklich. Menschen aus Europa verstreuen sich über beide Hemisphären und mit ihnen Waren, Wissen, Seuchen, Pflanzen, soziale Netze und vieles mehr. Im Kielwasser dieser Ausbreitung – das Schiff wird zum wichtigsten Übertragungsmedium und Transportmittel – strömt eine ganze neue Welt nach Europa zurück. Immer regelmäßiger und fester werden Kontinente miteinander verbunden und im 18. Jahrhundert ist schließlich auch noch der letzte bewohnbare Kontinent für die Weltöffentlichkeit entdeckt.[2]

Das sind Tatsachen im Sinne von Wittgenstein. Ist die Lösung zu dieser Vernetzung der Welt aber gerechtfertigterweise als ein »Aufstieg des Westens« zu formulieren? Ein *rise of the west,* dem sich fast zwangsweise ein *decline of the rest* anhängt? Militärische Stärke und kriegerische Kompetenz sind oft die ersten Argumente einer Expansion. Sie mussten offenbar unbedingt in das Erklärungsprofil einfließen, warum denn ausgerechnet Europa als vielgliedriger »Wurmfortsatz Asiens« – wie es einmal von Paul Valéry bezeichnet wurde – weltumspannende Macht zu entfalten verstand. Aber zu glauben, man könne es mit der Formulierung einer Liste von europäischen Besonderheiten in Wirtschaft, Sozialorganisation oder Militär (sozusagen als selbstevidente Argumente) auf sich beruhen lassen, oder zu meinen, dass Sein von selbst Sinn ergibt, hat vielleicht dem einen oder anderen als Aufgabe der Geschichtsschreibung gelten können – im Sinne von Wittgenstein war es sicher nicht. Um es gleich vorwegzunehmen – wir können Parker über weite Strecken seiner Argumentation folgen, nur fällt es uns schwer zu bestätigen, dass die Entwicklung militärischer Standards, die Weiterentwicklung techno-militärischer Kompetenz tatsächlich fast durchgehend Eigenproduktion europäischer Mächte gewesen sein soll. Im Gegenteil. In der Absicht, das zu schreiben, was man einen »produktiven Essay« nennen könnte, und dabei den Rahmen eines Einführungswerkes nicht zu überschreiten, nehmen wir ein Privileg des Historikers in Anspruch, welches sich aber nur selten in dieser Deutlichkeit deklariert: nämlich auszuwählen ohne beliebig zu werden. In einer arbeitsteiligen Wissenschaft, wie sie eben auch die Geschichtsschreibung ist, geht es wohl auch gar nicht anders.

---

[2] Zur Erweiterung und Vervollständigung des (kartographischen) Weltbildes vergleiche Dörflinger 2002, 13 (über die sagenhafte *Terra Australis* auf einer Weltkarte des 16.Jahrhunderts) mit Rothermund 2002, 258 (zu Hendrik Brouwers »noch kühnerer Bezwingung des südlichen Indischen Ozeans« – der Passatwind-Route südlich des 40. Breitengrades)!

Also eine Auswahl ... Wir haben uns dazu einen unmittelbaren »Nachbarn« der europäischen Christenheit ausgesucht, die islamische Welt. Einen Nachbarn, der gefährliche Nähe und zugleich kreativen Kontakt über diffuse Grenzen entwickelte. Das muslimische Spanien bis zum Fall Granadas 1492, dem großen Jahr des Kolumbus –, das osmanische Reich mit seiner Expansion bis vor die Tore Wiens 1529 und 1683: Das war durchaus alles andere als eine harmlose Nachbarschaft ... Gerade der Konflikt im und um das Mittelmeer ist für die Zukunft Europas ein entscheidendes Wegstück technisch-organisatorischer Akkulturation gewesen – und da besonders im militärischen Feld. Und obwohl wir der These vom Aufstieg des Westens in ihrer ganzen Rigidität nicht folgen können, so können wir ihren Anhängern immerhin zubilligen, diese Schwellenzonen einer so genannten »Neuzeit« in ihrer ungeheuren Bedeutung nicht unterschätzt zu haben. Denn einerseits verdeutlicht der ibero-arabische Fall – und das mit erstaunlicher Klarheit! –, wie sich »militärische Modernität« entwickeln kann: nämlich laut Zeitplan der »Military Revolution« Parkers eigentlich ... zu früh! Andererseits bietet das Schicksal der Osmanen das Exempel, wie man sozusagen trotz »*the rise of the west*« als dessen Gegenspieler nicht mit Notwendigkeit »fällt«.[3] Das Blatt wendet sich spät – erst mit den Friedensverträgen von Karlowitz (1699) und Passarowitz (1718), die zwischen der Hohen Pforte und der Hofburg geschlossen wurden. Künftig wurde der Kaiser in Wien als dem Sultan gleichrangig tituliert.[4] Beobachtungen dieser Art reizen zum Widerspruch.

Es sind einige Termini gefallen, denen es eigentlich an Präzision fehlt und die darum im Sinne größtmöglicher Transparenz immer wieder der jeweils eigenen Leseart und Argumentation angepasst werden sollten. Modernität – auch militärische Modernität – entsteht nicht aus einer Art Anfangsvorsprung, dem andere so lange vergeblich nachlaufen – und den sie trotz aller Mühe nicht aufholen könnten, es sei denn, auch sie schlagen den einzig möglichen Weg ein – den Weg der Modernisierung. Es gibt nicht einen Weg, son-

---

[3]   zuletzt betont z.B. durch Grant 1999.

[4]   Übrigens stammt, Lewis zufolge, aus dieser Wendezeit auch »das erste muslimische Dokument, in dem muslimische und christliche Methoden der Kriegsführung verglichen werden, wobei der Vergleich zugunsten der letzteren ausfällt und die bis dahin undenkbare Ansicht vorgetragen wird, die wahren Gläubigen täten gut daran, die militärische Organisation und die Kriegsführung der Ungläubigen zu übernehmen«: Lewis 2001, 16.

dern viele Wege zur militärischen Moderne und wohl nochmal so
viele, die darin bestehen, dass man die Tradition, die alte Moderne
sozusagen, ein weiteres Mal »modernisiert«: »Die Welt ist keine
moderne, sondern eine gegenwärtige Welt.«[5] Die heftig umstritte-
nen und bestrittenen Modernisierungstheorien euro-amerikanischer
Provenienz haben die Annahme gemein, dass etwa vor 200 bis 250
Jahren und nur in einem deutlich begrenzten Gebiet Westeuropas
die Basis für die Entwicklung zur Moderne, wie wir sie heute kennen, gelegt wurde.[6] Als Grundannahme, was modernste Moderne
sein soll, werden west-europäische Industriegesellschaften zum Modell genommen. »Unter Modernisierung verstehe ich einen Typus
des sozialen Wandels, der seinen Ursprung in der englischen Industriellen Revolution und in der politischen Französischen Revolution
[… hat]«. Er findet statt »im wirtschaftlichen und politischen Fortschritt einiger Pioniergesellschaften und den darauf folgenden Wand-
lungsprozessen der Nachzügler« – so eine für den deutschen Sprach-
raum klassisch gewordene Definition.[7] Bemerkenswert daran ist, dass
der Anteil, den Militärisches an derlei »Fortschritt« hat, vornehmlich im Rahmen einer »defensiven Modernisierung« gesehen wird.
»Das schockartige Erlebnis einer militärischen Niederlage, manchmal auch die Einsicht herrschender Eliten in die Gefahr eines solchen Rückschlags, gelten als Auslöser forcierter Modernisierungs-
prozesse in der Wirtschaftspolitik sowie in der steuerlichen Finanzierung und inneren Organisation des Militärs. Schon die Frühphase der
westeuropäischen Modernisierung stellten etwa das Russische und das
Osmanische Reich unter einen Druck, dem die Modernisierung von
Armee und Bürokratisierung entgegenwirken sollte.«[8]

Die Debatte um eine militärische Revolution europäischer Prägung mit dem berühmten Ausnahmefall Japan, der sich durch die
industriell-militärische Aufrüstung und den sozialen Umbau Nip-
pons wieder stimmig in das Bild einer defensiven Modernisierung
einfügen ließ, verstärkte gleichzeitig den Trend, allem Militärischen
und überhaupt dem Krieg eine prominentere Rolle in Modernisierungstheorien einzuräumen.[9] Förderlich dabei war die weitge-
hende Deckungsgleichheit der Zonen einer militärischen Revolution in der frühen Neuzeit mit den europäischen Pionierzonen

[5] Le Goff 1994, 64.
[6] allgemein dazu: Berger 1996(a) u. 1996(b), Joas 1996, Zapf 1996 u.
     1970.
[7] Bendix 1970, 506 u. 510.
[8] Joas 1996, 18.
[9] Morillo 1995.

industrieller Revolutionen in einer ersten und zweiten Industrialisierungswelle. Zunehmend kam, wie es schon Otto Hintze auf den Punkt gebracht hatte,[10] dem Krieg die Rolle eines »Schwungrades an der Staatsmaschinerie« zu. In der Folge formierte sich eine Theorie sozialen Wandels im Wirkungsgefüge von Staat-Militär-Wirtschaft. Eine dynamische Beziehung – die zwischen Militär und Staat – wurde in einer Ursprungssuche in die frühe Neuzeit Europas zurückverfolgt und der »okzidentale Sonderweg«, wie es Max Weber formulierte, mit einem militärischen durchwirkt. Nur: die Moderne, von lateinisch *modo* – »eben erst«, zeigt auch im Kriegerischen keinen linearen Aufstieg und im Westen schon gar nicht. Europa und das lateinisch-protestantische Abendland waren im globalen Vergleich nicht immer auf der Höhe der Zeit.[11] Auch bedeutete bis weit ins 18. und 19. Jahrhundert hinein regionale Differenz zu einem bestimmten militärischen System, etwa zur immer wieder modernisierten militärischen Tradition des Westens, keinen wirklichen Nachteil oder Grund für einen unaufholbaren Rückstand.[12] Man darf hier durchaus rigoros sein und – mit Blick auf die »Globalisierungsfrage« – den europäischen Sonderweg auch in sozial- und wirtschaftshistorischer Hinsicht relativieren: »[D]er Sieg der Europäer stand vor dem Durchbruch der Industriellen Revolution keineswegs von vornherein fest, und die Bewohner der anderen Kontinente mit ihren vielfältigen Ökonomien, politischen Organisationsformen und Kulturen waren sicherlich nirgends nur passive Opfer entschlossen handelnder oder gar überlegener Europäer.«[13]

Für die Geschichtsschreibung ist das auch eine Frage der geänderten Methoden. Der Historismus des 19. Jahrhunderts hatte mit sich und der Welt – »seiner« Welt, einer Welt, die er zu beherrschen glaubte – noch keine Probleme. So wie Europas imperialistische Staaten der Meinung sein durften, dass »to rule the waves« ihre Sendung wäre, sonnten sich auch die europäischen Historiker in der hegelianischen Illusion, in ihrer Epoche – im ausgehenden 19. Jahrhundert – sei die Welt als europäisierte endlich bei sich selber angekommen. Am Beginn des 21. Jahrhunderts beginnt der Zunft zu dämmern, dass diese Hybris falsch war: »Die neue

---

[10] Joas 1996, Kroener 1995, 1.

[11] Neuerdings wird auf solche »Limitations of Christian Power« in der militärwissenschaftlichen Diskussion gern Bezug genommen – siehe z.B. Black 1998, 20 ff.

[12] In diesem Sinne war die Moderne immer schon »reflexiv« – Beck/Giddens/Lash 1996 oder Appadurai 2000.

[13] Feldbauer 2002, 25.

Historizität muss eine Offenheit bewahren und die Einbindung des Menschen in die Geschichte auf andere Weise begründen«. Statt einem einzigen Subjekt der Geschichte nachzulaufen – in einem sozusagen »zielgerichteten« Interaktionsprozess (worin alle Beziehungen mit Notwendigkeit hierarchisch geordnet wären) –, gilt es zuzugeben, dass »mehrere Prozesse parallel verlaufen oder sich überschneiden [können]. Ferner setzten sich nicht alle Prozesse kontinuierlich fort, sie können unterbrochen oder auch ganz beendet werden. Es gibt Prozesse, die sehr langsam verlaufen, insbesondere wenn sie auf eine langfristige kumulative Verursachung zurückzuführen sind. Andererseits gibt es Prozesse, die geradezu schlagartig ablaufen [...].« Es gilt also erstens den Prozesscharakter von Geschichte, der sich in unterschiedlichen Geschwindigkeiten von typologisch ganz verschiedenen Geschichten (Plural!) ausdrückt, entsprechend zu beachten. Zweitens kommt aber auch ein Begriff der Interaktion ins Spiel, der nicht bloß eine einzige Qualität – einen ein für alle Mal feststehenden »Kommunikationspegel« – kennt, sondern es in seiner prinzipiellen Offenheit dem Historiker ermöglicht, Serien von schwächeren oder stärkeren Intensitäten zu bilden, die dann dazu berechtigen, von so etwas wie »historischer Relevanz« zu sprechen. Als Beispiel für »historisch relevante« kommunikative Interferenz könnte man sich jenes indischen Großmoguls erinnern, »der selbst noch als meisterhafter Bogenschütze galt, [andrerseits aber schon] türkische Kanonengießer [beschäftigte] und [...] das zahlenmäßig weit überlegene Heer des Sultans von Delhi mit seiner Feldartillerie [besiegte].« Und dann wiederum gibt es »selbst in unserer Zeit der globalen Interaktion [...] neben dem häufig reisenden Geschäftsmann auch noch den Jäger mit Pfeil und Bogen, der ein Flugzeug allenfalls einmal über den Wipfeln der Bäume gesehen hat.«[14]

Aber kehren wir wieder zum eigentlichen Thema zurück ... Geoffrey Parker, Autor maßgeblicher Arbeiten zur militärischen Entwicklung der frühen Neuzeit, hat die Bezeichnung »militärische Revolution« von Michael Roberts entlehnt und folgt seinem Mentor leider auch darin, den Übergang zur Moderne erst im 16. Jahrhundert und verstanden als eine irreversible Weichenstellung anzusetzen:[15] zweieinhalb Jahrhunderte nach den spektakulären Niederlagen der Ritterheere bei Kortrijk und Morgarten, Crécy und Elvira und ebenso lang nach Einführung der modernen

---

[14]   Alle Zitate: Rothermund 1998, 9.
[15]   Parker 1990, 19.

Waffengattung schlechthin – der Kanone – auf dem europäischen Festland (nachweislich um 1324 bzw. sogar 1317). Und die Uninformiertheit des Fachmanns ist in diesem Umfeld kein Einzelfall. John Keegan lässt die Mamluken von Kairo bis ins 16. Jahrhundert hinein ohne Kenntnis respektive Besitz von Feuerwaffen sein,[16] die Bombardierungen von Kairo und Damaskus durch eben diese Mamluken ein Jahrhundert zuvor sind ihm – wie auch anderen Kapazitäten des Fachs[17] – offenbar unbekannt oder nicht der Rede wert. Ein anderer Historiker – exzellenter Kenner der spätmittelalterlich-frühneuzeitlichen Geschichte Spaniens – liest, wenn es um Militärisches geht, gleich eine ganze Quelle falsch. Er lässt die Christen mit Kanonen schießen, obwohl im Dokument, der *Crónica de Don Alfonso el Oncero* ausdrücklich von den grässlichen Verlusten die Rede ist, die den Christen von ihren arabischen Gegnern durch jene neuartigen Maschinen zugefügt wurden.[18]

Diese Ignoranz (?) hat eine lange Tradition und geht bis in die Zeit der ersten frühneuzeitlichen, »modernen« Militärschriftsteller zurück. Die Gelehrten der Renaissance begründen auch hierin den europäischen Charakter, als sie nämlich – mit Ausnahme einiger Spanier, was nicht von ungefähr kommt – den gleichwohl als »teuflisch« verrufenen technischen Fortschritt lieber einem deutschen Mönch, dem notorischen Berthold Schwarz, unterstellen als ihn einer nicht-christlichen Zivilisation zuzubilligen.[19] Ein Reflex, der bis heute gilt. »Es herrscht kein Mangel an ›eurozentrischen‹ Werken«, gibt selbst Parker zu. Und bittet seine außereuropäischen Kollegen, »meine eurozentrische Perspektive zu korrigieren.«[20] Offensichtlich weiß er, wovon er spricht. Volker Schmidtchens detailreiches Buch über die Kriegsführung im Spätmittelalter widmet der arabischen Militärwissenschaft des 13. bis 15. Jahrhunderts (der man die ersten Erwähnungen des Schießpulvers, die ersten bildlichen Darstellungen von Feuerwaffen sowie Beschreibungen des Einsatzes und der Wirkung solcher »Maschinen« verdankt) nicht eine Zeile. Von den rund 50 in der Einleitung erwähnten oder zitierten Quellen ist keine einzige außereuropäischen Ursprungs[21] – obwohl die Situation

---

[16] Keegan 1993, 36.
[17] vgl. etwa Hale 1983, 390.
[18] Ladero Quesada 1979, 122.
[19] Hale 1983, 390.
[20] Parker 1990, 12f.
[21] Schmidtchen 1990, 22-37.

etwa auf dem Gebiet edierter Manuskripte mittlerweile ausreichend Bewegungsraum böte.[22]

Noch einmal: die Thesen von Roberts, Parker und anderen sind qualifiziert,[23] können trotz vieler Revisionen zum Teil aufrecht bleiben und werden auch für die Zukunft produktiv sein – nur darum geht es uns hier nicht in erster Linie. »Was modernisiert wird, wird neu gestaltet, veränderten Umständen angepasst oder darauf vorbereitet, auch unter veränderten Umständen bestehen zu können. Modernisierung hat mit Gestaltbarkeit und Steigerung zu tun, letztlich mit Steigerung von Anpassungsfähigkeit. […] Modernität ist in aller Regel kurzlebiger als der Tatbestand, auf den sie sich bezieht. Bei nächster Gelegenheit kann oder muss sie durch eine andere Modernität ersetzt werden. So gerät Modernisierung zu einem laufenden Prozess der Zerstörung von Modernität – im Dienste der Erhaltung dessen, was an der Sache nicht modern ist, was bleibt oder bleiben soll. Dass als unbeabsichtigte Folge auch diese Sache selbst, ein ‚Identitätskern‘, zerstört werden kann, ist nicht auszuschließen.«[24] Genau diesem Druck und genau dieser Herausforderung zur Anpassung waren europäische Mächte selbst immer wieder ausgesetzt, die Wirkungskräfte und deren Richtung blieben uneindeutig, führten zu teilweise rasanten Veränderungen auf beiden Seiten, was uns zu einem weiteren Terminus bringt, den der »Grenze« – und damit zur Frage, wo dieser Begriff greift oder wo er uns andrerseits unzulässig erscheint.

An diesem Punkt wäre an einen genialen Einwurf zu erinnern, der umso erstaunlicher ist, als er laut wurde, als noch alle Welt ins Triumphgeschrei einer positivistischen Weltgeschichte / Universalgeschichte einstimmte. Im Jahr 1889 wurde die saturierte Kolonialwissenschaft, »Ethnologie« genannt, mit einer unangenehmen Wahrheit konfrontiert – mit »Galtons Problem«. Dieses stellt eine Art Unschärferelation dar, wie sie sich notwendigerweise bei jedem Kulturvergleich einstellt. Man kann, sagt Galton, nicht gleichzeitig die Fälle isolierend herauspräparieren und in ihrer Beziehung zueinander darstellen (beziehungsweise erklären, inwieweit sie voneinander abhängig sind). Anders gesagt: es geht darum, »sich den Unterschied zwischen Vergleich und Beziehungsgeschichte vor Augen zu führen, denn beides lässt sich nicht immer widerspruchs-

---

[22] Shatzmiller 1992 u. 1982 bzw. 1988; Reinaud 1848; Reinaud/Favé 1849; Ritter 1929; Attiya 1954.
[23] siehe Thompson 1999.
[24] Hondrich 1996, 28.

los miteinander kombinieren.«[25] So kann man von einem »Sonderweg Europas« eigentlich nur unter dem Aspekt des *Vergleichs* reden – als *Beziehungsgeschichte* (als die der Historismus des 19. Jahrhunderts den »europäischen Weg« so gern gelesen hätte) hört besagter Weg nämlich augenblicklich auf, »ein besonderer« zu sein! – Dies gilt es zu bedenken, wenn das Folgende nicht falsch verstanden werden soll – oder anders formuliert: damit es richtig verstanden werde, nämlich vor dem Hintergrund und auf der Folie jenes Problems, das Sir Francis Galton vor mehr als 100 Jahren zum ersten Mal formuliert hat.

Die Heraufkunft des Westens, europäischer Mächte, welche globale Reichweiten unterschiedlichster Art und Weise entwickelten, haben die Welt zum erstenmal »entgrenzt«. »Ferne macht fremd und Nähe macht eigen« – erinnert sich Heinz Schilling an einen Ausspruch seiner Mutter.[26] Wie entscheidend es aber für die Militärgeschichte Europas war, Fremdes zum Eigenen gemacht zu haben und dass Nähe sowohl zur gefährlichen Nähe als auch zur fernen Grenze wurde, verdeutlicht die Notwendigkeit, geschichtliche Scheidelinien zu überschreiten und auch wieder neue zu ziehen.

»Geschichte Europas« ist stets auch Geschichte des Anderen gewesen: in letzter Instanz hat nicht das von jeher Eigene, sondern das, wie auch immer angeeignete, Fremde »Europa gemacht«. Am Anfang der neuen Praxis – »auffällig-augenscheinlich« wird diese ab dem 15. Jahrhundert – steht eine neue (wenn auch zuweilen sehr indirekt agierende) Theorie – vielmehr eine ganz charakteristische Verschränkung von Theorie und Praxis. Dabei verbindet sich in der Vorstellung von, nennen wir sie ruhig so, »intellektuellen Kriegstreibern« eine wieder entdeckte Klassik (vulgo Renaissance der *artes militares* unter dem Siegel römischer Tugend) mit der brutalen Wirklichkeit des Schlachtfelds zu einer Mischung von bis dahin unerhörter Brisanz. Das »Newcomertum« selbsternannter Experten – und was die praktische Seite betrifft, so sind das eben keine schöngeistigen Schriftsteller und Denker, sondern Horden skrupelloser Bauern, zu allem entschlossene Randschichten und teilweise gut gedrillte städtische Milizen – hat weder Hemmungen, den Gegner abgrundtief zu hassen noch Hemmungen, ihn eifrig zu kopieren, also in die »Schule des Feindes« zu gehen. Das sieht man besonders an jenen neu auftauchenden »ruchlosen« Waffen und wie diese auf den Schlachtfeldern in Taktiken, die

---

[25] Osterhammel 1998a, 35.
[26] Schilling 2000(b), 53.

gegen jede überkommene Regel verstoßen, erfolgreich eingesetzt werden. Dieser Prozess dringt von den Rändern ins Innere der alten sozialen und politischen Gebilde vor; was auch geographisch gelesen werden muss. Es sind die Militärgrenzen zwischen Islam und Christenheit, Islam und Mongolen, an denen die kriegerischen Neuheiten entstehen, übernommen, ausgetauscht werden.[27]

Genau daran orientiert sich unser Ansatz einer Militärgeschichte der frühen Neuzeit. Geographisch (kulturgeographisch oder, wie man auch gesagt hat: geopolitisch) entsteht so am Leitfaden des Krieges ein ganzes separates Zwischenreich – das Reich der »Grenze«, einer christlich-muslimischen, auch zuweilen spanisch-arabischen *frontera*, einer Grenze, die wandert: von der Straße von Gibraltar zum Goldenen Horn, von dort auf den Balkan, vom Mittelmeer in den Atlantik. Eine Grenze, die aber auch nach innen wirkt. Als Grenze, die allmählich absolut wird und sich dann von einer Seite und einseitig »Aufklärung« nennt. Alles dreht sich um die Filterwirkung eines *cordon sanitaire*, die Anverwandlung des Fremden zum gleichsam Eigenen; aber so, dass der Motor der Expansion – Akkulturation durch Interaktion – niemals zum Stillstand kommt. »Krieg« wäre unter diesem Aspekt eine Art Anerkennung des Anderen *ex negativo*; als der Versuch, ein Nicht-Ich auszuhalten, ohne darin zu verschwinden. Grundlegendes hat dazu schon Fredrik Barth festgestellt – in seinem Forschungsansatz über Phänomene der Grenze. Grenzen werden gerade auch *durch* einen intensiven Kontakt über Abgrenzungen und Scheidelinien hinweg aufrechterhalten und akzentuiert. »Wenn sich Ethnien voneinander absetzen, so bedeutet das nicht, dass es zwischen ihnen keine soziale Interaktion, keinerlei soziale Anerkennung gäbe – im Gegenteil. Nicht selten sind ethnische Unterscheidungen die Grundlage für gut integrierte soziale Systeme. In solch einem System geht dann das interaktive Sich-voneinander-Unterscheiden nicht einfach unter – auch nicht durch Akkulturation; kulturelle Differenziertheit besteht trotz inter-ethnischer Kontakte und Abhängigkeiten tendenziell weiter.«[28] Ferner lernen wir vom norwegischen Ethnologen, dass Menschen dann Grenzen überschreiten, zu trans-ethnischen, transnationalen Grenzgängern werden, wenn es ihnen

27 Eine übersichtliche Zusammenfassung der Entwicklungslinien frühester Pyrotechnik unter besonderer Berücksichtigung der arabisch-orientalischen Beiträge, wobei der momentane Stand der wissenschaftlichen Debatte recht überzeugend dargelegt ist, findet sich bei Cook 1994, 59 ff.
28 Barth 1994(b), 10.

zum Vorteil gereicht – Basis jedes Renegatentums und oft Basis
von Wissenstransfer. Kriege, die so viele Menschen und Ressourcen zu mobilisieren verstanden, erzeugten somit ganz von selbst
mannigfache Grenzwirkungen, oft mehrere simultan, egal, ob sich
nun die Grenze auflöste, verschob, undurchlässiger wurde, ja selbst
wenn sie sich zur staatlichen Territorialgrenze wandelte.[29]

Um die Untersuchung dieser Dynamik im anvisierten Feld –
»Europa« am Beginn der Neuzeit – zu akzentuieren, wird sie unter
der Chiffre »orientalisch-okzidentale Spuren und Verbindungen«
noch weiter eingeengt und werden vor allem Aspekte des militä-
risch-technologischen Transfers in den Blick genommen. Zugleich
ist das ein gutes Stück Ideologiegeschichte. Etwa dann, wenn der
Begriff einer »Ermittlung basaler struktualer Ähnlichkeiten« ins
Spiel gebracht wird, um sozusagen in einem »Vergleich über die
europäischen Zivilisationsgrenzen hinaus« klären zu können, welche Eigenschaften nun etwa tatsächlich »für Europa charakteris-
tisch sind, worin sein Sonderweg in der Weltgeschichte besteht
und welche Ursachen sich dafür angeben lassen.«[30] Es gilt der Suche nach dem archimedischen Punkt in der Geschichte Europas –
dieser Punkt kann eine Epoche sein, eine privilegierte Region, ein
hervorstechendes technisch-zivilisatorisches Moment –, worin sich
die charakteristische Struktur, die Vorstellungswelt, die man als
typisch europäisch empfindet, wie von selbst enthüllt. Fernand
Braudel verdankt man unter anderem die Erkenntnis der Geographie eines solchen Ortes. Er selbst nannte ihn die Méditerranée.
Nach dem Entwurf des Franzosen sieht es tatsächlich so aus, als
komme für Europa, für das moderne Europa, das sich anschickt,
die Welt in seinen Bann zu ziehen, als ein privilegierter Ort im
oben skizzierten Sinn nur das Mittelmeer in Frage. Mehr noch.
Als dessen charakteristische Serie könnte man die technisch-zivili-
satorische Revolution des Spätmittelalters und der frühen Neuzeit
ansehen – mit der Kultur des Islam als einem charakteristischen
Vergleichsobjekt – einem »geliebten Feind«, einer »verfreundeten«
Nachbarschaft, einer Konkurrenz im doppelten Sinne des Wortes,
denn der Begriff bedeutet Rivalität und Zusammenkommen in
einem. Die Kultur des Islam spiegelt jenen Zyklus, jene Serie von
defensiven und progressiven Modernisierungen nicht nur passiv
als Kontrast wider, sondern sie nimmt aktiv und mit großer Vehe-
menz an ihm teil.

---

[29] Baud/van Schendel 1997.
[30] Osterhammel 1996, 145.

Wenn, wie oben angedeutet wurde, der archimedische Punkt in der Geschichte – eine Epoche, eine privilegierte Region, ein hervorstechendes technisch-zivilisatorisches Moment – zugleich eine »Grenze« ist, so haben wir nach Parker mit Nordwesteuropa und Oberitalien (mit eindeutigem Schwerpunkt im Nordwesten) beziehungsweise nach Braudel mit der Méditerranée (im Norden begrenzt von einem Europa »jenseits der Olivenhaine«[31], die süd- und südöstliche Hälfte ist gleichzeitig Teil der islamischen Welt) mindestens zwei archimedische Punkte – noch dazu solche, die in ihrer Geschichte nicht für sich allein stehen geblieben sind. Es bleibt also auch hier noch jede Menge Raum für gravierende methodische Auffassungsunterschiede. Umso mehr, als der Begriff einer *great frontier* spätestens seit Turners rabiat ethnozentrischer Auffassung[32] geradezu zum Symbol der »abendländischen Suprematie«, zum Beweis der unaufhaltsam nach Weltgeltung strebenden zivilisatorischen Sendung Europas und des Westens geworden ist. *Frontier* und »manifest destiny« wurden zu einem unauflöslichen Begriffsduo, zur selbstevidenten Illustrierung, denn wer expandiert, der hat Recht und dahinter muss Überlegenheit stecken, ganz egal, wo sie herkommt oder wie sie abgeleitet wurde. Fundamentale ideologisch-methodische Auffassungsunterschiede pflegen aber schwerwiegende erkenntnistheoretische Konsequenzen nach sich zu ziehen. So auch hier. Denn es ist alles andere als einerlei, ob *frontiers* oder *fronteras* – in ihrer Eigenschaft als welthistorisch bedeutsame Phänomene – unvordenkliche und unveränderliche Kultur- und Schicksalsgrenzen bedeuten (wie in der Turner'schen Darstellung) oder »Zonen der Interaktion zwischen zwei unterschiedlichen Kulturen«, wo diese Kulturen »miteinander ringen und im Rahmen ihrer physischen Umwelt eine nach Zeit und Ort spezifische Dynamik hervorbringen.«[33] Und es liegt auf der Hand, dass einer solch »doppelseitigen, anthropologisch interessierten Grenzauffassung«[34] auch das Konzept der Méditerranée bzw. einer nordwesteuropäischen Militärrevolution untergeordnet zu werden hat. Ein solches Projekt – auch wenn es hier nur in einem speziellen Stückwerk angegangen wird – kann sich daher begründete Hoffnung machen, über genau jenes Scharnier eines »Krieges der Zivilisationen« – der ja nicht nur Konfrontation, sondern immer auch Austausch ist – nicht nur das Wesentliche der einen Seite, sondern die Essenz eines Ganzen in seinem Zusammenspiel zu beleuchten.

---

[31] Braudel 1990, Bd.1, 32.
[32] vgl. Turner 1986, 13.
[33] Osterhammel 1995, 112 ff.
[34] Osterhammel 1995, 113.

Dynamik des modernen Krieges

Thomas Kolnberger

> »Krieg ist stets Ausdruck einer Kultur, oft sogar
> eine ihrer bestimmenden Größen, und in manchen
> Gesellschaften Kultur selbst.«
> *John Keegan*

Kriege haben Geschichte gemacht, sie gehören zu den ältesten von Menschen aufgezeichneten Ereignissen. Die Bereitschaft, Konflikte auch mit Waffengewalt auszutragen, scheint zu den Grundeigenschaften unserer Spezies zu zählen. Sei es nun chinesische Geschichte, die Landnahme der Maoris, die Genese der islamischen Welt oder der Aufstieg des europäischen Westens – schon ein erster vergleichender Rundblick lässt argwöhnen, dass es keine Zivilisation gab, die frei von Herrschaftsbildung mittels militärischer Macht war. Feldzüge und Blutvergießen, Bataillen und Töten darf ein Historiker in seinen Analysen nicht ignorieren, denn wie Talleyrand einmal bemerkte: »Der Krieg ist eine viel zu ernste Sache, als dass man ihn den Militärs überlassen könnte.«[1] Aufgrund seiner Erfahrungen und Einsicht in die politische Welt musste es dieser gewiefte Diplomat und Machtmensch eigentlich am besten wissen. Wird aber der Krieg wirklich zu »einem wahren politischen Instrument«, wenn »die politische Absicht der Zweck ist, der Krieg das Mittel ist und niemals das Mittel ohne Zweck gedacht werden kann«? Nachgereicht steht dies dem berühmten Diktum von Clausewitz, dass »der Krieg eine bloße Fortsetzung der Politik mit anderen Mitteln ist«.[2] Ein so erfahrener preußischer General und Militärtheoretiker müsste mit seiner Einschätzung letztlich wohl richtig liegen. Aber schon die Biographie des zum Klassiker erhobenen Denkers bringt sich in Widerspruch zu diesem Kernsatz des Werkes und weiteren seiner Grundgedanken, denn um Napoleon auch

---

[1] Charles Maurice de Talleyrand (1754–1838), frz. Staatsmann.
[2] Carl von Clausewitz: Vom Kriege, 1832–34.

nach der katastrophalen Niederlage der Preußen bei Jena und
Auerstädt (1806) bekämpfen zu können, bot Clausewitz dem Zaren
seine Dienste an und verletzte deutlich die ihm heilige soldatische
Gehorsamspflicht. Daraufhin warf ihm sein König erbost vor, jetzt
»ganz Russe« geworden zu sein.[3] In den Weiten Russlands wurde
Clausewitz selbst Augenzeuge, wie sich die Kosaken, Reiterkrieger
alter Tradition und nicht die regulären Zarentruppen als gefährlichster
Truppenteil gegen die französischen Invasoren entpuppten. Erfolgreich bedrängten diese »Irregulären« die *grande armée*, zermürbten
mit ihren überfallsartigen Attacken die Kampfmoral und begleiteten als personifizierter Horror die zerfallenden Truppen Napoleons
auf ihrem langen, eiskalten Rückmarsch bis Paris. Einer Entscheidungsschlacht auf Leben und Tod wie bei Borodino (1812) haben
sich diese Reiterkrieger nicht gestellt. »Der Krieg ist das Gebiet der
Gefahr, es ist also *Mut* vor allen Dingen die erste Eigenschaft des
Kriegers: (…) Erstens kann er Gleichgültigkeit gegen die Gefahr
sein. (…) Zweitens kann der Mut aus positiven Motiven hervorge-
hen wie Ehrgeiz, Vaterlandsliebe, Begeisterung jeder Art.«[4] Ohne
feige oder undiszipliniert zu sein, wollten die Kosaken dem Ideal des
Soldaten patriotischer Nationalarmeen einfach nicht entsprechen.
Ihre Auffassung von Tapferkeit und Gefechtsdisziplin gehorchte
keinesfalls der Forderung nach lebensmüder Selbstaufgabe für eine
politische Sache, welche überdies nicht einmal als die ihrige emp-
funden wurde. Sie waren auf Beute aus, ließen sich vom Zaren für
ihre Aufwendungen entschädigen und für ihren Risikoeinsatz, der
Teil der Lebensgrundlage war, belohnen – sie waren eben Krieger
und keine Soldaten![5]

Krieger oder Soldat?

»Man kann den Krieg auf die Formel bringen: Man stirbt für seine
Ideale, weil es sich nicht lohnt für sie zu leben. Oder: Es ist als
Idealist leichter zu sterben als zu leben«, so Robert Musil über den
vaterländischen Soldaten. Für andere gab es da noch etwas zu entdecken. Zum Thema *Krieg und Krieger* sagt Friedrich Georg Jünger: »Der geborene Krieger läßt sich auf humanitäre Perspektiven
gar nicht ein; er kann es nicht, weil er von der Schicksalhaftigkeit

---

[3] Clausewitz 1994, 383 (Nachwort).
[4] Clausewitz 1994, 64 (Hervorheb. i. Orig.).
[5] Stöckl 1997 – in der Sowjetgeschichtsschreibung galt der Einmarsch
    Napoleons als »erster Vaterländischer Krieg«.

des Krieges ganz und gar durchdrungen ist.«[6] Von da zur Religion
ist es nur ein Schritt: »Krieg umfaßt – wenn auch in extremer
Form – praktisch alle Phänomene, die man gemeinhin heranzieht,
um zu erklären, wie Religion und Magie entstanden seien: ein
kollektives Tun, das eng zusammenhängt mit Gruppensolidarität
und Überlebenskampf.«[7] – »Von allen Religionen des Menschen
ist der Krieg die zäheste« – so Elias Canetti.

Kriege sind Tatsachen, aber ihre Bedeutung bleibt unklar. Versucht man die Phänomene des Krieges in eine überzeitliche Definition zu fassen, wirken derlei Erklärungsansätze durch ihren allgemeinen Anspruch seltsam kraft- und aussagelos: »Krieg ist eine
spezielle Ausformung (›a subset‹) menschlicher Aggressivität, wobei zwischen politisch unabhängigen Gruppen organisierte Gewalt zum Tragen kommt«.[8] – »Der Krieg ist eine kognitiv-emotiv
motivierte und strukturell organisierte Angriffs- oder Verteidigungs-
handlung einer überfamiliär strukturierten Gruppe gegen eine
andere Gruppe zur Durchsetzung von Zielvorstellungen unter Einsatz von tödlichen Waffen«[9] – oder: »Krieg ist eine Form des Kon-
fliktes zwischen zwei oder mehreren Gruppen, wenn er mit Waffengewalt im Rahmen einer größeren militärischen Auseinandersetzung ausgetragen wird, die sich meist über einen längeren Zeit-
raum erstreckt. (…) Frieden ist die Abwesenheit von Krieg«[10]. Diese
Definitionsversuche setzen entweder beim historischen Apriori der
Biologie an, oder sie sind Anachronismen, die von der einen Epoche auf die andere in fragwürdiger Weise übertragen werden. »Krieg
entwickelt sich« – für den Verhaltensforscher Eibl-Eibesfeldt – »als
kultureller Verdrängungsmechanismus, er ist in dieser territorialen
Funktion durchaus biologisch determinierten Formen territorialer
Aggression vergleichbar. Es ist falsch, ihn als pathologische Entar-
tung etwa dem Mord gleichzusetzen (…). Seinen destruktiven Charakter entwickelte der Krieg kulturell Hand in Hand mit der
Pseudospeziation. Das heißt nicht, daß er keine biologischen Wurzeln besitzt. Die uns angeborene Fremdenablehnung liegt ihm ebenso
als Voranpassung zugrunde wie die uns angeborene Bereitschaft zu
agressivem Handeln.«[11] Feldmarschall Montgomery – Kriegsprak-

---

[6]   nach: Melichar 1992.
[7]   Ferguson 1990, 46.
[8]   Carneiro 1990, 1.
[9]   Orywal 1996, 41.
[10] Ohler 1997, 9.
[11] Eibl-Eibesfeldt 1986, 149 – *Pseudospeziation* ist die menschliche An-
      passung an verschiedene Lebensbedingungen samt den darüber ent-

tiker jüngerer Vergangenheit, folgt hingegen Clausewitz und deutet »Krieg als einen mit Waffengewalt ausgetragenen, längeren Konflikt zwischen rivalisierenden politischen Gruppen. Zu diesen Auseinandersetzungen gehören auch Aufstände und Bürgerkriege, nicht aber innere Unruhen und Gewalttaten einzelner.«[12]

Egal von welcher Seite man(n) an das Phänomen »Krieg« herantritt, bald werden Erklärungsengpässe auftreten, wie dies schon Clausewitz erfahren musste. Warum wohl hätte er sonst »vom Krieg als einem wahren Chamäleon« gesprochen? Der Krieg ist kein greifbares Wesen, sondern ein durch Ökonomie, Technik und soziale Organisation bestimmter Formenwandler.[13] Wäre er eine Entität, eine klare Gesetzmäßigkeit mit konstanter Ordnung, dann dürfte die Wurzel jener biologistischen Erklärung – *der Mensch* – keine Krieger oder Soldaten, Pazifisten oder Militaristen gleichzeitig hervorbringen bzw. Agressionen so unterschiedlich entfesseln oder wieder hegen wollen. Analog dazu sollte *der Staat,* die Grundlage des zweiten Erklärungsansatzes – nicht in der Lage sein, sich zu seinen Zwecken so unterschiedlicher Mittel wie Söldner und Berufssoldaten, Deserteure, Rebellen, Untergrundarmeen oder Kriegshandwerker bedienen zu können. Der Staat – selbst als totale Institution – vermochte nie einziger und alleiniger Kriegsakteur zu bleiben, ebenso wie Fremdenablehnung und Aggression nicht der einzige Weg zur Feldschlacht sind.

Auf die Frage Albert Einsteins an Sigmund Freud – »Warum Krieg?« gab der Psychoanalytiker keine Antwort, sondern stellte die Gegenfrage, »warum wir uns so sehr gegen den Krieg empören, […] warum nehmen wir ihn nicht hin wie eine andere der vielen peinlichen Notlagen des Lebens?« Krieg im frühen Mittelalter bedeutete oft nichts weiter als dass sich »ein barbarisches Volk auf der Wanderung [befand] – eine durchlässige Armee, die bereitwillig Soldaten jedweden Hintergrunds rekrutierte. […] Für einige barbarische Armeen war die Niederlage gleichbedeutend mit der Zerstörung ihrer Identität als kohärente soziale Einheit.«[14]

»War ist my country, My armour is my house, And in every season Fighting is my life« – stand stolz auf dem Brustharnisch eines Söldnerführeres der Neuzeit eingraviert.[15] Mag sein, dass der

---

standenen kulturellen Traditionen, was an Artenbildung erinnert: »ein arktischer Jäger und Sammler benötigt andere Überlebensstrategien als ein Buschmann der Kalahari« (37).

[12] Montgomery o.J., 14.
[13] Keegan 1993.
[14] Geary 2002, 124 u. 98.
[15] Tallett 1992, 144.

Staat den »Soldaten« als disziplinierten Nationalkrieger zur Verteidigung seines Territoriums oder für Angriffe auf andere Staaten benötigt – was den »Krieger« betrifft, so braucht dieser kein Vaterland. »Soldat« ist ein erst seit dem 16. Jahrhundert bezeugtes Fremdwort und aus dem italienischen »soldato« entlehnt (ital. *soldo* für »Münze, Sold« – »Soldat« bedeutet also wörtlich »bezahlter Vertragskrieger«), während laut Duden »Krieger« seit dem Mittelhochdeutschen unverändert »Streiter« beziehungsweise »Kämpfer« bedeutet. Ursprünglich entwickelten einige Sprachen nicht einmal die heute gängigen Unterscheidungs- oder Entsprechungsworte. So besitzen zum Beispiel ursprünglich weder die Turksprachen noch das Mongolische gesonderte Bezeichnungen für »Soldat«, »Krieg« oder »Frieden« – so sehr ist schon die bloße Existenz dieser innerasiatischen Reiterstämme eine kriegerische.[16]

Auch Krieg als die Fortsetzung der Religion mit anderen Mitteln in Kreuzzügen ist mindestens zweideutig. »Im Spanischen des Mittelalters und der Renaissance wurde der Kreuzzug ins Heilige Land nicht etwa *cruzada* genannt – dieser Ausdruck bezog sich auf die besonderen päpstlichen Konzessionen, die der spanischen Krone gewährt wurden, um die Ungläubigen aus dem eigenen Land zu verjagen –, sondern vielmehr *empresa* [Unternehmen] oder *negocio* [Geschäft] – Ausdrücke also, in denen sich das Merkantile und das Religiöse verschränkten […].«[17] »Diejenigen, die dem Islam den Rücken kehren, nachdem ihnen die Rechtleitung klargeworden ist, haben sich etwas vom Satan einreden lassen. Und ihnen ist Aufschub gewährt worden«, besagt die Sure 47, Vers 25 im Koran. Aus der Apostasie, dem gottlosen Leben des Sünders, folgt die Pflicht zum »Heiligen Krieg« (Dschihad).[18] Der Dschihad war nicht nur Ausbreitung oder Verteidigung des Islam mit Waffengewalt »nach innen«, gegen inner-islamische Abweichler – auch die arabische Welt kannte ihre Art von Albigenserkreuzzügen –, populärer war der Krieg im eigentlichen »Haus des Krieges«, in der *dar-al-harb,* der Krieg »nach außen«, gegen die Heiden. Beiden Kriegstypen gemeinsam aber war: sie hatten stets auch Business-Charakter – war Mohammed nicht Kaufmann gewesen? Schon möglich, dass jener andere berühmte Religionsstifter rasend vor Zorn die Tische der Geldwechsler im Tempel seines Vaters umgestürzt hat – seine Nachfolger mussten die Realität der Bereicherung – eine Bereicherung, die sich noch dazu oft genug kriegerischer Mittel be-

---

[16] Waldron 1997, 34.
[17] Greenblatt 1994, 112 – *negotium crucis.*
[18] nach: Nagel 1994, 53.

diente – hinnehmen: »Im Namen Gottes und des Geschäfts«![19] In der Vormoderne war Krieg nicht primär ein Mittel zum Zweck und nebenbei ein Handwerk, sondern eine Strategie, die eine Lebensform erzwang.

Zeit-Räume: Am Entstehungsort von »Kriegsgeschichte(n)«

Ohne den eigentlichen historischen »Zeit-Raum« – die östliche und westliche Hälfte des Mittelmeeres vom Abschluss der iberischen *reconquista* bis zum Aufstieg der Osmanen am Bosporus – konkret angesprochen zu haben, stecken wir bereits thematisch mittendrin. Die Moderne mag kein genaues Geburtsdatum und keinen Geburtsort haben – dafür gibt es zahlreiche Kandidaten –, die *Geschichte* zur Moderne hat jedoch hier unübersehbar einen ihrer Anfänge genommen – als bahnbrechendes Kriegshandwerk, nationales Soldatentum und internationale Wissenschaft vom Kriege. Gerade diese zwei Zonen – die Iberische Halbinsel zwischen Atlantik und westlichem Mittelmeer bzw. die östlichen »Mittelmeere« (Ägäis, Schwarzes Meer, Levante) mit den Anschlussbecken des Roten Meeres und des Persischen Golfes um den kleinasiatischen Zentralraum herum zeigen eine erstaunliche Vielfalt von Kriegstraditionen und Wegen des Krieges. Im militärischen Sinne des Wortes herrschte hier eine *Gleichzeitigkeit von Ungleichzeitigkeiten* vor. Diese Landschaften und Mischzonen zeigen besonders deutlich, dass Krieg eine historische Prozesswerdung ist – was übrigens auch der Hauptgrund für den so offensichtlichen Mangel an Plausibilität bei ahistorischen Erklärungsversuchen sein dürfte …

Die Gewinner »machen« Geschichte, davon überwältigte Historiker schreiben sie … und protokollieren dabei oft arglos Geschichte(n) von Siegern. Daher bietet gerade die Kriegsgeschichte immer wieder Anlass zu Revisionen. Nehmen wir zum Beispiel die Europäer mit ihren Kriegen und Kämpfen untereinander und den Verlauf ihrer Siege auf den anderen Kontinenten – diese »Geschichte« war, wenn der Ausdruck erlaubt ist, alles andere als eine »glatte Angelegenheit«. In Übersee haben Europas Mächte und Mächtige *viele Schlachten verloren* und doch – im Epochenmaßstab betrachtet – *den* »Krieg« gewonnen. Analysiert man nun diese Gewaltszenarien im Detail, vergleicht man die Kampfpotenziale inner- und außerhalb Europas, dann müssen manche »Siege« wirklich mit Wundern verglichen werden. Die richtige Fragestellung für die Er-

---

[19] so »das Lebensbild eines toskanischen Kaufmanns der Frührenaissance« nach: Origo 1985.

folge der militärischen Expansion müsste dann eher lauten – warum haben die Europäer es *trotzdem* geschafft? Denn so wichtig der blutrote Faden durch die Expansionsgeschichte auch sein mag, er liefert nur Teilerklärungen. Ohne Hilfe von flankierenden Strukturen stünde eine solche Historiographie der Sieger auf verlorenem Posten. Anders gesagt: militärische »Wunder« haben System, und *gerade deshalb und insofern,* als es selbst (nur) die »Teilmenge« eines ihm stets immer schon vorgeordneten *Gesamtsystems* war.[20]

Zum Großteil kann das militärische Wunder des Abendlandes durch Interaktionen und Transfers von Know-how erklärt werden. Während der frühen Neuzeit schwelte ein beständiger Konflikt europäischer Mächte, der besonders intensiv stets an denselben Orten und Landschaften aufloderte, die somit den Großteil der Kriegslast zu tragen hatten. Diese »militärisch heiße« Zone entspricht weitestgehend den Bereichen, die Geoffrey Parker[21] mit den »von der Militärischen Revolution hauptsächlich betroffenen Gebieten« identifiziert, also dem kontinentalen Teil Westeuropas, von Frankreich nördlich der Loire bis zu den rheinländischen Gebieten im Deutschen Reich. Dazu nimmt er noch Italien, vor allem den Norden hinzu. Diese Gebiete bleiben bevorzugte Kampfzonen der europäischen Imperien. Sie sind nicht nur wichtige Fortschrittsgebiete in Wirtschaft und Wissenschaft, sondern gleichzeitig Expansionszonen und umstrittene Ränder konkurrierender Großmachtambitionen. So sehen sich etwa die französischen Valois genau an diesen »Rändern« von den spanischen und österreichischen Habsburgern, die durch große Erbschaften zu ihren Erzrivalen erwachsen waren, in die Zange genommen. Auch in Oberitalien – neben Flandern eine jener notorischen »Kriegsarenen«– wurde die *Casa d'Austria* von den Valois mit wechselndem Glück bekämpft. Die französische Krone musste dabei auch hier mit dem Frieden von 1559 erste hegemoniale Ansprüche zurücknehmen – vorerst.[22]

Die europäische Situation entwickelte eine außergewöhnliche Dualität: In einer »stürmischen Ruhelage« (heiße Zone kriegerischer Intensität) spielte ein Ensemble unterschiedlicher militärisch-technologischer Elemente zusammen, die jedoch gleichzeitig *extensive* Kontakte zu anderen Militärtraditionen in Europa und in der Welt unterhielt, was durchaus als militärisch-technisch/orga-

---

[20] Theoretische Grundlagen für nicht-lineare Systeme: Wiener 1992; Foerster 1993 u. 1997; Maturana 2000.
[21] Parker 1976 u. 1988.
[22] vgl. Mieck 1982 bzw. Schmale 2000.

nisatorischer *Attraktor* zu lesen ist.[23] In der »Ruhelage« bildeten sich die typischen Elemente des europäischen Militärsystems heraus: militärische „hardware" wie Feuerwaffenausrüstung in großen Mengen, zuerst großkalibrig mit Kanonen, dann als Hand- und Faustfeuerwaffen. Bayonette machten die Pikenhaufen endgültig obsolet und neue Festungstypen ersetzten mittelalterliches Mauerwerk. Und erst die Umwälzungen auf dem Sektor der militärischen „software": disziplinierte Heere in Lineartaktik und Strategie von Massenarmeen; professionelle und massenhafte Ausbildung von Offizieren in Akademien und der Wandel von Kriegern und Bürgern zu Soldaten in Garnisonen und Kasernen; der Vorzug der Infanterie gegenüber der Kavallerie wurde zum Standard, so wie jener spezifische Ehrenkodex, der das Kriegsgeschehen zähmen sollte.

Das militärische System Europas wurde immer wieder von Revolutionen in dieser Kernzone bzw. von »Wiedergeburten«, Renaissancen, aus dieser Kernzone überrascht und in Frage gestellt. Was dazu führt, dass das Kämpfen nicht nur immer wieder neu überdacht, sondern auch neu eingehegt und limitiert werden soll. Der Bogen dazu spannte sich von päpstlichen Bann-Bullen gegen die teuflische Armbrust bis zur Haager Landkriegsordnung. Mitgeformt und gefordert wurde dieses Profil durch die Militärtraditionen an seinen Rändern und Grenzen. Manche europäische Mächte nahmen dabei eine besondere Zwischenrolle ein. In Spanien, während der Zeit der Reconquista, entwickelten Christen und »Mauren« im Kampf gegeneinander die militärischen Grundformen der Infanterie – später lehrte das christliche Spanien mit diesen seinen *tercios* Europa das Fürchten. Schnell wurden diese Formationen in die anderen europäischen Armeen übernommen und zur militärischen Grundform erhoben. Auch am Balkan entstand für europäische Mächte dringender Handlungsbedarf: »Der und ander ursachen / wann man des Türcken Ordnung und Gesetz gegen unserem besicht / so übertrifft es einander so weit / wie die Sonn den Mondschein uberlangt / auß welchem auch dann folget / daß die Türcken aus vilerley beweglichen ursachen besser Kriegsleut …geben/« – schreibt der Kriegsunternehmer Leonhart Fronsperger in Anerkennung der osmanischen Stärke und in Einsicht der eigenen Schwäche.[24] Gewalt ist also nicht nur der Rand aller Dinge, sondern vorzügliche Nötigung zur Akkulturation.

---

[23] *Attraktoren* (von lat. *attractio* »Anziehung«) beschreiben ein differenziert geordnetes Muster, in dessen prinzipiell beschreibbaren Zustandsräumen sich ein nichtlineares, chaotisches System bewegt.

[24] Leonhart Fronsperger, Kriegsbuch, Frankfurt (Main) 1566.

Akkulturation ist »die Form des Kulturwandels, bei der eine Kultur sich der Dominanz einer als überlegen angesehenen unterwirft und sich ihr anzugleichen versucht.«[25] In Erweiterung dieser Formel – bis hin zum Widerspuch gegen sie – könnte man aber auch sagen, dass Akkulturation kein einseitiger Vorgang ist – jedenfalls dann nicht, wenn eine gewisse Ausgeglichenheit zwischen den Beteiligten gehalten werden kann. Nur wenn ein Ungleichgewicht entsteht, sei es demographischer, wirtschaftlicher oder schlicht politischer Natur, drohen Systeme durch andere »versklavt« zu werden. Während *Akkulturation* zur Übernahme eines mehr oder weniger großen Teils der anderen Kultur führt, bedeutet *Assimilierung* den vollständigen Akkulturationsprozess. Unabhängig davon bilden sich Kombinationen aus unterschiedlichen Traditionen heraus, die zu neuen Wandlungen anregen und in einem rückgekoppelten Prozess wieder Traditionen überformen, verstärken oder ausscheiden lassen. Dabei ist der Krieg nicht nur Mittel, sondern steht selbst im Zentrum von Akkulturation. Gesetzt den Fall, der Krieg ist wirklich der Vater aller Dinge; dann ist aber das Militär ein Kind vieler Väter und stammt aus unzähligen Ländern und Epochen, was insbesondere für die europäische Militärkultur gilt.

Akkulturation durch Krieg:
Instrumente zur Integration militärischer Macht

Freilich – hier soll mehr nach den »drei militärischen Weisheiten« des Krieges gefragt und weniger eine Antwort auf das Phänomen »Krieg als solcher« gesucht werden. Diese Entwicklung, diese Akkulturation war nicht regellos, so pluralistisch und multikausal sie auch wahrgenommen werden muss. Vielmehr besteht zwischen den – in einem »magischen Dreieck« miteinander verbunden – »drei militärischen Intelligenzen«[26] Taktik, Strategie und Logistik die Dynamik einer wechselseitigen Beeinflussung, in der allerdings »Logistik« mehr und mehr die Entwicklungsrichtung vorgab. Die »Magie« des Systems liegt darin, dass die einzelnen Ziele, die ja gleichzeitig verwirklicht werden sollen, um so schwerer erreicht werden, je besser eines dieser Ziele allein verwirklicht wird. Die Militärpraxis trachtet demzufolge nicht danach, jedes Einzelziel vollständig zu erreichen, sondern versucht, das System zu optimieren. Nur werden alle Versuche, wird alle geniale Feldherrenkunst

---

[25] nach: Neues Wörterburch der Völkerkunde, hg. v. Walter Hirschberg, Berlin 1987.
[26] Virilio/Lotringer 1984, 20.

und alles Kriegergeschick zunichte gemacht, wenn Krieg zur Ab-
nutzungsschlacht wird. Logistik, verstanden als die über Nach-
schub und Transport hinausgehende »Kriegswirtschaft«, ist nämlich »das Verfahren, mit dem das Potenzial einer Nation auf ihre
Streitkräfte übertragen wird, in Friedens- wie in Kriegszeiten«[27] ,
also die Aufbietung von Ernährung, die Aushebung von Menschen
und technischen Fertigkeiten usw. für Kriegszwecke. Das ökono-
mische Element beherrschte zusehends das organisatorische Wesen des Krieges. Bei Nomaden »ist der Feldzug nur die Fortsetzung
des alltäglichen Lebens.«[28] Bei nordamerikanischen Indianern ist
die Jagd Grundlage des so typischen »Jagdkampfes« der Wälder und
Prärien.[29] Bei Imperien und zentralisierenden Reichen wird die Logistik zum Fundament des Krieges, Geld zum Nervensystem,[30] werden Soldaten zu seinen Akteuren: »Staat« als soziale Organisation.

Das erste Instrument zur Integration ist zumeist militärische
Macht. Militärische Siege zu erringen ist aber leichter, als sie zu
verteidigen. Die Erfolge der Europäer sind auf viele Ursachen zurückzuführen, diese Streuung wurde zur eigentlichen Erfolgsbasis.
In europäischen Kernzonen zu Wasser und zu Lande entwickelte
sich eine einzigartige Situation. Die Spieler auf der militärischen
Bühne stellten sich in permanenter Konkurrenzsituation immer
wieder auf ihre Gegenspieler ein, rüsteten nach und glichen sich
den neuen Standards der militärischen Kernzone an, gleichzeitig
blieb das System offen und behielt seine Vielfältigkeit. Die Peripherie hatte immer Chancen mitzumischen und entscheidende
Impulse zur Weiterentwicklung der Zonen zu geben oder umgekehrt zu erhalten. Dabei wirkte diese Peripherie nicht nur als
Inspirationsquelle, sondern auch als Puffer, der (West)Europa eine
»stürmische Ruhelage« ermöglichte.

Die Konzentration von Artenvielfalt in einem Raum, der einem Sammelbecken gleicht, wird in der Biologie als »Hotspot«
(Norman Myers) bezeichnet. Militärisch kann Europa als »Hotspot«
bezeichnet werden. Stets nahm Europa vielfältige Einflüsse von außen auf und entwickelte darüber hinaus seinen eigenen militärischen
»Produktionsprozess«. Denn nicht nur durch Interaktionen, »Ein-
kreuzungen von Taktik und Strategie von außen«, sondern in ho-

---

[27] Virilio verwendet hier eine Definition des Pentagon, siehe Virilio/Lot-
      ringer 1984, 21.
[28] August Ferdinand Lueder, braunschweigischer Hofrat um 1800, zi-
      tiert in: Osterhammel 1998, 213.
[29] Steele 1994.
[30] *pecunia nervus belli.*

hem Maße durch die Selbstbezogenheit der Militärzone im erweiterten logistischen Gefüge werden neue Standards gesetzt. Wie hier zumindest skizzenhaft anschaulich zu machen wäre, liegt ein System immer im Spannungsfeld anderer Systeme, wird bestimmt und betrieben durch deren Dynamik:

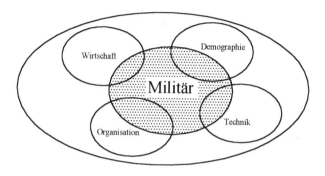

Die Verbindungsmöglichkeiten müssen möglichst unversperrt und die Berührungspunkte vielseitig sein, dann steigt die »militärische Produktivität«. Solche Synergie-Effekte (und ihre Produkte) werden in der Praxis getestet, bestätigt oder verworfen. Eine Auslese, die aber nie endgültig ist – auf verschiedene Weise können alte Produkte »reformiert« und wieder ins Spiel gebracht werden – Beispiel: das Rekrutierungswesen. Das »Volksheer« – als Kriegerhorde archetypisch angelegt –, verschwindet für lange Zeit, für viele Jahrhunderte von der Bühne, um in der hohen Neuzeit als »nationales« Volksheer (bisweilen auch als *levée en masse)* wiederzukehren … Um schlussendlich – in der Gegenwart eines heraufziehenden 21. Jahrhunderts – anscheinend zugunsten neuer Standards (die wieder mehr den frühneuzeitlichen entsprechen) abermals aufgegeben zu werden: Nach und nach verabschiedet sich die allgemeine Wehrpflicht, und über den Horizont sieht man bereits den Söldner neuen Typs, den absoluten Techniker des Krieges herannahen. Diese Spezialisten schneller Eingreiftruppen sind heute schon politische Realität.

Expansion durch Krieg?

Das »militärische System« Europas konnte sich fast ungehindert ausweiten und auf neue Gebiete in Europa und Übersee legen. Die Wahrscheinlichkeit, militärisch zu expandieren, war für dieses »fernwestliche« Ende der großen asiatischen Landmasse mit seiner Angriffslust schon immer hoch gewesen –, die Wahrscheinlichkeit zu einer dauerhaften Expansion aber nur in dem Maß, wie dem militärischen Vorstoß im gleichen Atemzug andere Sub-Systeme assistierten. Europas »Expansions-Mix«, wie man dies Gebilde nennen möchte, hat immer wieder neue Anläufe produziert und in selbstverstärkender Rückkopplung die kriegerischen Zugewinne sofort in neues militärisches Handeln investiert. Ist vielleicht das Geheimnis europäischer Suprematie gar nicht so groß? Ist die Angelegenheit vielleicht in Wahrheit ... ziemlich banal? »Wer spricht von Siegen? Überstehn ist alles.«[31]

Aber Sieger schreiben Geschichte ... Haben »die Europäer« vergessen, dass »der Islam« nicht nur territorial integraler Bestandteil Europas war, sondern das auch geblieben ist? Es mutet schon paradox an, dass man die friedliche Bedeutung des Islam als Wahrer und Vermittler der Antike bald zu würdigen wusste, während seine Leistungen für das moderne Kriegshandwerk quasi aus dem Feld geschlagen wurden. Praktische Realien wie exquisite Kleidungsstücke aus Seide oder Kopfpölster, philosophische Kommentare zu griechischen Denkern, die Vermittlung der arabischen Ziffern aus Indien, seine Leistungen in Medizin und Alchemie – das alles wurde anerkannt.[32] Von Córdoba, der Hauptstadt des Omaijaden-Kalifates auf der Iberischen Halbinsel (bis 1031), schwärmten schon Zeitgenossen, sie sei glänzendes Juwel der Welt. Auch die Bereicherung der Küche und des Landschaftsbildes wurde prominent belobigt: »Käme Herodot, der Vater der Geschichtsschreibung, der im 5. Jahrhundert vor Christus gelebt hat, heute als einer der ungezählten Touristen hierher zurück, er würde eine Verblüffung nach der anderen erleben. Ich stelle ihn mir vor«, schreibt Lucien Febvre, »wie er seine Reise ums östliche Mittelmeer nochmals unternimmt. Wie würde er sich wundern! Diese schimmernden Früchte in den kleinen dunkelgrünen Bäumen, Orangen, Zitronen, Mandarinen, er könnte sich nicht erinnern, sie zu seinen Lebzeiten gesehen zu haben. Wahrhaftig, sie stammen aus dem Fernen Osten, die Araber haben sie eingeführt. [...] Auch die Zypressen sind ihm unbekannt, ihre Heimat ist Persien, und der Reis ist (ebenfalls) ein Geschenk der Araber, ganz zu schweigen von den Bohnen und der Aubergine, auch dem Pfirsich, der ursprünglich aus chinesischem Gebirge über den Iran zu uns kam« (Lucien Febvre, Annales, XII, 29).[33]

---

[31] Rainer Maria Rilke in: Rilke lesen – ausgewählte Gedichte (hg. v. Hans-Jürgen Heise).

[32] Watt 2001 oder Benoît/Micheau 1998 – für die frühe Wirtschafts- und Sozialgeschichte: Feldbauer 1995.

[33] Fernand Braudel in: Braudel/Duby/Aymard 1987, 8 f. oder Watson 1983.

Was aber ist mit den Früchten des Zorns und der Schule des Feindes auf den Schlachtfeldern?

Entscheidende Beiträge des Islam zur Kultur des abendländischen Krieges und seiner Techniken wurden in unserem Jahrhundert fast vergessen gemacht, während die Anteile zur Kultur des westlichen Alltagslebens und seiner Techniken Lob und Beifall fanden. Andrerseits scheint im aktuellsten Heute gerade letzteres durch »die blutigen Grenzen des Islam« – so formuliert es Samuel Huntington – seinerseits wieder aus der Erinnerung gestrichen werden zu sollen. »Muslime haben Probleme, mit ihren Nachbarn friedlich zusammenzuleben. [...] Muslime stellen ein Fünftel der Weltbevölkerung, waren aber in den neunziger Jahren [des 20. Jahrhunderts] weit mehr als die Menschen jeder anderen Kultur an gewalttätigen Konflikten zwischen Gruppen beteiligt. Die Beweise hierfür sind erdrückend« – so wird behauptet.[34] Ist also der Kampf der Kulturen die Fortsetzung des Krieges mit anderen Mitteln, oder beschreibt Huntington wieder nur eine weitere Färbung des Chamäleons Krieg von staatlichen »Transitionskriegen zu Bruchlinienkriegen« – wie er sich ausdrückt? Und wie neuartig ist wohl dieses Phänomen – und kann man es nur auf den Islam beschränken? »Sei es das Japan der Tokugawa-Zeit, sei es das frühe China, das vorindustrielle Europa, seien es Inkas oder die Sudanstaaten Afrikas – militärischer Ruhm, kriegerische Anstrengungen und bewaffnete Konflikte wurden als ganz normale Bestandteile des täglichen Lebens aufgefaßt. Der Staat in seinen Kinderschuhen war eine Kriegsmaschine.«[35] Die Tabelle gibt die Kriegsfälle pro Jahrzehnt an:

Vorindustrielle Staatsgebilde		*Industriestaaten 1816–1980*	
Frankreich (14. Jahrhundert)	8,5	Frankreich	3,5
Indien (1707–71)	12,7	Großbritannien	5,6
Borno (19. Jahrhundert)	7,5	Deutschland	0,74
Sokoto (19. Jahrundert)	13,6	Rußland/UdSSR	2,8
		USA	0,86
Durchschnitt	10,6		2,7

In der Kriegsführung, im militärischen Bereich finden Veränderungen und Anpassungen oft nur nach langem Zögern und Experimentieren statt. Ist aber eine gewisse Selbstähnlichkeit erreicht, vollziehen sich Modifikationen sehr schnell und verändern den militärischen Attraktor. Die Schulstuben der Neuzeit standen zwei-

---

[34] Huntington 1997, 418 f. (Einfügung Th.K.).
[35] Carneiro 1994.

fellos in Flandern und Oberitalien, also in Regionen, die unter den
spanischen Habsburgern zu »heißen Zonen« geworden waren und
von deren Veränderungsdynamik schlussendlich die »neuen Spieler« – Frankreich, die nördlichen Niederlande und auch Schweden am meisten profitierten, sowie – mit der üblichen Verspätung –
sogar die österreichischen Habsburger. Diese Verspätung bildet aber
keinen »Rückstand« ab, sondern weist auf verspäteten Anpassungs-
druck hin – wesentlich miterzeugt durch die Osmanen.

»Hotspots« militärischer Akkulturation

»In unserer Nation, der Spanischen Nation, widmet sich praktisch
jedermann von Geburt an den Waffen und ihrem Gebrauch. So
sehr sind Waffen und Krieg Teil unseres Lebens, dass alles übrige
unwichtig erscheint; wir interessieren uns nur für den Krieg.«[36]
900 Jahre lang war die Geschichte der Iberischen Halbinsel auch
eine Geschichte des Islam. 711 landete Tarik, arabischer Heerführer berberischer Herkunft bei dem nach ihm benannten Gibraltar
(»Fels des Tarik«), schlug im Juli 711 den letzten Westgotenkönig
Roderich und eroberte bis 718 vier Fünftel des iberischen Territoriums. Großer Sprung vorwärts: 1492 fiel mit Granada der letzte
islamisch-arabische *stronghold* auf dieser Halbinsel, und der letzte
Nasride, Boabdil, verließ mit »des Mauren letztem Seufzer« (Sal-
man Rushdie), mit Blick auf seine geliebte Alhambra Spanien. In
der Ausweisungswelle von 1609 folgten ihm die allerletzten der
Araber, die Morisken, nach, womit die Reconquista, die Rück-
Eroberung auch demographisch abgeschlossen war. Dazwischen
lagen Jahrhunderte von Krieg und Frieden, tummelten sich ganze
Völker unter Waffen.

Aber blenden wir zurück, an den Anfang dieser grausamen
Erfolgsgeschichte moderner militärischer Rationalität. Blenden wir
zurück und stellen wir die entscheidende Frage, wie sich die be-
wussten »drei militärischen Intelligenzen« denn überhaupt in solcher Schärfe ausdifferenzieren konnten und warum dies gerade
jenseits der Pyrenäen geschehen musste … Nun – auch hier ist die
Antwort (wie die meisten guten Antworten) banal: Hinter dieser
Gebirgskette spielte sich eine der längsten Kriegsgeschichten Europas ab – die 900-jährige Geschichte der Reconquista und der
Schule des Feindes. Hier, auf der Iberischen Halbinsel, wurde die
leichte Kavallerie erstmals mit vollem Bewusstsein auf die Bedürf-

---

[36] Gonzalo Fernándes de Oviedo zitiert in: Liedl 1999, 32.

nisse der Infanterie (!) abgestellt. Sie übernahm Assistenzaufgaben wie Fourage, Aufklärung und Transport bzw. den Schutz vor anderen Reiterabteilungen. Man kann es auch anders formulieren. Hier, auf der Iberischen Halbinsel der Reconquista war zum ersten Mal die Infanterie deutlich »aus dem Schatten des Pferdes« herausgetreten. »In den Schlachten von Córdoba (1368), Antequera (1410), Alhama (1482) – um nur drei Beispiele zu nennen – zeichnete sich die granadinische Infanterie durch die ›Taktik des in unaufhörlichen Wellen vorgetragenen Massenangriffs‹ aus.«[37] Tatsächlich sind die Heere im Westen weitaus größer als ihre zeitgenössischen Pendants anderswo, etwa im Ostalpenraum[38], und der Gebrauch von Kanonen wurde hier schon früh (nämlich zeitgleich mit ersten Einsätzen in Flandern) üblich. 1212 konnten die zahlenmäßig weit überlegenen Almohadentruppen bei Navas de Tolosa noch durch die bewährten Erfolgstruppen der Christenheit, die schwere gepanzerte Reiterei besiegt werden. Im Endkampf um Granada dagegen mussten die Kastilier gegen ein wahres Volksheer antreten. Zeitgenössischen Quellen zufolge hatte die Armee des Sultans von Granada am Ende des 14. Jahrhunderts eine Sollstärke von 5.000 Mann Kavallerie und 200.000 Mann Infanterie (standardmäßig bewaffnet mit der Armbrust, zum Teil auch schon mit Handfeuerwaffen).[39]

Auf diese Herausforderung antwortet man mit Imitation: gedrillte Infanterie, Artillerieeinheiten bzw. die Förderung der leichten Kavallerie auch auf christlicher Seite … Das Ergebnis kann sich jedenfalls sehen lassen: »Um 1480 verfügt Kastilien über die modernste und effizienteste Militärmaschine ihrer Zeit, verstehen es seine Militärs ausgezeichnet, mit den Erfahrungen, die sie in der militärischen Revolution *à la frontera* gemacht haben, ihre arabischen Lehrmeister zu übertrumpfen. Von primitiver Guerillataktik wie Plünderungen, Überfällen, kleinen Scharmützeln bis zu minutiös vorbereiteten, aufwendigen Kampagnen und Belagerungen reicht das Repertoire ihrer Gelehrsamkeit. Die methodisch gedrillten, zum Teil in sogenannten *Reales* (Feldlagern) oder *Estancias* (Etappen) regelrecht kasernierten Truppen bilden den harten Kern eines stehenden Heeres, in welchem das gefechtsmäßige Zusammenspiel der einzelnen Truppengattungen und Truppenteile eine vordem nicht für möglich gehaltene Perfektion erreicht hat. In

---

[37] Liedl 1999, 25.
[38] Auer 1997, 17 spricht von ca. 1.500-2.000 im 14. Jahrhundert im Ostalpenraum, die Zahlen steigern sich, je weiter man westwärts geht; bei Morgarten (1315) kämpften schon 9.000.
[39] Liedl 1999, 81.

jener so entscheidenden zweiten Hälfte des 15. Jahrhunderts entsteht die spanische Feldherrnkunst, wird der Grund gelegt für das hohe Ansehen, das Spaniens Armeen bis weit ins 17. Jahrhundert hinein genießen werden.«[40]

Während des 15. bis zur Mitte des 16. Jahrhunderts gehört die islamische Welt entschieden zu den dynamischeren Weltzivilisationen. Nach den Vorstößen der Mongolen im 13. Jahrhundert und den weiträumigen Eroberungszügen des Timur von 1370 bis 1405 refiguriert sich das »Haus des Islam« (*dar-ul-islam*) neu und erfährt dabei eine geographische Achsenverschiebung von der arabisch / islamischen Dominanzlinie: Córdoba – Kairo – Delhi auf die turkmenisch – persisch – mongolisch / islamische Linie Belgrad – Isfahan – Delhi. Zwischen Wien und den Sultanaten von Dekkan (Indien) bzw. dem weiter südöstlich gelegenen »tropischen« Islam auf dem asiatischen Insel-Archipel (Malaysia, Indonesien, teilweise auch die Philippinen) entstanden mit den stark expandierenden Reichen der Osmanen, des safawidischen Persien und dem Mogulreich drei große Machtzonen.[41] Durch die Dynastie der Safawiden, die Persien von 1501 bis 1722 regieren, erfährt das alte iranische Kulturland seine So-und-so-Vielte Renaissance, nach Medern, Persern/Achämeniden, Diadochen, Parthern, Sassaniden, Seldschuken, um nur einige zu nennen, schert der Iran unter den Safawiden »aus der religiösen und kulturellen Einheit der islamischen Welt aus« und beschreitet den proto-nationalen Weg der »Schiitisierung und Persifizierung« (um hier Paul Luft zu zitieren). Um eine höfische Gesellschaft herum, die sich im Beziehungsdreieck aus dem Schah (Kaiser), einheimischen persischen Verwaltungseliten mit jahrhundertealter Literatur- und Amtstradition plus turkmenischen Militärs bildete, entsteht ein Gottesstaat.[42] Auch nach dem Sturz dieser Dynastie im Zuge des Einfalls afghanischer Stammeskrieger in diesen sich bereits auflösenden politischen Verband hat diese Region zumindest kulturell immer wieder Überraschungen parat.

Erzrivalen des Neo-Perserreiches waren die Osmanen im Westen, beide stritten nicht nur um die Nachfolge der einzig wahren Prophetenlehre zwischen Sunniten und Schiiten, sondern auch um den Besitz des reichen Zwischenstromlandes. Schon verschiedene Turkstämme hatten dort angesetzt, wo sich die erste Welle des »ara-

---

[40] Liedl 1999, 123 f.
[41] allgemein zur arabischen Geschichte: Haarmann 1987 u. Hourani 1992.
[42] Luft 1994.

bischen« Islam noch gebrochen hatte, in Kleinasien, dem Kernge-
biet des Byzantinischen Reiches um die Hauptstadt Konstantinopel.[43] Vom 11. Jahrhundert an begannen halbnomadische Stämme aus Zentralasien und Kleinasien diese Gegend zu infiltrieren.
Die alttürkische Dynastie der Seldschuken, benannt nach einem
Häuptling der Ogusen, bildete erste Reiche, mit den Rum-
Seldschuken – einem weiteren Zweig – wurde ein Eroberungs- und
Besiedlungskeil ins anatolische Hochland mit Spitze auf die Dardanellen vorangetrieben, dessen Anwachsen nur durch die Eroberung der Mongolen 1243 vorübergehend gestoppt wurde. Die
Mongolen duldeten diese Seldschuken der Rum (von »Rom«) noch
bis 1308 als Vasallen. Osman I. (1299–1326), nach dem jener
weitere Turkstamm benannt ist, der im 13. Jahrhundert auf der
Flucht vor den Mongolen aus Zentralasien (aus der Gegend des
Oxus südlich des Aralsees) nach Anatolien gelangte, war Emir einer kleinen türkischen Ethnie, die als »Heiden« nicht das Christentum annahmen, sondern ins große Haus des Islam eintraten.
Unter Osman und dessen Sohn Orhan wurde Bursa zur Hauptstadt eines Gebietes, das zuerst auf verhältnismäßig friedliche Weise besiedelt wurde, indem sich griechische und rum/osman-türki-
sche Elemente vermischten. Um 1300 noch ein winziges Gebiet
von ca. 1.500 km², wuchs das Reich jetzt mit Eroberungskriegen
bis zum Tode Osmans auf ca. 18.000 km² an. »Zu jener Zeit war
das osmanische Grenzkriegeremirat […] allerdings noch kaum als
Staat zu bezeichnen. Osman war nicht Befehlshaber einer Armee,
sondern nur eines Verbands turkmenischer Nomadenstämme, die
als *gazi*-Krieger den Glaubenskampf gegen die ungläubigen Nach-
barvölker führten und die Osmans Führung allein in diesem Kampf
anerkannten.«[44] Je größer der Gebietszuwachs, desto dringlicher
wurde die Übernahme von Verwaltungsstrukturen. Mit Bursa eroberten die Osmanen nicht nur eine byzantinische Stadt (1326),
sondern auch eine alteingesessene Bürokratie. Als eine Art »zweites islamisches Wunder« erwuchsen aus Halbnomaden und Hirten sesshafte Reichsbildner, die sich um den Bau von Dörfern,
urbanen Siedlungen und Moscheen, um Erweiterung und Verbes-
serung einer vorgefundenen Infrastruktur unter bewusster Scho-
nung der »Giauren« – der christlichen »Heiden« – bemühten. Fast
wäre dieses Wunder noch im Keim erstickt worden, als Timur Sultan
Beyazit I., den »Blitz« (1389–1402), den ersten türkischen Belage-

---

[43] Kaegi 1992 u. McGraw-Donner 1981.
[44] Grunebaum 1984, 26.

rer Konstantinopels in die Gefangenschaft führte, wo er auch verstarb.[45] Die Mongolen verschwanden nach Timurs Tod dorthin,
woher die Türken ursprünglich vor ihnen gewichen waren und
kehrten nie mehr wieder. Die Türken aber blieben in Anatolien,
und diese Nomaden wurden selbst zu Trägern und Nutznießern
eines Agrarstaates, ja verschmolzen mit altrömischen Strukturen
zu einer neuen islamisch-antiken Synthese.

Günstig für diese erfolgreiche Expansionsentwicklung der türkischen Ökumene war die Schwächephase von Byzanz nach dem
Vierten Kreuzzug (1202–1204), der aus wirtschaftlichen Interessen des Westens (Venedigs) gegen die »Griechen« der Ostkirche
geführt wurde. Nach der Eroberung und ausgiebigen Plünderung
von 1204 wurde in Konstantinopel ein »Lateinisches Kaiserreich«
errichtet, welches bis 1261 Bestand hatte.[46] Die Paläologen-Kaiser
führten die »griechische« Opposition zum Rückgewinn des Thrones und zur Rückeroberung der lateinisch besetzten Gebiete –
währenddessen hatten sich die Osmanen nur 100 km südlich von
Konstantinopel fest etablieren können. Murat I. (1360–1389) heiratete nicht nur eine byzantinische Prinzessin, sondern knöpfte den
Byzantinern auch noch Adrianopel (Edirne) auf der europäischen
Seite ab. Damit begann, was Majoros und Rill als »Hundertjährige
Kesselschlacht um Konstantinopel« (1353–1453) bezeichnen.[47]

Im Mittelpunkt der türkischen Organisation steht die Militärmaschinerie. Die Reiternomaden haben sich mittlerweile eine
Infanterieeinheit verschafft, auf welcher die Schlachttaktik der Großtürken aufbaut. Zentrum ist das »Hofheer des Sultans«. »Hier geht
es nicht etwa um ein gesichertes Feldlager für die Übernachtung,
um ein Marschlager, sondern vielmehr um die Schlachtordnung:
Die mit Schanzen umgebene Kerntruppe findet ihre Verwendung
mitten im Gefecht; ihre mächtige defensive Stellung erweist sich
meistens als Faktor, der die Schlacht entscheidet.«[48] Jeder auch noch
so schwungvoll vorgetragene Angriff würde an der »Sultansschanze«
scheitern, so etwa auch die Serben am Amselfeld (1389). Die Türken gaben wie die Moguln den schnellen Überraschungsangriff mit
Kavallerieschwerpunkt auf und tauschten ihn gegen ein langsames
aber sicheres Vorrücken ein. Die Safawiden indessen vertrauten weiterhin mehr auf Beweglichkeit und starke Reiterei. In Ungarn wurden die Türken durch die weiträumig angelegten Feldzüge von János

---

[45] vgl. Nagel 1993, 9 f., 354 ff.
[46] siehe dazu Ahlers 2001, 55 ff.; Morrissey 2001, 79; bzw Lane 1980, 70 ff.
[47] Majoros/Rill 1999.
[48] Majoros/Rill 1999, 28.

Hunyadi (1403/8–1456) noch aufgehalten, bei Mohács (1526) fiel mit dem König auch das ungarische Reich. In den 150 Jahren zwischen Mohács und der zweiten Belagerung von Wien (1683) sah der Balkan immer wieder gewaltige Heerzüge, die sich von Edirne bis nach Belgrad und darüber hinaus ergossen. Auf diesen Märschen pflegten sich lokale Hilfs- und Grenztruppen der anwachsenden Armeelawine anzuschließen.

Durch diesen Kampagnencharakter entstand aber ein typisches Problem: Mit zunehmender Entfernung wurde der Operationsradius immer stärker eingeschränkt. So ein Heerzug kam nach seinem Aufbruch in Edirne in der Regel erst im Sommer in Westungarn bzw. im südlichen Mitteleuropa an, konnte dort bis Oktober verbleiben, um wieder in die Winterquartiere in Thrazien bzw. mit beschränkten Aufnahmemöglichkeiten auch in die Etappe zurückzukehren.[49] Wien lag in diesem System fast am Rand des maximalen Operationsfeldes. Als 1672 dessen größte Ausdehnung erreicht war und nachdem 1683 die Einnahme von Wien scheiterte und die Christen die Gegen-Initiative ergriffen, trat eine Verkehrung der Situation ein. Mit dem scheinbar unaufhaltsamen Vormarsch von Prinz Eugen und den Russen verloren die Türken zwar Eroberungen, die damit gewonnene Verkürzung der Anmarschwege durch die konzentrische Nähe zu Konstantinopel/Edirne räumte den Türken aber größeren Spielraum ein. Sie konnten sich dann aussuchen, ob sie die Kaiserlichen oder die Russen bekämpfen wollten. Über einen »kranken Mann am Bosporus« auch nur Mutmaßungen anzustellen, wäre vor der zweiten Hälfte des 18. Jahrhunderts schlicht lachhaft gewesen. »Das Reich lebte praktisch vom Krieg, von 1450 bis 1900 befand es sich 61% der Zeit im Kriegszustand [...], in der Zeit der Expansion (1450–1700) war das Osmanische Reich zu 75% pro Jahrhundert in irgendeine Auseinandersetzung kriegerischer Art verwickelt.«[50]

Die »islamische Schaukel«: Ein Blick auf den Anfang der Moderne

»Es gibt eine hartnäckige, aber etwas inkohärente Verknüpfung zwischen Historismus und Subversion. Wenn man behauptet, ein bestimmter Brauch (oder Glaube, eine Praxis, ein Ideal) sei zu einem bestimmten Zeitpunkt an einem bestimmten Ort entstan-

---

[49]   Aksan 1999 bzw. Taskiran 1997 u. Rázsó 1997.
[50]   Pittioni 1998, 46.

den, bestreitet man damit in der Tat, dass es diesen Brauch, diesen
Glauben usw. unvermeidlicherweise geben muss.«[51] Dass sich die
von Parker und anderen[52] festgestellte militärische Revolution der
frühen Neuzeit wesentlich in Oberitalien und Nordwesteuropa
abgespielt habe, ist ebenso unbestritten wie schief. Ohne die Vor-
leistungen der spanischen Frontera und der »Parallelentwicklung«
mit ähnlichen Mitteln im türkischen Kleinasien könnte man so
manches an Ideen, an neuen Errungenschaften, an militärischem
Know-how, das »die Europäer« dann so glänzend weiterentwickelt
haben, nur schwer erklären. Das gilt sogar für die Militärmusik,
die in Europa schon seit dem Mittelalter in eigenständiger Weise
gepflegt wurde. Die »moderne« Militärmusik als organisierte Form
des zweiten Schlachtenlärms entlehnte aber wesentliche Elemente
aus osmanischer Tradition: den »preußischen« Schellenbaum zie-
ren bis heute bunte Rossschweife – das Feldzeichen der Türken.[53]

Der historische Blick für militärische Innovationen, die auch
den Aufstieg okzidentaler Mächte in Übersee miterklären sollten,
ist in dieser militärischen Kernzone Europas (im Nordwesten bzw.
in Norditalien) quasi hängen geblieben. Anstatt die Transferleistungen
aus der Frontera stärker zu berücksichtigen, wurde eine »medieval
military revolution« vorangestellt, oder es wurden weitere, nachfol-
gende »Revolutionen« formuliert – alle im selben Raum.[54]

Hingegen könnte der doppelte Blick auf die Araber Spaniens
(in der Endphase der Reconquista) und auf die frühen Osmanen
jene Pattsituation eines »europäischen Ethnozentrismus« auch in
der Militärgeschichte sprengen. Aus solchem Blickwinkel heraus
könnte es nämlich gelingen, eine Geschichte von Bedingungen zu
schreiben – Bedingungen, die einmal nötig waren, damit sich be-
stimmte Arten militärischer Praxis überhaupt erst bilden konnten – geschweige denn entfalten. Anders und wohl auch ein wenig
plakativ formuliert: Im Verschwinden der Araber aus Spanien –
bei gleichzeitigem Aufstieg der Osmanen in Anatolien und auf
dem Balkan – bildet die islamische Macht eine kulturpolitische
»Schaukel«, mit der Méditerranée als symbolischer Achse und der
beginnenden Moderne als ihrem Dreh- und Angelpunkt. In diesem Zusammenhang sind Untersuchungen zu den Osmanen und
über die Reconquista stets auch eine Beschreibung der Bedingungen für den so genannten Aufstieg des Westens. Es gab eine Zeit

---

[51] Daston 2001, 9
[52] Parker 1976 u. 1988, Tallett 1992, Black 1994
[53] Contamine 1997
[54] Ayton/Price 1998 bzw. Tallett 1992, 65f.

vor den modernen Kriegen, eine Epoche, der sich allem Anschein
nach aber nicht »der Westen« als Erster entwand, sondern »der
Islam« (in Gestalt einiger privilegierter islamischer Reiche). Die
europäische Militärmacht baute sich im interaktiven Konflikt mit
dieser militärischen »Frühmoderne« auf – und besiegte sie.

Je grimmiger sich die vielen Gesichter des Krieges in Europa
anstarrten, desto einförmiger wurde der innere europäische Zonen-
bereich – mit andern Worten: Genau dadurch hob er sich von
jenen anderen Militärzonen ab, die keinen Anschluss an das europäische System hatten. Es formte sich immer konkreter ein domi-
nanter Gesichtszug heraus und am Ende hatte Mars alle Masken
abgelegt und zeigte der Welt sein wahres Gesicht. Dieser »europäische Militärstandard« bewährte sich in der Expansion der europäischen Mächte, und zwar ohne dass sämtliche Schlachten, Gefechte, Scharmützel gewonnen werden mussten, was zählte, war der
lange Atem. In der Folge wurden die einstigen Lehrmeister, gleichermaßen gefürchtete wie genau beobachtete Feinde – die Araber und Osmanen – von der Entwicklung abgekoppelt. Durch auf-
holende Spurts erreichten sie aber immer wieder Anschluss an das
(west)europäische System. 1853 verließ Sultan Abdülmecit den
alten, im traditionellen Stil gehaltenen Stadtpalast des Topkapi (was
„Kanonentor" bedeutet) und bezog das neo-osmanische Dolma-
bahce Sarayi als neue offizielle Residenz. Dieser Umzug kommen-
tiert die Verspätung der türkischen Militärreform. Spät vielleicht –
aber wohl noch nicht zu spät. Hatte ja schon Mahmud II. (1807–
1839) die Eliminierung der parasitären Janitscharen und den Aufbau einer Armee nach westlichem Muster geschafft; die alten Erfolgstruppen waren zur unerträglichen Belastung geworden.

Während sich die Hohe Pforte im Wesentlichen auf Militär-
reformen konzentrierte, »wurden im 19. Jahrhundert nur in zwei
Ländern Asiens und Afrikas ernsthafte Versuche der ökonomischen
und militärischen Selbstbehauptung gegenüber dem sich industria-
lisierenden und expandierenden Europa durch Ingangsetzung ver-
gleichbarer Prozesse sozio-kultureller und ökonomisch-technolo-
gischer Umgestaltung unternommen: in Ägypten unter Muhammad Ali (1805–1848) und – langfristig erfolgreicher – im Japan
der Meiji-Ära (1868–1912). […] Muhammad Ali war ein Albaner
aus Kavalla in Mazedonien, wo er gleichzeitig zwei Berufe ausgeübt hatte: Auf der einen Seite war er Tabakhändler, auf der anderen Seite Angehöriger einer Einheit lokaler Hilfstruppen der Osmanen gewesen. Beiden Tätigkeiten ging er auch an der Spitze
Ägyptens nach, allerdings in größerem Maßstab: Er war Chef ei-

ner der größten Armeen seiner Zeit (1838: 157.000 Mann), und
er stand als ,Merkantilist' an der Spitze eines der erfolgreichsten
Wirtschaftsunternehmen des Orients, nämlich des ägyptischen
Staates.«[55] Spätestens der überlegene Sieg in der Schlacht bei den
Pyramiden (1798), den Napoleon mit einer modernen europäischen Armee errang, hatte den dringlichen Handlungsbedarf auf-
gezeigt – einen Handlungsbedarf, wie er sich schon viel früher einmal verdeutlicht hatte: im *al-Andalus* des Spätmittelalters, wo er
den spanischen Arabern das drohende Ende verkündete – und kurz
darauf am Balkan, wobei nun aber die Christen es waren, denen
die Schrift an der Wand erschien.

---

[55] Schölch 1987, 367 u. 369.

Wettrüsten oder Der Weg der Kanone

GOTTFRIED LIEDL

> »Eisen – auch als schweres Geschütz erscheint es,
> jeglicher Schande bahnt das Eisen den Weg. Doch
> nicht trägt das Eisen die Schuld. Die blinde Begier,
> die ruchlose Sünde des Menschen ist es, wodurch sie
> willig in alle Verbrechen sich stürzen und schlimme
> Künste erfinden.«
> *Der Humanist Nicolaus Bourbon*

Die »falsche« Genealogie der Moderne, worin das europäische Bewusstsein nie aus sich herausgeht, ausschließlich bei sich bleibt, zeigt sich – man ist versucht zu sagen: am schönsten – militärhistorisch. Der Deutsche Hans Delbrück, genialer Spätklassiker der Kriegsgeschichtsschreibung, bringt das auch auf den Punkt. Wenn er den vierten Teil seiner »Geschichte der Kriegskunst« mit der »Bildung einer europäischen Infanterie« anheben lässt,[1] so marschieren sie alle auf. Da gibt es im Norden »die Niederländer«, »die Landsknechte«; im Westen »die Franzosen, Spanier und Italiener«. Sprosse für Sprosse klettert man höher. Logisch entwickelt sich eins aus dem andern. Aber die Leiter hat Lücken. Was ist mit dem Süden, dem Osten? Liest man Delbrück, so sind *jinetes* und *janitscharen* glatt vom Himmel gefallen.[2]

Wer käme auch auf die Idee, dass am Beginn des 15. Jahrhunderts ein deutsches Kriegsbuch ausgerechnet bei der Behandlung der modernsten Errungenschaften – der Feuerwaffen – noch immer auf das Wissen des Orients zurückgreift. Das Kriegsbuch des Konrad Kyeser von 1405 »benutzte für seine Beschreibungen zahlreiche Vorbilder, darunter den ›Liber ignium‹ des Marcus Graecus aus dem 13. Jahrhundert, der wieder auf arabischen Quellen beruhte.«[3] Europäischer Nabelschau zum Trotz dürfte feststehen, dass

---

[1] Delbrück 2000, Bd.4, 3 ff.
[2] Delbrück 2000, Bd.4, 3 ff., 28 ff.
[3] Müller/Ludwig 1982, 155.

die ersten auf dem europäischen Kontinent, die Kanonen zum
Einsatz brachten, spanische Araber waren. [4]

Direkt vor Ort wusste man ohnehin immer Bescheid. In volks-
tümlichen Gebräuchen, Erzählungen und Märchen Spaniens gibt
es bis heute die Figur des *gigante,* des Riesen und Zauberers – und
dieser ist natürlich ein Maure. Darin spiegelt sich ein Komplex – der
jahrhundertealte, schräge Blick von unten. Die wissenschaftlich-tech-
nische Überlegenheit des Herrn wird auch dann noch erinnert, wenn
es ihn selbst – den Herrn – *in natura* gar nicht mehr gibt. Sogar in
ihrer immerhin noch 250 Jahre währenden »Agonie« (die man denn
auch besser mit den Augen des Historikers betrachtet, also in An-
führungszeichen setzt), hat die arabische Zivilisation in Spanien eine
Lebenskraft bewiesen, die verblüfft. Ihrer genuinen Begabung für
Theorie ist es immer wieder geglückt, sich ins Politisch-Praktische,
Militärisch-Verwertbare zu übersetzen.

Anlässlich seiner erfolgreichen Belagerung der von Christen be-
setzten Stadt Huéscar im Jahre 1324 ließ der granadinische Sultan
Isma'il I. »den großen Apparat, der durch ›naft‹ angetrieben wird« in
Funktion treten. So lesen wir es in den Berichten der erstaunten
Zeitgenossen.[5] Und ihnen war auch klar, dass der granadinische
Sultan damit »über eine völlig neue, todbringende Waffe verfügte«.[6]
Der arabische Ausdruck *an-naft* (wörtl.: »Salpeter«) bedeutet hier
nämlich eindeutig »Schießpulver«, denn es ist davon die Rede, dass
etwas damit »angetrieben« wird (im Gegensatz zum »griechischen
Feuer«, das nur *passiv,* als Brennstoff wirkt). Diese Auffassung wird
im Großen und Ganzen von der heutigen Forschergeneration geteilt,[7] obgleich man den Begriff »Maschine« auch schon so verste-

---

[4]   Einer interessanten These zufolge hat man schon im Europa der Re-
      naissance geschwankt, welche Strategie (Verdrängungsstrategie) ange-
      sichts des großen Anderen am angemessensten wäre. Die einen – für
      die das neue Feuerrohr eine Ausgeburt der Hölle, der Inbegriff von
      Hybris war – hatten nichts dagegen, den Spaniern zu glauben, wel-
      che – jedenfalls damals noch – über die arabische (ja »chinesische«)
      Herkunft der neuen Errungenschaft Bescheid wussten. Für alle ande-
      ren, besonders wenn sie von Europas »fortschrittlicher Sendung« (und
      deren Manifestation als Sieg der Technik) überzeugt waren, hatte die
      Feuerwaffe »genial« zu sein; sie war dann logischerweise eine europä-
      ische Erfindung; man schreckte nicht einmal davor zurück, sie den
      Alten zuzuschreiben – den Griechen, den Römern: Hale 1983, 391 f.
[5]   Ibn al-Khatib 1347 H, 72.
[6]   Arié 1973, 261 (Anm. 4).
[7]   Vgl. Mata Carriazo Arroquía 1968, II, 516; eine klare, in ihrer Argu-
      mentation überzeugende Absage an die »Griechisches-Feuer-Theorie«
      findet sich auch bei Harvey 1990, 199.

hen wollte, als hätte es sich dabei um ein herkömmliches, mittelalterliches Belagerungsgerät – etwa ein Katapult – gehandelt, das
Brandsätze in der Art des »griechischen Feuers« verschoss. Der Text
geht aber weiter ins Detail und schildert die verheerende Wirkung
rotglühender Eisenkugeln, mit denen besagte »Maschine« den Turm
der Festung traktierte. Es hätte ja auch nicht viel Sinn gemacht,
gegen massives Mauerwerk Brandsätze zu schleudern. Das geschil-
derte Ereignis kann daher richtigerweise nur als einer der ersten
historisch bezeugten Einsätze einer Kanone auf dem europäischen
Festland interpretiert werden (nach anderen Zeugnissen hatten die
Araber sogar schon früher die neue Waffe verwendet, nämlich 1317
bei der Belagerung von Alicante).

Ohnehin ist die Quellenlage bezüglich der arabischen Kanonen
besser, als gemeinhin behauptet. Ihre verschiedenen Einsätze bis zur
Verteidigung von Algeciras (1343) sind gut bezeugt.[8] Und die Geschicklichkeit, mit der die arabischen Verteidiger bei dieser Belagerung von Algeciras die christlichen Angreifer unter Feuer nahmen,
lässt eine Vertrautheit mit der neuen Waffe vermuten, wie sie sich
nur durch regelmäßigen Gebrauch einstellt: Die Araber beschossen
nicht nur die hohen Angriffsplattformen der Christen mit Eisenkugeln, sondern nahmen auch feindliche Kriegsschiffe, die in der
Bucht von Algeciras patrouillierten, unter gezieltes Kanonenfeuer.[9]

Das Beispiel Navarras: Kanonen auf dem Weg nach Norden

Vom einen Ende tragen Handel und Krieg das Wissen zum andern
Ende der Welt. Und zumindest für Westeuropa – England, Frankreich, Flandern und Burgund – scheinen die Araber auch echte
Wegbereiter dieser »Wunderwaffen« gewesen zu sein, nämlich über
Vermittlung muslimischer Waffenmeister und Festungskomman-
danten der Könige von Navarra.[10] Das mag im ersten Moment
verblüffend anmuten – und doch lassen Dokumente dieses kleinen nordspanischen Königreichs keinen Zweifel darüber, dass ge-

---

[8]   Crónicas de los Reyes de Castilla desde Alfonso X hasta los Reyes
      Católicos. Edition: Rosell 1953, Bd. 66, 344, 352; siehe auch Giménez
      Soler 1908, IV, 69. Zu den ebenfalls gut dokumentierten Bezeichnun-
      gen *truenos* (»Donnerschläge«) und *al-barud* (»Schießpulver«) in zeit-
      genössischen spanischen und arabischen Dokumenten siehe Liedl 1997,
      31/80 (Anm. 44).
[9]   Crónica de Don Alfonso el Oncero. Edition: Rosell 1953, Bd.66, 384.
[10] Harvey 1990, 138 ff.; sowie: Ozaki 1986, 319 ff., besonders 330 ff.
      (muslimische Waffenmeister aus Navarra).

wisse arabisch-stämmige Familien dort zum Waffenhandwerk ein
Naheverhältnis hatten, das man in dieser Form von Angehörigen
einer unterworfenen Minderheit nicht erwarten würde.

Die außergewöhnliche Nähe dieser nordspanischen Muslime
zu ihrem christlichen Königshaus – man kann geradezu von ge-
genseitigem Vertrauen sprechen – ist gut dokumentiert. Der christliche König gleicht hier in seiner Stellung einem muslimischen
Sultan – bis hin zu seiner Rolle als Garant muslimischer Pflichter-
füllung. Denn das islamische *Dhimmi*-Prinzip – das Recht anders-
gläubiger »Schutzbefohlener« auf ungestörte Ausübung ihrer Religion, worin deren Herr gerade durch seine Kompetenz in religiösen Dingen seine politische Rechtmäßigkeit unter Beweis stellt:
nämlich als »Führer der Gläubigen« –, dieses Prinzip lebte in Spanien auch unter nicht-muslimischer Herrschaft noch lange weiter.[11] Der Schutzfunktion des Herrn entspricht das Faktum flexibler Anpassung auf Seiten des Dieners.[12] Aus dem weiten Feld einer
»islamischen Rechtsprechung unter christlicher Patronanz« gibt es
für die Gewandtheit, mit welcher der muslimische Untertan die
neuen Verhältnisse zu nutzen verstand, manch schönes Beispiel –
nehmen wir eines heraus.

Im Jahr 1416 gab es im kleinen Dorf Ablitas einen Aufsehen
erregenden Prozess. Axa (Aisha), die Frau eines gewissen Mahoma
Matarran, hatte mit einem Christen aus der Nachbarschaft ein Verhältnis angefangen. Doch ihr Mann ging nicht etwa (wie zu erwarten gewesen wäre) zum muslimischen *qadi* – er zog es vor, sich an
die christliche Obrigkeit zu wenden. Der Bericht erklärt auch warum: »Gemäß der Sunna der Muslime wäre die Strafe der Frau Aus-
peitschung und Steinigung gewesen – aber auf Bitten ihres Vaters
und ihres Gatten (!) fällen Wir [d.h. das königliche Gericht] folgendes Urteil: Nach Zahlung einer Strafe von 110 Gulden ist sie aus
dem Gefängnis zu entlassen.«[13] – Es folgt eine ausführliche Urteils-
begründung, aus der hervorgeht, dass es das christliche Gericht nichtsdestoweniger für klug erachtete, auch muslimische Grundsätze her-
anzuziehen: ausdrücklich wird auf die vier (männlichen) Zeugen
verwiesen, die für eine Anklage auf Ehebruch notwendig gewesen
wären, die der Kläger aber nicht beizubringen vermochte. In der Tat
eine höchst merkwürdige Gerichtsbarkeit … wo ein muslimischer

---

[11] Zur christlich-muslimischen Dialektik im Zusammenhang mit dem
      Dhimmi-Syndrom im Spanien des Spätmittelalters siehe Liedl 1997,
      32 ff.
[12] Liedl 1997, 42 f., 61 f.
[13] zitiert nach García-Arenal 1984, 108.

Kläger die Möglichkeit hat, das christliche Gericht anzurufen, das wiederum die Möglichkeit (oder vielleicht sogar die Verpflichtung) hat, nach islamischem Recht zu urteilen. Aber urteilt es denn wirklich nach islamischem Recht? Nun, die christliche Obrigkeit *gibt vor,* nach diesem Recht zu urteilen, so wie der muslimische Kläger vorgibt, nach dem islamischen Recht zu leben. Wie nicht unwitzig gesagt wurde – beide, das Gesetz und die, für die es gilt, »werden zu Instrumenten der Veränderung – Veränderung des islamischen Glaubens, der islamischen Praxis«.[14]

Aber das Recht spiegelt nicht nur ideologisch-religiöse Ambivalenz wider – es gibt auch wirtschaftlichen Gegebenheiten einen handfesten geographisch-logischen Ort. Im spätmittelalterlichen Navarra befand sich die muslimische Gemeinde in einem für christlich-spanische Verhältnisse absolut untypischen Zustand. Anders als im übrigen christlichen Spanien bildeten die *morerías,* die muslimischen Siedlungen, dort nämlich keine Ghettos. Auch außerhalb ihrer angestammten Quartiere konnten Muslime problemlos Grund und Boden erwerben und besitzen, so wie umgekehrt auch Christen im muslimischen Teil der Stadt wohnten. »Wenn sich jemand [von den *mudejaren*] in seinem Garten oder Landhaus außerhalb der Stadtgrenzen aufzuhalten wünscht, so darf er daran nicht gehindert werden«, lautete die entsprechende Formel in Navarras Mudejarengesetzen.[15] Und was die Eigentumsverhältnisse betraf, so galt der Grundsatz, dass es nicht nur muslimische Teilpächter christlicher Landbesitzer geben konnte, sondern – ausgesprochen delikat in einem durch Christen zurückeroberten Land – auch muslimische Herren christlicher Pächter. Arbeitsverträge mit christlichen Taglöhnern und Knechten, wie der, den ein gewisser Aly Alquanillo mit einem christlichen Rinderhirt abschloss, zeugen davon.[16]

In ihrer Geschmeidigkeit erweist sich die Minderheit als unverzichtbarer Wirtschaftsfaktor, als ein – wenn der Ausdruck hier erlaubt ist – Platzhalter des Fortschritts. Noch dazu, wo solche auf handwerklichem Geschick und kaufmännisch-intellektueller Umtriebigkeit basierende »Platzhalterschaft« in ein Netz weitreichender internationaler Verbindungen eingebettet war. Und dies ist auch schon die erste Antwort auf die Frage, warum der europäische »Weg der Kanone« ausgerechnet durch das kleine Königreich Navarra führte.

Eine Hauptdomäne wirtschaftlicher Betätigung der spanischen Araber war von alters her die Landwirtschaft. Noch im spät-

---

[14] Harvey 1990, 146.
[15] Fernández y Gonzáles 1866, 287, zitiert nach: Harvey 1990, 141.
[16] García-Arenal 1984, 121.

mittelalterlichen Navarra waren sie die Spezialisten der Garten-
und Bewässerungskultur – und in dieser Eigenschaft Hoflieferan-
ten ausgesuchter Produkte. So paradox das klingen mag, auch
Weinbau und Weinhandel waren eine muslimische Spezialität (so
wurde z.B. im Jahre 1405 eine Familie Alpelmi mit dem exklusi-
ven Privileg des Weinexports ausgestattet). Aber was hier noch in-
teressanter ist – ebenfalls in den Händen der Muslime Navarras
lag die Maultierzucht, eine Fertigkeit, die unmittelbar in den militärischen Bereich führt. Um deren Wichtigkeit für die Sphäre des
Kriegs zu ermessen, genügt es, an die in ganz Spanien üblichen
strengen Exportverbote für Reit- und Lasttiere (besonders Pferde
und Maultiere) zu erinnern. Die Beherrschung der schwierigen
Kunst des Züchtens von Maultieren war daher mit großem gesell-
schaftlichem Prestige verbunden: Muslime standen dem königlichen Tross vor; sie waren für den Fernhandel verantwortlich; sie
galten als die besten Huf- und Waffenschmiede.[17] Von da ist es nur
mehr ein kleiner, wiewohl sehr logischer Schritt zur militärischen
Karriere im eigentlichen Sinn. Familiengeschichten demonstrieren
das auf anschauliche Weise.

Im Jahre 1380 wird in Navarra ein gewisser Zalema Madexa
vom König persönlich ausgezeichnet: als bester Waffenschmied
Tudelas. Und 1401 ruht der allerhöchste Blick abermals huldvoll
auf einem Spross dieser Mudejarenfamilie: Ibrahim Madexa hatte
dem König als Waffenmeister und Marschall sechs Jahre lang treu
gedient – in der Festung Cherbourg, am Ärmelkanal, 600 Meilen
von der Heimat entfernt. Später bereist er Kastilien, wo er – diesmal in seiner Eigenschaft als oberster Veterinär und Gestütsleiter –
Maultiere einkauft. Er wird dafür von seinem Landesherrn reich
entschädigt.[18]

Diese abwechslungsreiche Lebensgeschichte, dieses Itinerar eines Funktionärs spiegelt das Geschick seines Staates wider. Einge-
keilt zwischen große Mächte – Aragón, Kastilien, Frankreich und
die Kontinentalbesitzungen Englands –, überlebte Navarra nur
dank einer Schaukelpolitik, in der kein Platz war für Neutralität.[19]
Darin glich Navarra seinem südlichen Gegenstück Granada aufs
Haar. Wie dieses spielte es die militärische Karte, wie dieses wurde
es einen historischen Augenblick lang – um die Mitte des 14. Jahrhunderts – zum *agent provocateur* der Großmächte. Und hier stößt

---

[17] Harvey 1990, 142 ff.; García-Arenal 1984, 22 f.
[18] García-Arenal 1984, 23 ff.
[19] Martín 1976, 682 ff.

man auch unversehens wieder auf das Thema der Neuzeit, auf den, wie er genannt wurde, »Weg der Kanone«.

Mit Philipp, Graf von Evreux, Angoulême, Mortain und Longueville, der durch seine Heirat mit Juana Herr über Navarra geworden war, beginnt eine der bewegtesten Phasen in der Geschichte des kleinen Pyrenäenkönigreichs. Vor allem kommt ja die neue Dynastie von außen. Vor dem Hintergrund solcher Fremdheit verwundert es nicht, dass das neue Königshaus, konfrontiert mit dem Misstrauen seiner iberischen Untertanen, einen Hofstaat der Fremden favorisiert – einschließlich spanischer Muslime, die für solche Privilegien wie geschaffen schienen. Aber solche Nützlichkeit hat ihren Preis. In Navarra lief der Schutz der Muslime in letzter Instanz auf deren Recht hinaus, *sich selbst zu schützen*. »Im wahrsten Sinne des Wortes,« sagt der moderne Interpret, »entsprang ihre Freiheit dem Lauf der Gewehre«.[20] In allen Angelegenheiten rund ums Waffenhandwerk waren sie bis zum Schluss Experten. Noch im 16. Jahrhundert sind in Nordspanien, an der Biskaya, in Navarra und in Asturien *Morisken* – Nachfahren der spanischen Muslime – als Händler von Schießpulver für Arkebusen tätig.[21]

Die Reihe jener zweiten bedeutenden arabischen Familie in Navarra, der al-Hudhayli, beginnt mit dem Großvater, Ahmad. Er wird um 1360 als Hauptmann der königlichen Armbrustschützen und oberster Festungskommandant erwähnt.[22] Dessen Sohn ist bereits Artilleriekommandant – als solchen jedenfalls bezeichnet ihn ein Dokument von 1368 – und zwar in der Festung Estella, einer Schlüsselstellung Obernavarras, sein Sold beträgt monatlich sechs Gulden, zusätzlich zu seiner Befreiung von der *pecha,* der Kopfsteuer für Muslime. Dieser Ali al-Hudhayli gibt sein militärisches Amt dann an seinen Sohn Ahmad weiter; er selbst bezieht bis ins hohe Alter eine stattliche Pension.[23] Die Dokumente lassen keinen Zweifel. Zumindest der Zweite im Bunde, Ali, versteht sich schon auf den Umgang mit Feuerwaffen.

Aber kehren wir noch einmal zum Beginn der neuen Dynastie Navarras zurück, mit deren Wirken sich die militärische Karriere gewisser Mudejarenfamilien und – viel wichtiger noch – der »Weg der Kanone« so genau deckt. Man schreibt das Jahr 1343: Philipp von Evreux, der den Großteil seiner Regierungszeit gar nicht in Navarra selbst, sondern meist in Frankreich verbracht hat, weilt am Ende sei-

---

[20] Harvey 1990, 145
[21] Sagarminaga 1932, Bd.2, 357; dazu auch Braudel 1990, Bd.2, 585 ff.
[22] Zitiert nach: García-Arenal 1984, 30
[23] García-Arenal 1984, 31

nes Lebens noch einmal außer Landes; diesmal aber ist es der Süden, der ihn anzieht. Mit 100 Reitern und 300 Mann Fußvolk hat er sich dem internationalen Kreuzritterheer angeschlossen, das schon seit Monaten vor Algeciras liegt, um dieses *al-Djazira,* diesen westlichsten Punkt der spanisch-arabischen *frontera,* den Brückenkopf der marok-kanischen Invasionstruppen zu erobern.

Die historische Bedeutung dieser Unternehmung geht über ihre örtliche Wirkung weit hinaus: ist sie doch eine der frühesten Konfrontationen christlicher Militärs mit der arabischen »Wunderwaffe«. Was immer sich der Stolz auf abendländische Umtriebigkeit gewünscht hätte – und selbst renommierte Fachhistoriker sind hier schon in die Falle des Ethnozentrismus getappt[24] – nicht die christlichen Belagerer waren es, die jene Wunderwaffen in ihrem Arsenal hatten, *sondern die arabischen Verteidiger.* Ganz folgerichtig findet sich das neue technische Hilfsmittel zuerst auf der schwächeren Seite.[25]

Was nach dem christlichen Sieg, nach der Eroberung der Festung mit den erbeuteten Kanonen und ihren Bedienungsmannschaften geschah, gäbe Stoff zu allerlei Spekulationen. Denn eines steht fest, schon zwei Jahre später, 1346, kommen wiederum Feuerwaffen zum Einsatz, diesmal sogar in offener Feldschlacht. Und was das Erstaunen nur vergrößern kann: die Kanonen sprechen diesmal am entgegengesetzten Ende der großen Achse, im Norden Frankreichs, in Flandern … Keine zwei Jahre, und die ominösen Maschinen sind 1000 Meilen vom Ort ihres letzten Auftritts entfernt wieder aufgetaucht. In der berühmten Schlacht von Crécy, im Hundertjährigen Krieg zwischen England und Frankreich, kam nicht nur der englische Langbogen, sondern auch die neue Wunderwaffe zu Wort.[26]

Wie stark die Könige von Navarra im Hundertjährigen Krieg engagiert waren, ist hinlänglich bekannt. Praktisch die gesamte Regierungszeit des zweiten Herrschers aus dem Hause Evreux, Karls II. (1349–1387), war ausgefüllt mit Versuchen, sich in den Wirren des Hundertjährigen Krieges zwischen England und Frankreich als dritte Macht zu etablieren und Navarras französische Territori-

---

[24] Siehe zum Beispiel Ladero Quesada 1979, 122, wo dem bekannten Mediävisten das Missgeschick passiert, alles falsch zu verstehen. Die Christen lässt er mit Kanonen schießen, obwohl im Dokument ausdrücklich von den grässlichen Verlusten die Rede ist, die sie durch diese neuartigen Maschinen *erleiden* …

[25] Crónica de Don Alfonso el Oncero. In: Rosell 1953, Bd.66, 359.

[26] Harvey 1990, 199. Zur Diskussion um den Einsatz von Kanonen bei Crécy siehe auch den Eintrag »Feuerwaffen« in: Brockhaus 1893, Bd.6, 755.

en zum Sprungbrett einer ehrgeizigen Macht- und Schaukelpolitik auszubauen, ja womöglich den französischen Königsthron zu besteigen. Hier scheiterte er jedoch. Zuletzt blieb von all den hochfliegenden Plänen und riskanten Manövern nicht viel mehr als jene Festung Cherbourg, auf der man den muslimischen Waffenmeister Ibrahim Madexa seinen Militärdienst ableisten sah.[27]

Eine Hypothese sei hier aufgestellt, welche die Nord-Südachse navarresischer »Großmachtpolitik« nicht nur politisch, sondern auch geographisch ernst nimmt und dabei gerade die Endpunkte dieser Achse berücksichtigt: *Algeciras* im Süden, wo Karls Vater Philipp am christlichen Erfolg nicht unwesentlich beteiligt war – und im Norden den befestigten Platz *Longueville*, Ort in der gleichnamigen Grafschaft des Königs von Navarra, von wo es keine 70 Meilen zum Schlachtfeld von Crécy sind. Wie abwegig ist da die Annahme, dass das kleine Navarra mit seinem gleichwohl großen militärischen Potenzial, seinen noch dazu maurischen Militärexperten prädestiniert war, als eine der ersten europäischen Mächte die strategische Bedeutung der neuen Wunderwaffe zu erkennen? Anders gefragt: ist es nicht ziemlich wahrscheinlich, dass zusammen mit den Dreihundert des Philipp von Evreux auch der eine oder andere seiner maurischen Experten vor Algeciras mit dabei war? Welcher sich, da er ja arabisch sprach, mit den erbeuteten Feuerrohren und deren arabischer Bedienungsmannschaft einiges anzufangen wusste?

Wie auch immer. Feststeht, dass die Kanone im Grenz- und Kampfgebiet der Iberischen Halbinsel, bei den spanischen Arabern auftaucht, von dort erstaunlich rasch nach Norden wandert, um dann mit zunehmender »Europäisierung« den umgekehrten Weg zu nehmen – wieder zurück in den Süden. Am Ende wird sie sich grausam gegen die wenden, die sie auf dem Kontinent eingeführt haben. In unzähligen Schlachten, von Antequera (1410) bis Málaga (1487), hilft sie den Christen, das letzte muslimische Bollwerk auf europäischem Boden, das Reich von Granada, zu zerschlagen.

Die Kanone ist nur die spektakulärste Form jener Verschränkung von Konfrontation und Austausch, worin das »christliche Abendland« an seinen westlichen und östlichen Fronteras – in Südspanien und auf dem Balkan – regelrechte Nahtstellen zur anderen, zur islamischen Hälfte der Méditerranée besaß.

---

[27] De la Cierva 1981, 269-284 (»Navarra en la Baja Edad Media«).

Frühe Einsätze und Erwähnungen von Kanonen[28]

1317 *Alicante*	Südspanien: Einsatz als Belagerungswaffe, erster Einsatz in Europa
1324 *Huéscar*	Emirat von Granada: Einsatz als Belagerungswaffe
1326 *Florenz*	Erwähnung
1327 *England*	Erwähnung
1332 *China*	Erwähnung
1342/43 *Algeciras*	Emirat von Granada: Verteidigungswaffe im Festungsbereich
1346 *Crécy*	Nordfrankreich/Flandern: Erster Einsatz in offener Feldschlacht
1366 *Kairo*	Mamlukensultanat: Feuergefecht Aufständischer am Nil
1368 *Navarra*	Erwähnung muslimischer Waffenspezialisten
1376 *Venedig*	Erwähnung einer Kanone namens »La Trivisana«
1389/90 *Damaskus*	Mamlukensultanat: Niederschlagung eines Aufstandes
1394 *Vega de Granada*	Emirat von Granada: Einsatz von Handfeuerwaffen in offener Feldschlacht
1396 *Nikopolis*	Osmanen auf dem Balkan: Einsatz im Festungsbereich
um 1400	Deutschland: Erwähnung eines Büchsenmeisters Walter von Arle
1410 *Antequera*	Südspanien: Erster Einsatz auf kastilischer Seite als Belagerungswaffe

»Modernität« (wenn man denn diesen Ausdruck gebrauchen will) entwickelte sich aus der Spannung eines kulturellen Wettlaufs; klarerweise war der jeweilige Vorsprung an Innovation, den der eine über den anderen eine Zeit lang zu haben schien, niemals von Dauer – rasch sprang der Funke über, die vermeintlich endgültigen Lösungen waren nur Übergangsstufen.

Um zu zeigen, wie kompliziert die Angelegenheit wirklich ist, wie unentwirrbar die Fäden jenes »Hin und Her«, jener Verschränkungen sich darstellen, sei hier auf den seltsamen Weg aufmerksam gemacht, den der Name bloß einer einzigen dieser frühen Feuerwaffen im Laufe seiner heute nicht mehr rekonstruierbaren, bloß spekulativ zu vermutenden Wanderung zurückgelegt hat. *Ribaudiquin* (altfranzösisch) bzw. *ribadoquin* (spanisch) ist die Bezeichnung für einen Waffentyp, den der Fachmann folgendermaßen beschreibt:

---

[28] Siehe dazu auch Liedl 1997, 80 (Anm. 44); Liedl 1999, 113 f.; zu Einsätzen unter den Mamluken: Nagel 1993, 270 ff.; dort Hinweise auf zeitgenössische arabische Berichte: Al-Maqrizi 1970, III, 129 ff.; Ibn Idjas 1974, I/2, 46 ff.; Ibn Sasra 1963, II; vgl. auch Ayalon 1996, 6 ff.

»[Eine Kanone, die] zum ersten Mal für die Entwicklung der Feldschlacht eine Rolle spielte. [...] Spaniens Erfahrungen mit einer solchen Feldartillerie waren mit den meisten diesbezüglichen Erfahrungen in Europa vergleichbar ... [Was die Verwendung der Kanone in offener Feldschlacht betrifft,] so wäre aber zu bemerken, dass den spanischen Christen in diesen Schlachten [gemeint sind die Auseinandersetzungen der zweiten Hälfte des 14. Jahrhunderts] muslimische Hilfstruppen zur Seite standen. In dieser frühen Epoche hatten Kanonen, wenn sie auf dem Schlachtfeld einsetzbar sein sollten, von mittlerer bis geringer Größe zu sein. [Diese Stücke waren] Hinterlader mit auswechselbarem Verschluss, was ein mehrmaliges Abfeuern während der Schlacht ermöglichte«.[29]

Woher nun diese frühesten Exemplare einer »Feldartillerie« stammten, ist ungewiss – einiges deutet aber darauf hin, dass sie ihren Ausgang im Norden – in der »christlichen Hälfte« der Méditerranée genommen haben müssen. So lautet eine früh bezeugte arabische Bezeichnung *al-bunduqiya,* worunter nicht so sehr (leichte) Kanonen als vielmehr schon echte Handfeuerwaffen zu verstehen sind.[30] Die Nomenklatur ist verräterisch: *bunduqiya* (pl. *banadiq*) heißt auch im modernen Arabisch noch immer »Feuerwaffe«, »Gewehr«; *bunduqiya* hieß aber auch (und heißt heute noch) – »venezianisch«, »aus Venedig stammend«... Also wäre diese »bunduqiya«, diese praktische neue Waffe »aus Vendig« in den arabischen Raum gelangt? Legendär ist die stabile und intensive Handelsbeziehung zwischen Venedig und dem nahöstlichen Großreich der Mamluken; nicht minder wichtig aber auch die politische Achse zwischen dem Mongolen-Khanat der Goldenen Horde und Kairo – gipfelnd in regelmäßigen Lieferungen militärisch wichtiger Waren aus dem Schwarzmeergebiet (Kriegssklaven zum Beispiel) und wohl ebenfalls vermittelt durch Venedig; aber auch durch Genua; jenes Genua, das wiederum zum spanisch-arabischen Emirat von Granada beste Beziehungen unterhielt ... Sieht man den möglichen Zusammenhang? Die Italiener haben beste Beziehungen zu – allen: zu den Mongolen, zu den Arabern, zu ihren christlichen Partnern (und Konkurrenten). Die Araber sehen sich in bedeutende Abwehrkämpfe verwickelt; besonders im Westen ist der Krieg endemisch. So kann (dort) aus *al-bunduqiya* »Ribadoquin/ Ribaudiquin« werden – und zwar, indem die ursprünglich mongolische (?) Neuerung ziemlich früh in den arabischen Raum ge-

---

[29] McJoynt 1995, 31.
[30] Cook 1994, 60.

langt – unter »venezianisch« genannter Vermittlung (hinter welchem Begriff alle möglichen Händler und Waffenschieber subsummiert gewesen sein mögen – nicht zuletzt die Genuesen).

Symbolisch steht das Begriffspaar *bunduqiya / ribaudiquin* für den »Weg der Kanone«, der jedenfalls zu Beginn eindeutig ein Weg von Osten nach Westen war. Zweckdienlicher Hinweis in diesem Zusammenhang: Um die Mitte des 14. Jahrhunderts unterhält das südspanische Granada sowohl zu Kairo als auch zu Genua beste politische und wirtschaftliche Beziehungen; und genau in dieser »mittleren Epoche« seiner Existenz ist es »die« große militärische Macht auf der Iberischen Halbinsel – jedenfalls nach Meinung der Spezialisten.[31] Aber die Geschichte der Ribaudiquins und Ribadoquines zeigt noch einen anderen interessanten Aspekt – den eines Rüstungswettlaufs, in dem niemand den Vorsprung lange für sich behält, mag er auch noch so rasch laufen.

Dabei beginnt der Wettlauf, von dem hier die Rede ist, natürlich nicht mit der Erfindung des Schießpulvers. Er beginnt – um es vielleicht ein wenig pointiert, aber darum noch nicht falsch zu sagen – mit der Erfindung der Kaserne und des Drills. Der Drill – das regelmäßige Training ganzer Truppenkörper, um die Einzelkämpfer zu gemeinsam und auf Befehl ausgeführten Manövern fähig zu machen – hat nun aber zwei Ursprünge, die einander auf den ersten Blick auszuschließen scheinen: die ritterliche Geschicklichkeit, wie sie sich im Kampfspiel, im Turnier äußert und die »handwerkliche« Attitüde des einfachen Fußsoldaten, der eine Waffe wie die Armbrust herzustellen und zu handhaben weiß.

Dialektik von Herr und Knecht in der Schule des Feindes: Von den Rittern übernimmt das Volk die Sitte des Kampfspiels und bildet Waffenbruderschaften und Schützengilden, die regelmäßig zu Training und Wettkampf zusammenkommen – der harte Kern städtischer Milizen und Bürgerwehren.[32] Und so wie die bürgerlichen Schützenbruderschaften der nordfranzösischen und flandrischen Städte, die sich zur Verteidigung ihrer Gemeinwesen regelmäßig im Bogen- und Armbrustschießen übten,[33] fanden sich auch im zeitgenössischen südspanischen Granada die Männer der verschiedenen *harat* – Stadtviertel – zum waffenmäßigen Wettkampf und besonders zum Drill an der Armbrust zusammen.[34] Diese Stadtteil-Mili-

[31] »Granada«, sagt Torres Delgado, »war die große Militärmacht auf der Halbinsel«: Torres Delgado 1974, 354.
[32] Harmuth 1975, 320; Reintges 1963, 50
[33] Schmidtchen 1990, 168.
[34] Ibn al-Khatib 1375 H., Bd. I, 142; siehe dazu auch: Arié 1973, 252.

zen wurden offenbar von geistlichen Führern, Imamen und Predigern instruiert, wobei jene kriegserprobte Intelligenzija in ihren Unterweisungen auch auf die notwendigen waffentechnischen Details nicht vergaß. In den Moscheen wurde nicht nur gebetet und gepredigt, hier konnte man auch erfahren, wie man Armbrustbolzen herstellt und Pfeile richtig befiedert.[35] Über diese *qaws ifrandjiyya,* den »Fränkischen Bogen« verfügen arabische Milizen ja schon seit dem 13. Jahrhundert.[36] Und noch anlässlich der Belagerung Rondas durch die Katholischen Könige (1485) berichtet Fernando del Pulgar voll Hochachtung, mit welchem Geschick die Einwohner dieser maurischen Stadt mit der Armbrust umzugehen wissen.[37]

Die Armbrust kann das Symbol und Leitfossil der frühen Militärischen Revolution genannt werden. Schließlich illustriert die Armbrust den obersten Lehrsatz der Schule des Feindes: »Vom Gegner lernen, um ihn zu besiegen!« Vom antiken Vorläufer dieser Waffe, dem »Gastraphetes« oder »Bauchspanner« (der wegen seiner Unhandlichkeit nur zu Fuß zu spannen war) wurden schon im 10. Jahrhundert handlichere Versionen hergestellt, die sich auch für den Gebrauch zu Pferde eigneten.[38] Dies – ihre Eignung für den Spezialisten des Krieges, den adeligen Ritter, ist ihre erste und vorerst einzige Rechtfertigung, und wahrscheinlich war sie anfangs überhaupt nur ein luxuriöses Sportgerät, eine Jagdwaffe. Dieses Schicksal scheint sie mit dem gewöhnlichen Bogen geteilt zu haben, hatte ja schon das Zweite Laterankonzil (1139) unter Androhung des Kirchenbanns verboten, Bogen und Armbrust gegen Christen einzusetzen.[39] Woraus man andrerseits auf eine Verwendung gegen » Heiden« – also zum Beispiel während der Kreuzzüge – schließen darf.

Freilich – kein moralisches Verdikt der Welt hat jemals verhindert, dass ein neues Tötungswerkzeug seinen verborgenen Qualitäten und seiner offenkundigen Bestimmung gemäß eingesetzt wird. Denn diese Waffe, die Armbrust eignet sich auch für den Amateur, den kriegerisch Ungeübten. Und besonders gut eignet sie sich gegen den Kriegsmann von Profession. Bei allem technischen Aufwand, was ihre Herstellung betrifft, ist sie in der Handhabung ein

---

[35] Al-Maqqari 1949, Bd. 10, 236 ff., 246 f., zit. nach Arié 1973.

[36] Al-Maqqari 1949, Bd. 1, 207 f. (Al-Maqqari zitiert hier aus einem früheren Text von Ibn Sa'id, einem Zeitgenossen der Nasridendynastie von Granada).

[37] Mata Carriazo Arroquía 1940, Bd. VI, 166 (Crónica de los Reyes Católicos por su secretario Fernando del Pulgar).

[38] Schmidtchen 1990, 176.

[39] Schmidtchen 1990, 179.

einfaches Gerät. Der relativ geringe Kraftaufwand beim Spannen macht den Schützen flexibler – seine Aufmerksamkeit kann er ungeteilt *taktischen* Problemen wie zum Beispiel dem Erfassen und Beobachten des Ziels, dem raschen Reagieren auf dessen Bewegungen widmen. Außerdem hat die Waffe einen Zustand, in dem sie geladen, das heißt auf Abruf einsetzbar ist, sie kann im gespannten Zustand geführt werden. Dem Schützen steht es frei, beliebig lange auf die beste Gelegenheit zum Schuss zu warten und doch, wenn es soweit ist, unverzüglich tätig zu werden. Und schließlich ermöglicht die Bauweise der Armbrust – ihre Sehne wird horizontal gespannt, nicht vertikal wie beim Bogen – aufgelegtes Zielen und Schießen mit höherer Trefferwahrscheinlichkeit auch beim weniger geübten Schützen. Damit ist die Armbrust nicht nur eine praktische Angriffswaffe (aufgrund ihrer flexiblen und vergleichsweise simplen Handhabung), sondern vor allem die ideale Defensivwaffe, besonders dort, wo man den Gegner halb gedeckt erwartet – auf Festungen, hinter der Bordwand von Kriegsschiffen, aber auch im reich gegliederten beziehungsweise durch Wälle und Gräben eigens präparierten Gelände.

Als Waffe ist die Armbrust zugleich Massenartikel. Als »unspezifisches« Werkzeug steht sie, zumindest in der Theorie, allen Waffengattungen gleich nahe – der Infanterie, der Marine (die gesuchtesten Armbrustschützen waren nicht zufällig die Genuesen),[40] der Kavallerie (berühmtestes Beispiel einer Truppe von berittenen Armbrustschützen: die burgundisch-französischen *Ordonnanzkompagnien* des 15. Jahrhunderts).[41] Aber als »demokratische« Waffe (wegen ihrer relativ kostengünstigen Herstellung und Erhaltung) ist sie die Infanteriewaffe schlechthin, die Waffe der *Bürgerwehr*. Ihr handlicher Charakter bezeichnet ihre niedere Herkunft. Dass sie die ideale Verteidigungswaffe ist, heißt nämlich auch: dem Angreifer wird mit ihr *aufgelauert*. So entspricht sie dem neuen Trend zur Intrige, zum Taktieren, zur *Kriegslist*. Und unritterlich ist sie auch insofern, als sie wegen ihrer massenhaften Verbreitung nur schwer zu reglementieren ist – kodifiziertem Kriegsbrauch entzieht sie sich. Das Laterankonzil hatte schon recht – die Armbrust ist eine »absolut böse« Waffe. Denn als durchschlagskräftiges, panzerbrechendes Instrument tötet sie den Krieger *par distance,* ist sie nicht nur Todesdrohung, sondern absoluter, gnadenloser Vollzug. Darin besteht die »Modernität« des

---

[40]   Zur Rolle der Genuesen in der Schlacht von Crécy siehe: Schmidtchen 1990, 174 (Anm. 543).
[41]   Schmidtchen 1990, 48 ff., 176; Contamine 1972, 334 ff., 399 ff.; Paravicini 1976, 58 ff.; Brusten 1953, 452 ff.

Bogens und seiner technifizierten Variante, der Armbrust: Bogen und Armbrust geben sich so, wie sie sind, wie sie ihrer praktischen Natur entsprechend sein sollen – als Tötungsmaschinen und weiter nichts. Das Schwert des Ritters dagegen ist noch so manches andere – zum Beispiel Zeichen von »Ehre« …

Der Knecht besiegt den Herrn, indem er ihn kopiert. Anders gesagt, der Drill, den das Fußvolk sich antut, ist die passende Antwort auf die Disziplin der Ritter und deren geschlossenes Erscheinungsbild auf dem Schlachtfeld. Die ritterliche Kunst, die Schlacht zum *buhurt,* zum perfekt choreographierten Massenturnier zu machen, provoziert eine ähnliche Haltung beim niedrig geborenen Gegner, sodass sich dieser, bei aller Primitivität und Gesetzlosigkeit in der Wahl der Waffen, bezüglich der *Kampftaktik* zur schönsten Ordnung fähig zeigt.[42] Nur ein *synchron* abgegebener Pfeil- und Bolzenhagel vermag eine Attacke von Panzerreitern so rechtzeitig zu stoppen, dass sich ihre überlegene Kampfkraft nicht mehr entfalten kann. Die eindrucksvollsten Beispiele dieser Art hat wohl der Hundertjährige Krieg geliefert – nämlich das Phänomen, wie eine an sich primitive Waffengattung (der englisch-walisische Langbogen) im taktisch hochkomplexen Einsatz (das heißt, als Ergebnis eines beträchtlichen Aufwands an Drill) zum Inbegriff moderner Kriegsführung wird.[43]

Dialektik von Herr und Knecht. Nicht nur nimmt die »knechtische Waffe« Armbrust – mit ihrer kolbenförmigen Schäftung – in Aussehen und Handhabung die Revolution der Arkebuse vorweg; sie ist nicht nur für die taktische Aufwertung der Infanterie verantwortlich. Gerade im gegnerischen Lager der Ritter wirbelt sie alle überkommenen Regeln und Gesetze durcheinander. Sie erschafft dort eine neue Waffengattung, die Leichte Kavallerie – oder spanisch-arabisch gesprochen die *jinetes.* Am Ende zeigt sich sogar, dass man alle neuzeitlichen Formen der Kavallerie als Abkömmlinge dieses speziellen Typs, als Produkt der Frontera auffassen kann.

Das fast zeitgleiche Erscheinen sowohl der leichten Reiterei der Berbertruppen als auch jenes neuen Waffentyps, der Armbrust, erlaubt eine interessante Vermutung. Beide Bewegungen treffen

---

[42] Über die Zusammenhänge zwischen Turnierwesen und Schlachtordnung im Spätmittelalter siehe: Verbruggen 1977, 89 ff.; allgemein zum Turnierwesen: Niederer 1881, Fleckenstein 1985.

[43] Prestwich 1980, 69; Funcken/Funcken 1979, 126; Dupuy 1980, 82. – Zum Phänomen des Salvenschießens siehe: Schmidtchen 1990, 170 f. – Zum Verlauf einer typischen Schlacht (Azincourt, 1415) siehe Keegan 1981, 95.

nämlich in Spanien zusammen – an der Grenze zwischen islamischem und christlichem Kulturbereich. Und genau dort (und nicht
etwa im Vorderen Orient, wo es ja ebenfalls zu massiven west-
östlichen Konfrontationen gekommen war) sollte aus diesem Zu-
sammentreffen Neues entstehen.

Die These lautet nun, dass sich in Spanien, wo seit geraumer
Zeit beide Gattungen – eine kampfkräftige Infanterie und ein hoch
entwickeltes Rittertum – nebeneinander bestanden, schon bald die
Frage stellen musste, wie die Vorzüge der neuen Fernwaffe auch
für den Berittenen nutzbar zu machen wären. Kurz gesagt erkannte man, dass die spezifischen Anforderungen des Schießens mit
der Armbrust einen Wechsel in der Ausrüstung des Reiters erzwan-
gen.[44] Sattel und Steigbügel hatten so verändert zu werden, dass
der Reiter im vollen Galopp in den Steigbügeln aufstehen konnte,
um über den Kopf des Pferdes *hinweg* zu schießen (die Armbrust
wird im Gegensatz zum Bogen waagrecht gehalten, der Schütze
kann daher nicht am Kopf des Pferdes *vorbei* zielen). Gleichzeitig
aber musste durch die Sattelkonstruktion der feste Halt des Reiters und sein enger Kontakt mit dem Pferd gewährleistet sein. Genau
diese Sattelung und exakt jene Reithaltung waren aber bei den
Berberkriegern seit jeher Brauch. Somit konnte sich Ältestes mit
Modernstem verbinden, wurde die »Primitivität« des Nomaden
zum Motor eines militärischen Paradigmenwechsels, wie er sich
bis zur Erfindung des Tanks (wodurch die Kavallerie selbst obsolet
wurde) nicht mehr wiederholen sollte. So hatten Pferd und Reiter
ihr ursprüngliches Gleichgewicht wiedergewonnen, und aus einer
trägen, gepanzerten Maschine auf vier Beinen wurde das Pferd
wieder zu dem, wofür es der Mensch, der Krieger aus der Steppe
geholt hatte – ein wendiges, schnelles Transportmittel. Alles andere – vor allem die Funktion einer sich selbst organisierenden Kampfmaschine, übernahm von nun an die Infanterie, und sie erfüllte
diese Aufgabe bis zur Einführung motorisierter Truppengattungen – Panzer und Jagdflugzeuge – mit unübertroffener Präzision.

Dialektik von Herr und Knecht. Der Fußsoldat dreht die ritterliche Ökonomie um. Was sich auch inter-kulturell lesen lässt.
Das »hochgemute Wesen« von Reiter und Ross bleibt im Gegensatz zu den feudalen Usancen der europäischen Christenheit bei
den Arabern leichtgewichtig – eine Ökonomie mit wenig Aufwand.
Im Prinzip genügt ihr, was der Nomade aus Afrika mitgebracht
hat: ein gutes, gehorsames und wendiges Pferd, ein stabiler, doch

---

[44] Arié 1973, 252.

leichter Sattel mit kurzen Steigbügeln, in denen man festen Halt hat. Das ist die Montur »a la jineta« (nach Art der *zenetes,* der nordafrikanischen Berberkrieger) – Ausgangsmaterial für eine der besten militärischen Reitschulen der Welt, die Spanische.[45]

Man muss nur herausarbeiten, welchen Weg die militärische Ausbildung seit der Renaissance genommen hat.[46] Denn die Ausbildung des europäischen Edelmannes zum Offizier ist ein grandios verschlungener Weg voller militärisch-kultureller Bezüge, in dessen Mittelpunkt das Pferd in seiner »orientalischen« Urbedeutung steht. An der spanisch-arabischen Frontera nimmt der Weg des Reitens und Fechtens »a la jineta« seinen Ausgang, geht von dort nach Neapel, der Hauptstadt des spanischen Vizekönigreichs in Italien, von dort weiter nach Padua und in alle wichtigen Hauptstädte Europas, verzweigt sich dann nach Osten, wo er sich wieder mit der Kunst traditioneller Reitervölker – Osmanen, Tataren, Kasachen – vereinigt und so schließlich zur Bildung jener Truppengattungen führt, deren charakteristischen Namen man in den Armeen aller modernen europäischen Staaten begegnet: Husaren, Ulanen, Kosaken, Spahis … Trotz aller Wandlungen unvergessen aber bleibt der »spanische« Charakter der Kavallerie. Noch im 17. Jahrhundert gibt ein englischer Autor seinem adligen Schützling für dessen »Kavalierstour« den guten Rat: »Versäume nicht, wenn du in Flandern bist, dem Archiduque deine Aufwartung zu machen und dir seine Truppen anzusehen; und schließe Bekanntschaft mit den spanischen Offizieren – du wirst manch nützliche Beobachtung militärischer Art machen!«[47]

Feldschlacht und Festungswesen: Konzepte der Raumverteidigung

Aus der militärischen Sphäre wächst die innovative Kraft, dort findet sie ihren unmittelbarsten Ausdruck – als Erfolg oder Misserfolg. Denn dort geht es, theatralisch gesagt, ums Ganze. Vom militärisch-industriellen Komplex strahlt der Erfolg auf die übrige Ökonomie aus und verändert sie, im Guten wie im Bösen. Treibt sie zu größerer Geschmeidigkeit, größerer Vielfalt, größerem Reichtum … oder stößt sie in äußerste Armut und Stagnation, durch Versteinerung aller Strukturen.

---

[45] siehe dazu: Tapia y Salzedo 1641.
[46] Hale 1983, 230, 234 f., 289.
[47] Cleland 1607, 267.

Noch einmal das Problem der Kanone. Im ersten Jahrhundert
ihrer europäischen Karriere tauchte die Feuerwaffe auffallend oft
auf muslimischer Seite auf – alle wichtigen orientalischen Mächte
verfügten über sie, nicht zuletzt das kleine Emirat von Granada.
Zieht man zeitgenössische Abbildungen zu Rate, so erkennt man,
dass sich gerade auch im islamischen Kulturkreis innerhalb von weniger als hundert Jahren ein echter Innovationsschub ereignet hat.
Von den ersten »Feuerlanzen«, bei denen Naphta-Patronen als *Spreng-
sätze* auf Stangen montiert waren,[48] geht die Entwicklung rasch weiter
zur klassischen Verwendung des Schießpulvers als *Treibsatz* in einer ballistischen Waffe – die Kanone, das Feuerrohr tritt auf.[49]

ￜDie Verbreitung der neuen Militärtechnologie geht aber sprung-
haft vor sich – man sieht sie nicht überall gleichzeitig, sondern nur
an ganz bestimmten Orten auftauchen, wo sich die Einflüsse und
Ansprüche überschneiden, also an relativ eng begrenzten Orten.
Im Osten ist das die Kampfzone zwischen den Mongolen und der
islamischen Staatenwelt (Irak, Syrien, das Mamlukenreich), im
Westen das Gebiet um die Straße von Gibraltar (Kastilien, Granada, Marokko), im Nordwesten erstreckt sich diese Kampfzone ent-
lang der englisch-französisch-flandrischen Grenze und im Südosten
über den Balkan. Zu den militärischen kommen die wirtschaftlichen Überschneidungszonen, wie in Italien, Gebiete, wo sich der
Wille zur Macht seit jeher auch als »Neugicr«, als Wille zum Wissen geriert. So ereignet sich die militärische Revolution zuerst in
einigen schmalen, aber »heißen« Zonen rund ums Mittelmeer, um
sich dann in einer zweiten Phase auch nach Norden auszubreiten.
Sie taucht vor allem dort auf, wo wirtschaftlicher Reichtum kleiner Staaten vor der Begehrlichkeit potenter Nachbarn geschützt
werden muss. Dabei fällt auf, wie unmittelbar *ökonomisch* sich der
Selektionsdruck dieser Waffe auswirkt – da er das Aufwendigste,
was Militärtechnologie zu bieten hat, direkt herausfordert: die
Verteidigungsarchitektur eines Territoriums, sein Festungswesen.

Wieder kann die spanisch-arabische Grenze, wie sie sich zwischen Spätmittelalter und früher Neuzeit herausgebildet und ver-
vollkommnet hatte, als Beispiel dienen – als ein Beispiel dafür, wie
eine allgemein gültige geschichtliche Bewegung und Struktur gleichsam unter Laborbedingungen, also in überschaubaren Dimensio-
nen entsteht. Dabei fällt auf, dass sich die Kastilier – im Gegensatz
zu den spanischen Arabern – zwar erst ziemlich spät in den Rüs-

---

[48] Abbildung bei: Müller/Ludwig 1982, 156.
[49] Siehe dazu auch: Pacey 1992, 49 (Abb.14, 15).

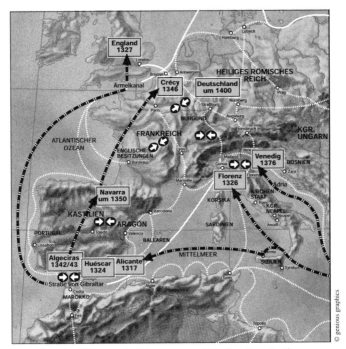

Der Weg der Kanone in Westeuropa (14. Jahrhundert)

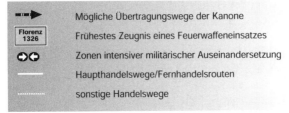

tungswettlauf um die Feuerwaffe einschalten, dass sie dafür aber gleich zu den ganz großen Kalibern greifen: zu Steinbüchsen und Mauerbrechern mit Rohrdurchmessern von über 50 Zentimetern! Für die Granadiner andrerseits, die keine Burgen zu erobern, sondern in erster Linie Invasionen abzuwehren hatten, die also Feldschlachten schlagen mussten, machte es wenig Sinn, Geschütze zu bauen, deren Herstellung extrem teuer war.[50] Für die Waffenindustrie Granadas bedeutete das einen klaren Selektionsdruck in Richtung Weiterentwicklung leichterer Geschützformen – vor al-

---

[50] Schmidtchen 1990, 200.

lem der Handbüchsen –, womit sie mittelfristig vielleicht punkten
konnte, auf lange Sicht den Rüstungswettlauf aber verlieren musste. Denn noch so viele gewonnene Feldschlachten wogen den Ver-
lust einer Festung – oder gar einer befestigten Stadt – nicht auf.
Und diese Verluste häuften sich mit der steigenden Zahl großer
Kanonen in der Hand des Feindes.

So sieht das vorläufige Ende einer Entwicklung, nein: einer Revolution aus, worin die bis dahin eher zweitrangigen Waffengattungen Infanterie und Artillerie eine strategische Bedeutung erringen,
die den Raum, der durch Burgen und Festungen schon ganz ver-
stellt war und zu implodieren drohte, strategisch neu definiert, ihn
gewissermaßen wieder unbestimmt werden lässt. Klänge es nicht
frivol, man könnte diese Öffnung des Raumes geradezu eine Befreiung nennen – die Befreiung des Geländes zu einer selbstreferenziellen
militärischen Geographie. Aber dies »Gelände« ist ganz und gar nicht
harmlos, und so wäre auch seiner Geschichte mit frivolen Gleichnis-
sen allein nicht beizukommen; jedenfalls so lange nicht, als man ihre
»geographische Natur« nicht exakt benennt. Und die trägt einen
unzweideutigen Namen: »Schlachtfeld«.

Um zum Ausgangspunkt der Überlegung zurückzukehren: Die
Befreiung der Geographie zu sich selbst ist die Kunst, an jedem Stück
Land das potenziell Kriegsnützliche zu entdecken, es als die Falle zu
erkennen, worin der Gegner gleich einer arglosen Beute zu Tode
kommt. Eine Geographie, der das Beiwort »strategisch-taktisch« mit
Fug und Recht gebührt, hat auch folgerichtig zu Perspektiven geführt, worin sich das Auge von Festungen und dergleichen nicht
mehr blenden lässt, sondern die Kalküle des Territoriums – die Wälle,
Mauern und Gräben – aus der Vogelschau und somit gleichsam als
höhere Einheit, als gesamthafte Darstellung eines Willens zur Verteidigung begreift. Eine solche Perspektive, obwohl sie offensichtlich aus den Niederungen einer »pöbelhaften« Zweckorientiertheit
stammt (wie auch die neuartigen Karten und Ansichten in ihrer
graphischen Exaktheit ja durchwegs nicht von kriegerischer, sondern von ziviler Meisterschaft zeugen) figuriert gleichwohl, wie auch
der moderne Interpret betont, als *Kavaliersperspektive*.[51]

Denn was sich in frühneuzeitlichen Druckwerken ästhetisch
so interessant dargestellt findet – als Kombination von »dreidi-
mensionaler« Landschaftsmalerei und geographischer Karte[52] –,
hat seine geistigen Wurzeln ganz und gar in der militärischen Auf-

---

[51] Lacoste 1990, 68 ff.
[52] Lacoste 1990, 69.

fassung. Diese begreift Landschaft als mehr oder weniger leicht zu eroberndes / zu verteidigendes Territorium, als Gelände, das jederzeit zum Schlachtfeld mutieren kann. Man begreift, dass »Raum« gestaffelt ist, eine gekonnte Anordnung von Machenschaften, ein gewitztes Neben- und Hintereinander funktional bedeutsamer Formen. Militärischer Raum ist vorbereiteter und zubereiteter Raum – punktuell-befestigt als strategisch, flächenhaft-unbefestigt als taktisch verstandener Raum.

Diese zweite Auffassung – die taktische Variante militärischer Geographie – war zweifellos nicht nur jünger, sie sollte sich auch als zukunftsträchtiger herausstellen. Das Neuartige daran ist bekannt – ein Begreifen des Schlachtfeld-Charakters von Landschaft, worin durch die Einbeziehung der »Umgebung«, des »Geländes« als eines unvorhergesehenen respektive unvorhersehbaren Dritten mit einem wichtigen Tabu »kriegerischer« bzw. »ritterlicher« Kampfethik gebrochen wird: dem Gebot der Fairness. Die, um es so zu sagen, Heimtücke des taktischen Kalküls besteht dann darin, gegenüber der »hochgemuten« und »überfliegenden« Meisterschaft des Starken für den Schwächeren dadurch Partei zu ergreifen, dass man seine ohnehin vorhandene Primitivität, Naturwüchsigkeit und Naturnähe noch künstlich verstärkt, ihn also gleichsam mit doppelter Bodenhaftung versieht. So jedenfalls könnte (freilich vom Blickwinkel der »Edlen« aus) ein Versuch aussehen, jene Serie mörderischer Schlachten des Spätmittelalters, worin einer sieggewohnten Kriegerkaste vom inferioren Gegner unvergessliche Lektionen erteilt wurden, auf den ideologischen Begriff zu bringen.

Von Kortrijk am Beginn des 14. bis zu den Italienfeldzügen der Franzosen und Spanier am Beginn des 16. Jahrhunderts hat die Schule des Feindes nicht aufgehört, ihren Vorrat an Anschauungsmaterial zu vermehren und stets aufs Neue zu ergänzen. Wobei für das Verständnis des neuartigen Phänomens der Auffassung vom Gelände als Schlachtfeld keine Beispiele besser geeignet sind als jene ersten aus der Frühzeit dieser Entwicklung, wo sich das Regelwidrige, Skandalöse dieser Neuerung noch in ihrer einfachen Logik, nämlich gewissermaßen primitiv und unverstellt zeigt. Diese Achse erster Regelverstöße verläuft im Westen des Kontinents, im Wesentlichen zwischen Nordfrankreich und Südspanien, und einige ihrer Highlights bieten sich wegen ihrer verblüffenden Strukturähnlichkeit einer vergleichenden Betrachtung an.

Im Spätmittelalter tauchen an den beiden Enden jener westlichsten Kriegsachse Europas zwei militärische Errungenschaften

auf, die für den künftigen Charakter der Feldschlacht und somit
für den Charakter einer ganzen militärischen Ära bestimmend sein
sollten. Einerseits im Süden, dort ebnet die »Erfindung« der Leichten Reiterei durch die Araber und die Übernahme dieser *zenetes
(jinetes)* durch die christlichen Spanier einer neuen Waffengattung
den Weg nach Europa. Dass sich dabei die Verbindung moderner
Taktik und Technologie mit »revitalisierten« Elementen der Tradition, bis hin zu echten »Primitivismen« geltend macht, ändert nichts
an der Zukunftsträchtigkeit dieser Trends, im Gegenteil. Denn
wenn das Urtümliche und Einfache zum Einsatz kommt, wird es
innerhalb ganz neuer – und höchst komplexer – Regeln eingesetzt:
die Nomaden-Taktiken der Leichten Kavallerie machen nur angesichts des hohen disziplinären Standards der Kerntruppen Sinn,
und diese Kerntruppen werden von einer gut gedrillten, mit den
technologisch ausgefeiltesten Waffen versehenen Infanterie gebildet. Und auch dort, wo die Bewaffnung der Infanterie »primitiv«
ist – wie etwa bei den mit Spießen, Piken oder Hellebarden ausgerüsteten »Gewalthaufen« der Schweizer – ist es doch nicht ihre
Taktik, die auf einem ausgefeilten Zusammenspiel verschiedenster
Waffengattungen und Truppenkörper (Kavallerie, Armbrustschützen, Arkebusiere, Artillerie) beruht.[53]
   Granadas Infanterie stützte sich auf die Armbrust (später auch
auf Handfeuerwaffen), nicht jedoch auf den Einsatz jener Lang-
und Blankwaffen, die fast gleichzeitig in Nord- und Mitteleuropa
(Flandern, die Schweiz) für den offensiven Gebrauch auf dem
Schlachtfeld »neu erfunden« worden waren. Der Grundgedanke
der Nordländer war dabei aufwendiger als die mediterran-orienta-
lische Auffassung: in Flandern und in der Schweiz wollte man den
Rittern mit ihrer eigenen Taktik, dem kunstvoll-synchron operie-
renden Massenaufgebot begegnen – wofür die Schlacht von Kortrijk
das perfekte Beispiel ist. Nachdem das französische Ritterheer die –
in guter Ordnung – zurückweichenden Fußsoldaten bis über einen Graben hinweg verfolgt hat, stoppen die Flamen plötzlich ihre
Ausweichbewegung und werfen sich in geschlossenem Anlauf auf
die zusammengedrängten Ritter, um sie, in einem Gemetzel son-
dergleichen, niederzumachen.[54] Womöglich einer noch größeren
Disziplin bei noch ausgeklügelteren Bewegungsabläufen bedurfte
die Taktik der Schweizer: so genannte »Spießerhaufen« – große
Karrees dicht gedrängt nebeneinander marschierender Langwaf-

---

[53]   Troso 1988, 85 ff.; Baumann 1994, 125 ff.
[54]   Funck-Brentano 1893, 235 ff., desgl. Fris 1902, Wodsak 1905.

fenträger – mussten imstande sein, im Zusammenwirken mit Schützen und Reiterei komplizierte Bewegungen auf dem Schlachtfeld auszuführen, im raschen Sturmlauf vorzugehen, plötzlich und im vollen Lauf die Richtung zu wechseln, an einem vorgegebenen Punkt im Gelände Halt zu machen und in Stellung zu gehen oder, wenn nötig, auch in guter Ordnung den Rückzug anzutreten. Die militärische Überkreuzregel gilt auch hier: die Neuerungen haben ein Fundament, sie bestehen aus der unorthodoxen Kombination des Alten mit dem Neuen, des Einfachen mit dem Komplizierten. Was »die eigentlich primitive Taktik der Gewalthaufen«[55] so erfolgreich macht, ist das perfekte Zusammenspiel der Einzelkämpfer in einer Choreographie der Schlacht. »Der einzelne Spieß war wertlos, ein nur damit ausgerüsteter einzelner Krieger im freien Felde verloren. Erst der kollektive Einsatz machte den Langspieß zu einer schlachtentscheidenden Waffe.«[56]

Ein ganz konträres Bild bietet die im Entstehen begriffene moderne Infanterie im Süden, womit sich diese Entwicklung sozusagen schon ganz am Beginn ihrer Geschichte verzweigt. Granadas – natürlich auch Kastiliens oder Aragóns – Infanterie (und übrigens genauso am anderen Ende der Méditerranée die Infanterie der Osmanen mit ihren berühmten Janitscharen-Korps) leitet sich taktisch von der irregulären Kriegsführung ab, vom *djihad,* von der *guerrilla,* vom kleinen Grenzkrieg.[57] Dementsprechend offen gestaltet sich ihr Einsatz auf dem Schlachtfeld, auch und gerade dann, wenn es ein regulärer Einsatz, der Einsatz von Kerntruppen ist. Die Araber in Spanien und die Osmanen auf dem Balkan haben beide, obwohl ihr Hauptaugenmerk der Infanterie galt, niemals »Gewalthaufen« nach Art der Schweizer eingesetzt. Die Spieß- und Stangenwaffe – und somit auch die Taktik der Karree-Formation – besaß keinen Stellenwert in ihrem militärischen Kalkül.[58]

Damit aber bildet die Infanterie in ihrer »südlichen« Ausprägung – von den arabisch-granadinischen Milizen bis zu ihrem christlich-spanischen Abbild und Gegenstück, den *tercios* – einen eigenen Zweig, einen Entwicklungsstrang mit Zukunft. Denn abgesehen vom schwachen Nachhall in den verschiedenen Karree-Formationen für Paraden und Truppenaufmärsche erwies sich die Taktik der Gewalthaufen als militärhistorische Sackgasse… Man

[55]   Schmidtchen 1990, 231 ff.; vgl. dazu auch: Kurz 1962.
[56]   Schmidtchen 1990, 232.
[57]   Zu den Janitscharen siehe: Conrad 1979, 87 ff.
[58]   Zur diesbezüglichen Situation bei den Osmanen vgl. Carretto 1983, 128.

könnte es auch so sagen: Immer noch am ritterlichen Ideal der
Überwältigung durch Masse, durch rohe Gewalt – einer Gewalt-
ausübung durch schieren Druck – orientiert, erkannte sie nicht
die Zeichen der Zeit, die sich im Donnerhall der Kanonen und im
Knattern der Musketen doch deutlich genug artikulierte. Schon
um 1617 kann sich Graf Johann von Nassau, Begründer einer *schola
militaris* in Siegen, Westfalen, über den taktischen Unsinn der
Gewalthaufen mokieren. In seinem Lehrstück lässt er einen Vete-
ranen an der simplen Frage kläglich scheitern, wie man eine Formation von Pikenieren in der Schlacht so entfalten könne, dass
nicht die Mehrheit der Soldaten bloße »Mitläufer« sind, die nie
oder fast nie an den Feind kommen. Das geht ja auch gar nicht,
sagen die klugen Schüler seiner Militärschule. Nur wenn die Formation des Gewalthaufens überhaupt aufgelöst wird zugunsten
vieler kleiner Einheiten, haben alle Kombattanten *gleichzeitig* Feind-
berührung, entfaltet sich die theoretische Kampfkraft einer Truppe auch praktisch.[59]

In ihrer spanisch-arabischen Ausprägung hat die entstehende
europäische Infanterie die militärische Überkreuzregel umgekehrt
verwirklicht. War bei den Spießerhaufen die Taktik kompliziert
und die Waffe einfach, so bildet bei den Milizen des granadinischen
djund, bei den spanischen *tercios* der technologische Pol – die Bewaffnung – das zur Zukunft hin offene Ende; wogegen der taktische Teil urtümlicheren Formen verhaftet bleibt (nach Art der Serie »Auflauern-Zuschlagen-Weglaufen-Wiederkommen«). Das
scheinbar Undisziplinierte ist in Wahrheit das hoch Organisierte.
Der Schwerpunkt des Gehorsams ist nur anders gelagert – das
Hauptgewicht liegt auf der perfekten Handhabung des technischen
Geräts, auf der richtigen Aktion zur rechten Zeit … und auf Ge-
duld und Ausdauer, wie sie dem Jäger eignen. Kurzer Blick in die
Zukunft: Prototyp des neuzeitlichen Infanteristen ist ebenfalls der
»Jäger«; und im Non plus ultra »heroischen« Einsatzes schierer
Technik, bei der Luftwaffe, wiederholt sich das primitive Leitmo-
tiv sogar wortwörtlich: als »Jagdkommando«…

Aber kehren wir zum Ausgangspunkt unserer Überlegung zurück. Paradox sind die Lehren der Geschichte, höchst paradox; und
um das zu erkennen, genügt schon ein Blick auf den Beginn der
»Serie«, von der hier die Rede ist. Als am Morgen des 22. Juni 1319
die Hauptstreitmacht der Kastilier – die schwere Reiterei der Ordens-
meister von Santiago, Calatrava und Alcántara, die Truppen des

---

[59] Johann von Nassau: »Festspiel«, zitiert bei Jähns 1889, Bd.II, 1026 ff.

Erzbischofs von Toledo, die Milizen von Córdoba – unter Führung
der Infanten Pedro und Juan sich den Mauern der Stadt Granada
näherte, schien ein lang gehegtes Ziel erreicht: der siegreiche Abschluss
eines Kreuzzugs, die endgültige Rückeroberung der letzten noch in
Maurenhand verbliebenen Teile Spaniens. Dies war dem arabischen
Gegner auch klar: für ihn war es die Entscheidungsschlacht.[60]
Ein Vergleich mit Kortrijk drängt sich auf. Auch dort hatte der
Angegriffene mit dem enormen Erfolgsdruck zu rechnen, unter dem
der Angreifer stand. Das französische Ritterheer unter Führung des
kampferprobten Grafen von Artois konnte gar nicht anders als unverzüglich zuschlagen, zumal die Flamen, um diesen Druck noch zu
verstärken, bewusst den Eindruck erweckten, die von schwachen
Kräften des Königs gehaltene Burg von Kortrijk angreifen zu wollen. Dem Tatendrang des adeligen Angreifers stellt der niedrig geborene Verteidiger sein abwägendes, sein taktisches Kalkül entgegen.[61]
Und so war die Lage der Kastilier im Sommer 1319 – ihr Heer,
tief im Herzen des feindlichen Territoriums stehend, abgeschnit-
ten von der eigenen Versorgungsbasis, muss die Entscheidung so
rasch wie möglich herbeiführen: »Sie rückten nahe an Granada
heran … Prinz Pedro aber drängte darauf, noch weiter vorzugehen.«[62] Kein Widerstand des Feindes regt sich; man sieht die Falle
förmlich zuschnappen. Wie in Kortrijk: »Die Flamen zogen sich
in guter Ordnung zurück, um das feindliche Fußvolk zum Nach-
stoßen über die Gräben hinweg zu veranlassen.«[63] Die kastilische
Chronik gibt sich bezüglich der »Schlacht in der Vega« lapidar,
kann damit freilich das eklatante ritterliche Unverständnis aller
Grundsätze militärischer Geographie nicht verschleiern, im Gegenteil. Wenn es dort in dürren Worten heißt: »Aber am Montag
schon mussten sie wieder zurückgehen«, ist damit nichts Geringeres als die Katastrophe selbst gemeint – das Scheitern des Sturm-
angriffs auf die Stellungen der Granadiner. Schließlich enthüllt
der weitere Text die Taktik und das »schlachtfeld-konforme« Verhalten der Granadiner (das Ausmaß an Übereinstimmung mit dem
Kalkül der Bürger aus Flandern ist in der Tat verblüffend). Während sich die Dinge immer rascher in ihr Gegenteil verkehren –
die Angriffsspitze der Schweren Kavallerie unter dem Infanten Don
Pedro sieht sich in die Rolle der bedrängten Nachhut versetzt, die

---

[60] Harvey 1990, 180 f.
[61] Schmidtchen 1990, 226 f.; Wodsak 1905, 42 ff.
[62] Alle Zitate aus der Crónica de Don Alfonso el Oncero. In: Rosell 1953,
      Bd.66, 183 f.
[63] Schmidtchen 1990, 227 (Zitat gekürzt).

ursprüngliche Nachhut unter dem Infanten Don Juan, eben noch
zur Verstärkung Don Pedros vorgeschickt, wird in ihrer Bewegung
abrupt gestoppt –, ergreifen die arabischen Verteidiger die Initiative.»Don Juan war zurückgeblieben, um die Nachhut aufschließen
zu lassen. Da wurde er aber von den Mauren so hart bedrängt, dass
er nach Don Pedro, der die Angriffsspitze geführt hatte, um Hilfe
schicken musste. Don Pedro ließ seine Truppen sofort kehrtma-
chen, erreichte auch die von Don Juan gehaltene Stellung, konnte
aber seine Ritter und Soldaten nicht mehr gefechtsmäßig aufstel-
len: an diesem Tag waren seine Männer so schlecht geführt – *mal
mandados* –, dass es ihm einfach nicht gelang, sie einzusetzen.«[64]
»Mal mandados«, sagt der Chronist … Diese »Disziplinlosigkeit«
der christlichen Truppen wird wohl schon – wie der Vergleich mit
Kortrijk nahe legt – Ausdruck ihrer vollständigen Lähmung, Anzeichen ihrer bevorstehenden Auflösung gewesen sein. So hat sich
die ritterliche Streitmacht nicht mehr zu ihrer eigentlichen Stärke,
dem massiven Reiterangriff, worin der Gegner geworfen wird,
entfalten können. Noch einmal Kortrijk:»Als sich die Masse der
französischen Panzerreiter in der sumpfigen Grabenniederung befand, stoppten die Flamen ihre Ausweichbewegung und warfen
sich in geschlossenem Anlauf auf den Feind. Die Reiterei konnte
keine Gefechtsformation mehr herstellen.«[65]

Was in Flandern, was vor Granada geschah, war ein ebenso geschickt wie rücksichtslos vorgetragener Zangenangriff des jeweiligen Verteidigers, war klug kalkulierte – Geographie.»Modern« daran ist somit der Primat der Taktik vor allen rein »technischen« Parametern (wie Kampfkraft, Ausbildungsstand, Einsatzbereitschaft der
Kombattanten) – was aber zugleich wieder nur bedeuten kann, dass
diese logische Vorherrschaft des Taktischen als Ergebnis einer »anderen« Technik, einer genau zu dieser Taktik passenden Ausbildung
und Ausrüstung verstanden werden muss. Um eine so kampferprobte
schwere Kavallerie wie die kastilische zu stoppen (erste Phase des
Kampfes), bedurfte es einer Infanterie, die geeignet war, auch ihrerseits wie eine Kampfmaschine aufzutreten und zu wirken – das heißt,
sie musste zahlreich, wohl diszipliniert und adäquat, also »panzer-
brechend« bewaffnet sein (die berühmten Armbrustschützen der
granadinischen Vorstädte). Um eine echte Zangenbewegung durch-

---

[64] Crónica de Don Alfonso el Oncero: Rosell 1953, Bd. 66, 184.
[65] Schmidtchen 1990, 227 (Zitat gekürzt: G.L.). Ganz ähnlich die Situa-
       tion in der Schlacht von Morgarten, wo die Schweizer Bauern das
       habsburgische Aufgebot in einen Hohlweg locken (den Weg über den
       Sattel zwischen Roßberg und Morgarten): Kurz 1962, 10 ff.

zuführen (zweite und dritte Phase der Schlacht), bedurfte es einer »raschen Eingreiftruppe« – worüber Granada bekanntlich in Gestalt seiner Leichten Kavallerie, der *zenetes/jinetes* in ausreichendem Maß verfügte. Im Zusammenspiel beider Truppengattungen – jeweils Spezialisten auf ihrem Gebiet –, in der geschickten Ausnutzung des Geländes, im Verständnis für die Geographie des Schlachtfeldes entfaltet sich das taktische Genie. So erst wird »Feldherrnkunst« überhaupt möglich.

Die Frontera Südspaniens, christlich-muslimische Kampfzone seit der Mitte des dreizehnten Jahrhunderts, bleibt für den christlichen Gegner bis zur endgültigen Eroberung Granadas eine echte Herausforderung. Immer wieder gelingt es der Streitmacht des Emirats, die Taktik, für die sie berühmt ist – eine Kombination aus Schnelligkeit beim Aufmarsch, Schlagkraft und Standvermögen auf dem Schlachtfeld selbst – wirkungsvoll zum Einsatz zu bringen. Das ist auch das – man ist versucht zu sagen: »psychologische« Geheimnis hinter der immer wieder festgestellten Fähigkeit ihrer Kavallerie, »den Gegner in gefährliche und strategisch falsche Ausgangspositionen zu locken, wo er vernichtet werden konnte.«[66] So geschehen auch noch in der »Zweiten Schlacht in der Vega« (auch bekannt als »Kreuzzug« des Martín Yáñez von 1394), in den Schlachten von Loja (1482) und in der Ajarquía (1483) – um auch Beispiele aus späterer Zeit zu geben. »Psychologie« der Kriegslist: das voraussichtliche Verhalten des Gegners, die Gegebenheiten des Geländes und die eigenen Stärken oder Schwächen zueinander in Beziehung zu setzen. Heute ist dieses Kalkül in jedem Handbuch des Rekruten zu finden; für den ritterlichen Krieger war es fast unmöglich, sich darauf einzustellen.[67]

Italien, zu Beginn des 16. Jahrhunderts. 200 Jahre nach Elvira beobachtet eine faszinierte Zeitgenossenschaft Spaniens Auftritte auf mittlerweile enorm vergrößerter Bühne: Ganz Italien, bald schon weite Teile Europas liefern ihm seine Kriegsschauplätze. Daran hat sich nichts geändert seit den Tagen der Frontera: dass auch die inspirierteste, raumgreifendste Politik durchs ominöse Nadelöhr muss – anders gesagt, dass ihr Prüfstand das Schlachtfeld ist. Auf der einen Seite die Allianz des Papstes mit Spanien und Venedig; auf der anderen der König von Frankreich, mit Mailand in seinem Besitz; die Schweizer und Kaiser Maximilian schließ-

---

[66] Harvey 1990, 258.

[67] Diese »Psychologie« hat übrigens eine lange Tradition im Orient – wie etwa das »Buch der Listen« *(Raqa'iq al-hilal fi Daqa'iq al-hiyal* – »Feine Gespinste subtiler Listen«), eine anonyme Kompilation aus dem 13. Jahrhundert, zeigt: Khawam 1976.

lich als Zünglein an der Waage. Soweit die prekäre Momentauf-
nahme unmittelbar vor der Schlacht von Ravenna im Jahre 1512.
Die Armee der Allianz in strategisch günstiger, wiewohl defensiver
Position (die ihr als der zahlenmäßig schwächeren Seite aber durchaus angemessen ist). Man sucht die Schlacht nicht – man erwartet
Verstärkung und will, anders als der französische Gegner, die Entscheidung noch hinauszögern. So ergreift der französische Feldherr, Prinz Gaston de Foir, selbst die Initiative. Mit seiner überlegenen Artillerie bedrängt er die vor allem für Venedig strategisch
wichtige Stadt Ravenna und zwingt damit den zögernden Gegner
zum Handeln.[68]

Die Ausgangssituation. Der Befehlshaber der Spanier, der Vizekönig Cardona von Neapel, positioniert seine Truppen bestmöglich
geschützt und dennoch so, dass sie den Franzosen gefährlich werden
können. Besonders die schwere Reiterei sieht ihre Flanke durch einen rasch ausgehobenen Graben gut gedeckt. Dem Gegner wird
eine Schlacht angeboten, in der er das Risiko eines Angriffs im un-
günstigen Gelände auf sich zu nehmen hätte, ohne seine zahlenmäßige Überlegenheit ausspielen zu können (nur ein schmaler Zugang
bleibt offen, durch den sich die Angreifer zwängen müssten) – ein
kluger Plan! Trotzdem war das Kalkül der Franzosen besser. Denn
als moderner Taktiker hatte Prinz Gaston begriffen, dass sein spanischer Kontrahent trotz – nein gerade wegen der geländemäßig besseren Ausgangsposition den komplizierteren Part spielte …

Genau wie 200 Jahre zuvor die Mauren in der Schlacht von
Elvira erkennt der französische Prinz des Gegners Achillesferse. Er
durchschaut dessen »spanischen Charakter« – jenen *Hidalgo*-Stolz,
wie er sich in kritischer Situation gerne präsentiert: als kategori-
sche »Weigerung, zurückzuweichen«. Das Spiel des Vizekönigs sah
nun aber vor, dem Gegner eine Falle zu stellen; der Köder darin
wären seine Ritter gewesen. Diese Defensivstrategie hatte Prinz
Gaston durchschaut: ihr Scheitern war vorauszusehen. Der spanische Feldherr hatte die Rechnung ohne den Wirt gemacht – nämlich ohne seine Ritter (und ohne den »Psychologen« Prinz Gaston). Er hätte vielleicht bedenken sollen, was Standardwissen
moderner Kriegskunde ist, dass »eine Defensiv-Schlacht zu liefern,
nicht so leicht ist: es gehört dazu, dass die Truppen in der Hand des
Feldherrn sind.«[69] Sind Ritter, noch dazu spanische im Spiel, wird
diese Bedingung rasch zur Quadratur des Kreises. Das hätte er be-

---

[68] Delbrück 2000, Bd. 4, 92-100.
[69] Delbrück 2000, Bd. 4, 97

denken sollen. Die passende Beschreibung ist übrigens beim Chronisten nachzulesen: *mal mandados,* nicht in der Hand ihrer Anführer zu sein, war schon 1319 das Kennzeichen spanischer Ritter und die Ursache ihres Verderbens … Erste Feststellung.

Zweite Feststellung: Raffinierter noch als die Defensiv-Schlacht selbst ist die Kunst, einen Gegner, der mit dieser Taktik überfordert ist, genau dazu zu bringen, sie anwenden zu wollen. Denn die Logik, die eigentliche Rationalität des »defensiven Kalküls« zeigt sich erst bei dessen überraschendem Umschlagen ins Gegenteil. Genau darin scheinen übrigens die Mauren wahre Meister gewesen zu sein (zum Beispiel in der immer wieder erfolgreich zur Anwendung gebrachten Methode des *karr-wa-farr,* einer Art »Hit and run«-Technik ihrer Reiterei, wo diese in scheinbarer Flucht den nachstoßenden Verfolger in die Falle lockt). Genau diese Lektion sollte auch Gaston de Foir den Spaniern noch einmal erteilen. Ob ihm wohl bewusst war, in welch zutiefst ironischer Situation sich der Vizekönig befand? Das famose Kalkül einer Defensiv-Schlacht ausgerechnet mit jenen Truppen durchführen zu wollen, gegen die es einst erfunden worden war: mit Rittern!

Das konnte nur misslingen. Da durfte Gaston ruhig einiges riskieren. Und so wird in der Schlacht bei Ravenna die Struktur des Karr-wa-Farr exakt wieder aufgenommen – von den Franzosen. Diese gehen nämlich, obwohl alle Umstände für einen sofortigen Angriff sprechen (ihre zahlenmäßige Übermacht, ein gewisser Zeitdruck sowie die Notwendigkeit, sich das Gesetz des Handelns nicht abkaufen zu lassen), vorerst nicht in die Offensive – vielmehr verstecken sie sich hinter ihrer Artillerie (der unritterlichen Waffengattung *par excellence).* Und wie bestellt erfolgt die Reaktion der Spanier. Unter Preisgabe des ganzen Vorteils der gedeckten Stellung – und ohne auf die Gesamtsituation Bedacht zu nehmen – gehen sie einseitig in die Offensive. Mit dieser Flucht nach vorn aber sind sie schon in der Falle. Denn »mit voller Absicht« (so Delbrück) lässt Gaston de Foir seine Artillerie vorerst in vorgeschobener Stellung und praktisch ohne Bedeckung arbeiten – genau dieses (im Übrigen nicht unbeträchtliche) Risiko ist ja sein Köder: »Nicht nur um den Feind mürbe zu machen für die folgende Attacke …, sondern um durch das Feuer den Feind zu verlocken, selber aus seiner schönen Defensiv-Stellung zum Angriff vorzugehen.«[70]

Für die Spanier war die Katastrophe ebenso absehbar wie nicht mehr zu verhindern. Denn der spanische Kommandant »war seiner

---

[70] Delbrück 2000, Bd. 4, 98 f.

Ritter nicht Herr.«[71] *Hidalgismo,* so könnte man definieren, ist das Verhalten von Rittern, die sich jedesmal, wenn man sie der Wirkung des »bürgerlich-taktischen« Kalküls aussetzt, *mal mandados* zeigen … Diese so »unarabische« Starrheit des Hidalgismo liefert die Erklärung für den Umstand, dass es zwar eine berühmte spanische Reitschule gibt, dass sich diese Schule aber in letzter Instanz nicht auf die Spanier selbst zurückführt sondern auf die Reitkunst ihrer notorischen Gegner. Denn das war die Lektion: aus »schwer lenkbaren« Rittern – aus *mal mandados* – mussten wendige Berittene werden – die schwere Reiterei wird wieder leicht. Vordergründig betrachtet, läuft das auf eine Renaissance der Nomadentugenden hinaus. Aber der Schein trügt. Denn um »Geschwindigkeit« geht es eigentlich gar nicht. Nicht weil sie eine »schnelle« Truppengattung ist, gehört der leichten Kavallerie die Zukunft, sondern weil sie eine Truppengattung ist, die sich der neuen militärischen Denkungsart – dem »taktischen Kalkül« – perfekt fügt.

Die Lehren der Frontera:
Raumverteidigung als Schule und Obsession

Rückblende, 15. Jahrhundert. Ein Vergleich innerhalb der Schlachten-Serie der Frontera zeigt, wie der Lernprozess – anders gesagt die militärische Revolution selbst funktioniert. Aus der Beschreibung der dritten Schlacht in Serie, der so genannten »Schlacht in der Higueruela« (am 25. Juni 1431) geht beides klar hervor: sowohl der taktische Kalkül der Granadiner als auch der Lernprozess beim Gegner. Man sieht, wie in den über 100 Jahren seit der ersten Schlacht in der Vega auch die Christen Militärs, das heißt Meister der Taktik geworden sind. Denn hatten sie sich 1319 noch am Nordufer des Rio Genil, in einem Gewirr von Gärten, Mauern, Gräben und Bewässerungskanälen einsperren lassen, so gehen sie diesmal dem Gegner, der sich in gewohnter Scheinflucht von ihnen absetzt, nicht mehr auf den Leim. Sie setzen sich ihrerseits vom Gegner ab – ans Südufer des Flusses, wo sie der unmittelbaren Gefahr, umzingelt zu werden, entzogen sind. Indem sie so das Gesetz des Handelns auf ihre Seite bringen, können sie dem Gegner die Schlacht dort anbieten, wo es für ihn am ungünstigsten ist: im offenen Gelände. So siegen sie.[72]

---

[71] Delbrück 2000, Bd. 4, 97.
[72] Quellen zur »Schlacht in der Higueruela«: Crónica de Don Álvaro de Luna/Mata Carriazo Arroquía 1940, Bd. II, p.132 ff.; Crónica del

In der Zeitspanne zwischen 1319 und 1431 hat sich also Einschneidendes ereignet. Immer mehr zeichnete sich aus bescheidenen Anfängen die Dynamik eines Wettrüstens ab: man lernte am Gegner. Wie langwierig ein solcher Prozess sein kann, wie verwickelt und wenig »linear« er vor sich geht, zeigt die Geschichte der Frontera bis zum Schluss. Diese Wiederholung-der-Wiederholung, dies langsame Ausbluten des einen, während der andere vom damit verbundenen Wissenstransfer voll profitierte (er hatte genügend Zeit, zu lernen) –, garantierten dem »Frontera-Prinzip« sein verblüffend langes Leben. Die dabei vernichteten Ressourcen waren – sozusagen – einer beinahe nachhaltigen Bewirtschaftung unterworfen … jedenfalls meistens. Zwei Jahrhunderte lang hatte das territoriale Denken den kriegerischen Trieb nicht wirklich zu korrumpieren vermocht – noch glaubte man nicht, außer den Reichtümern des Feindes auch gleich sein ganzes Land zum Kriegsziel erklären zu müssen. Noch herrschte das »vormoderne«, das tributäre Prinzip.

Für die Evolution des kastilisch-spanischen und dann auch des gesamt-europäischen Militärwesens (als Folge spanischen Ausgreifens auf immer weitere Gebiete Europas und der Welt) sind nämlich im Wesentlichen zwei Antworten entscheidend, die den spanischen Eroberern zum Problem einer perfekt organisierten Territorialverteidigung einfielen. In der Raumverteidigung ihres arabischen Erbfeindes war stets ein entscheidendes Moment das gelungene Zusammenspiel einer auf Festungen und befestigte Städte verteilten Streitmacht aus sehr mobilen Feldtruppen gewesen; unter bezeichnender Vorherrschaft einer von leichter Kavallerie unterstützten Infanterie. Die rationale Organisation dieser Territorialverteidigung spiegelt sich in der aufsteigenden Reihe einer entsprechenden Befestigungsarchitektur – angefangen vom einzeln stehenden Turm oder »festen Platz«, der als *atalaya* die Freiwilligen-Milizen, als *qubba, qal'a* oder *burdj* (von germanisch-lateinisch *burgus!*) die gleichmäßig übers Land verteilten Garnisonen beherbergt (und repräsentiert), bis hin zur architektonischen Verkörperung der politisch-militärischen Zentralmacht selbst – der fürstlichen Stadtburg, dem befestigten Schloss – *alcázar* bzw. *alcazaba* (arab. *al-qasr*, von lat. *castrum*).[73] Dieser Fähigkeit, von jedem Punkt des eigenen Territoriums aus an jedem beliebigen anderen Punkt jederzeit eine Feldschlacht inszenieren zu können, war nur dadurch beizukommen,

---

Halconero/Mata Carriazo Arroquía 1940, Bd. VIII, p.104 f.; Crónica de Don Juan II/Rosell 1953, Bd. 70, 497 ff.
[73] Zozaya 1992, 65 ff.

dass man dem Gegner die Plattformen nahm, von denen er sich abzustoßen pflegte – die befestigten Plätze. Womit schon die Tendenz der Kastilier erklärt ist, primär jene Mittel zu forcieren, womit man Festungen knacken kann – eine starke Artillerie vor allem. Andrerseits aber im Felde selbst: dort gilt es, die Stärke des geländekundigen Gegners auszutarieren und nun auch selbst jene geniale Hinterhältigkeit einer »Schlachtfeldideologie« zu entwickeln, für die auch große Armeen mit gut trainiertem Zusammenspiel der Truppengattungen kein unüberwindliches Hindernis mehr darstellen.[74]

Das aber bedeutet eine zweifach gerichtete Anstrengung: qualitativ – in der Annäherung an die Methoden des Gegners; und vor allem quantitativ – als Übertrumpfung und Dominanz. Wobei jedoch dem Überwältigen durch schiere Masse sinnvollerweise ein Wissen, ein Über-den-Andern-Bescheid-Wissen sekundiert – Vorherrschaft des qualitativen Moments. Anders gesagt, das unter dem Namen »Wettrüsten« sattsam bekannte Phänomen hat in seinen spanisch-arabischen Ursprüngen stets eine Übertragungsfunktion besessen, die bei all ihrer destruktiven Zielsetzung nicht umhin konnte, Kulturtransfer (Verstehen des Anderen) zu sein. Schiere Masse erzeugen – aber auch zur Organisation derselben fähig sein … Das den Kastiliern von ihrem granadinischen Gegner vorexerzierte Beschleunigen der Verhältnisse bildet mit der Zeit bedeutende Rückkopplungseffekte aus. So, wenn die Kanone – arabisches Instrument der ersten Stunde – aus dem Norden zurückkehrt und das elaborierte System der granadinischen Raumverteidigung über den Haufen wirft. Die erwähnte Rückkopplung besteht nun aber darin, dass noch in der Auflösung des Gebildes sich das Gebilde insofern »bewährt«, als es noch selbst imstande ist, Kräfte zu mobilisieren. – Und zwar genau jene Kräfte, die schon zu seinem Entstehen geführt hatten: Innovationskräfte.

Erstens: Die relative Undurchlässigkeit – aber auch Elastizität – eines Netzwerks fester Plätze, diese tief gestaffelte Grenze (ein Vor-

---

[74] Aber selbst diese in der finalen »Guerra de Granada« (1481–1492) für die christlich-spanische Überlegenheit so entscheidenden Organisationsformen (zum militärischen »Aufholprozeß« Kastiliens vgl. Ladero Quesada 1979, 133 u. 170 ff.) besitzen ihr Spiegelbild. Der Einrichtung so genannter *estancias* und *reales* – also der Stationierung und Ausbildung frisch ausgehobener Truppen »direkt vor Ort«, sozusagen in Sichtweite des Feindes – scheinen als Gegenstück jene als *mahalla* bezeichneten maghrebinisch-andalusischen Feldlager zu entsprechen, die dem Fachmann den bewundernden Ausruf entlocken, sie könnten geradezu als »vorgefertigte militärische Konstruktion« (»prefabricated military construction«) gelesen werden: Cook 1994, 61.

feld, das zugleich Hinterland ist, Aufmarschgebiet und Etappe in einem) ist schon per se ein modernes Konzept. Wie modern, zeigt sich im Vergleich. Zur Strategie der inneren (das heißt kürzeren) Linien hat der kleine Staat Israel während seines Unabhängigkeitskrieges von 1948 mit der Doktrin des *peripheral defense* den theoretischen Überbau geliefert; und erstaunlicher Weise ist das genau die »biedere Logik der Frontera«, die ja besagt, dass man dem Feinde nie mehr als eine Handvoll Kriegsgewinn auf einmal bieten darf und ihn zweitens durch eigene Allgegenwart (Israels *Nahal*-Milizen) an jeglicher Entfaltung und Bewegung hindern muss.[75] Zweitens: Diese Entheroisierung des Krieges – ausgedrückt im militärischen Kalkül einer Verbindung von Frühwarnsystem und tief gestaffelter Verteidigung – gibt sich damit als rational, als bieder zu erkennen. Und es kann von daher nicht überraschen, wie exakt die Geschichte der Reconquista diesen Kalkül widerspiegelt. Von der Gründung des granadinischen Emirats an geht die Rückeroberung »maurischer« Gebiete in der Tat nur noch langsam, nämlich in Zehn- bis Zwanzigjahresschritten voran, immer wieder aufgehalten und unterbrochen durch erfolgreiche Gegenschläge der arabischen Verteidiger. Dabei fällt auf, dass der christliche Feind nie mehr als eine Festung, eine Stadt auf einmal zu gewinnen vermag. Kaum geöffnet, ist die Bresche auch schon wieder geschlossen.

Am interessantesten ist aber das Ende selbst – ein Schluss sozusagen, der in der Tat zu schließen versteht (wo also die Reflexion darüber, »was Sache ist«, nicht aufgehört hat zu wirken). Gemeint ist folgende Beobachtung. »Im Verlauf der letzten Episode der Reconquista«, schreibt Arié, »wurde es notwendig, die alten Festungen den neuen Kampfmethoden anzupassen. So war den nasridischen (spanisch-arabischen) Architekten rasch klar geworden, dass sie unterhalb der alten Festungswerke halbkreisförmige Plattformen zu konstruieren hatten, um dort die Artillerie zu postieren.«[76] Dieser Zug ist bemerkenswert. Denn er nimmt – noch im ausgehenden 15. Jahrhundert – jene berühmte Entwicklung auf, worin die Festungsarchitektur auf ihre größte Herausforderung, die Kanone, reagiert.

Die vielbeschriebene *trace italienne,* der neuartige Festungsgrundriss, wo die Artillerie nicht nur passiv abgewehrt, sondern aktiv ins Verteidigungskonzept einbezogen wird, entsteht in Italien vor allem als Antwort auf die französischen Invasionen seit 1494, die ja

---

[75] Handel 1994, 539.
[76] Arié 1973, 236.

bekanntlich unter massivstem Artillerieeinsatz vorgetragen wurden. Und dieser Typus einer modernen Fortifikation breitet sich in wenigen Jahrzehnten über ganz Europa und die überseeischen Gebiete aus. Zum berühmten renaissancistischen Konzept dieser »italienischen« Festungsbauweise existiert eine reichhaltige Literatur, die hier nicht weiter vermehrt werden soll.[77] Nur soviel sei gesagt: Der typische Grundriss dieser Bastion in seiner unverwechselbaren, »geometrischen« Form scheint geradewegs aus der Turmarchitektur hervorgegangen zu sein. Jedenfalls legen die frühesten Ausformungen dieses neuen Typs einen solchen Schluss nahe – wenn zum Beispiel an bereits bestehenden Festungen die Ecktürme, die »aus Schönheits- und Prestigegründen« von vornherein massiver und höher als die anschließende Mauer konzipiert sind, durch Verstärkung ihres wuchtigen Charakters – nämlich weniger in die Höhe als in die Breite gehend – für die neuen Anforderungen als »feuerwaffentaugliche Bastion« zurechtgemacht werden.[78]

Genau das ist es aber, was sofort an einen verblüffend ähnlichen, um nicht zu sagen homologen Vorgang anderswo denken lässt: an eine Entwicklung im maurischen Granada, während der letzten Phase der Reconquista. Fast unbemerkt von allen Militärexperten – sowohl den zeitgenössischen wie den heutigen – hatte man sich nämlich auch dort genau diese Antwort – und offenbar ohne die Möglichkeit einer Übernahme aus zweiter Hand – gegeben: eine architektonische Antwort auf das Problem der Kanone, wie sie dem allgemeinen Verständnis nach nur in Italien möglich gewesen sein soll. Überhaupt wäre vor allzu einfachen »Übernahmetheorien« zu warnen. Möglicherweise ist ein »strukturalistischer« Ansatz realitätsnäher: zum Beispiel die Annahme, dass es sich bei äußerlich ähnlichen Entwicklungen auch schlicht um Parallelaktionen gehandelt haben könnte (die freilich mit Übernahmephänomenen »dialektisch« verschränkt sein mochten) – Problemlösungen, wie sie sich sozusagen aus der Logik der Sache selbst ergaben. So wurden vorhandene Festungen vielfach nur umgebaut – durch einfache Verstärkung, sprich Verbreiterung des Mauerwerks. Andrerseits spielten praktische Erfahrungen – gerade auch negative! – eine nicht geringe Rolle für

---

[77]   Siehe etwa Parker 1990, 30 ff.; Keegan 1993, 320 ff.; Hale 1983, 9 ff.; oder – als ein Kompendium des jüngsten Forschungsstandes – Tracy 2000, bes. 282 ff., 349 ff., 386 ff.; präzise Übersicht nebst Diskussion der sozio-politischen und ökonomischen Folgen des neuen Festungstyps bei Parker 2000, 112-117.
[78]   Hale 1983, 10 f. (vor allem 11, Anm. 1).

tatsächlich neue Konstruktionsverfahren. Am Typus des so genannten »Bollwerks« (vom deutschen Wort »Bohlenwerk«: eine den Mauern vorgeschaltete, erdgefüllte Holzkonstruktion) lässt sich zeigen, wie aus weniger zielführenden früheren Maßnahmen zur Mauerverstärkung (die Erdaufschüttungen waren zunächst hinter den Mauern angelegt, mit dem Nachteil, dass sie beim Breschieren in sich zusammenstürzten und für die Angreifer eine bequeme Rampe darstellten) eine regelrechte Erfolgsstory wurde. Offensichtlich im Norden beziehungsweise Nordwesten entstanden – eines der frühesten literarischen Zeugnisse hierfür bildet das Kriegstagebuch des Herzog Philipp von Cleve (1460–1527) –, dürfte dieser Typus dann in den Ursprungsraum der *trace italienne* »re-importiert« worden sein, wo er sich als italienische «Bastia« bzw. französische »Bastille« bestens bewährte.[79]

Um hier aber wieder zu jenem anderen Hot Spot militärischer Neuerungen zurückzukehren – der spanisch-arabische Weg einer »kanonentauglichen Festungskunst« war bezüglich einer nachhaltigeren Wirkungsgeschichte chancenlos. Dazu hatte er schlicht keine Zeit. Aber immerhin. Noch am absoluten Ende ihres Daseins verpassen die Symbole spanisch-arabischer Rationalität – der Architekt, der Geometer und der Kartograph als die prägenden Figuren der Frontera den klassischen Institutionen des Krieges einen Rahmen, der ihrem ritterlich-feudalen Dasein eine radikal neue Qualität gibt.

Arabische Architektur an der granadinisch-kastilianischen Grenze. Die isolierten Türme – die so genannten »Atalayas« (arabisch: *at-tali'a),* diese »Augen und Ohren« der Grenze, wie sie genannt worden sind,[80] könnten mit wenig Aufwand an Phantasie durchaus in eine funktionale Parallele zur modernen Ravelin- und Glacis-Baukunst gebracht werden. Mit ihren zu Tausenden übers ganze Land verteilten Wach- und Wehrtürmen hat die Frontera dem Architekten die Antwort auf die Frage – die die Kanone ist – gleichsam in den Mund gelegt. Das »Atalaya«-Prinzip *präfiguriert* die vorgezogenen Bastionen, die dann nur mehr breiter und niedriger werden müssen, um die Wucht der Kanonenkugeln zu parieren.[81] Dazu steht auch die Tatsache nicht im Widerspruch, dass solche *atalayas* in der Regel Rundtürme waren: sowohl die »passive« Anforderung, der Wucht waagrecht einschlagender Kanonenkugeln

---

[79] Schmidtchen 1997, 421 f.
[80] Dozy 1927, Bd. 2, 55.
[81] Der Spezialist sagt es gerade heraus: Die moderne Bastion entwickelte sich »aus der Turmarchitektur«: Hale 1983, 11.

Stand zu halten, als auch die »aktive« Option, zur eigenen Verteidigung eine schusstechnisch optimale Anordnung von Feuerwaffen zu gewährleisten, wird vom Rundturm mindestens so gut erfüllt wie vom – in Italien vor allem aus symbolisch-ästhetischen
Gründen später favorisierten – Fünfeckbau.[82] Diesen Eindruck
kann die ausgesprochen frappierende Parallelentwicklung an einem weiteren Hot Spot der frühneuzeitlichen militärischen Revolution nur verstärken: geht doch der Bau von »feuerwaffengeeigneten« Rundtürmen (nebst den dazu gehörigen Bastionen) sowohl in Italien als auch auf dem Balkan vor sich – dort übrigens
unter den Osmanen! –, wobei die Ergebnisse architektonisch gesehen praktisch ident sind.[83]

Was aber den logischen Zusammenhang der gleichmäßig über
Land verstreuten *atalayas* mit der späteren *trace italienne* betrifft, so
gälte es hier noch eine weitere Überlegung anzustellen. Diese betrifft
die »Albarrana« (von arab. *al-barrani,* »das Äußere«). Es handelte
sich dabei um einen separat stehenden, weit vorgeschobenen Turm,

---

[82] Hale 1983, 11 ff. – Die prinzipielle Überlegenheit der runden bzw.
zylindrischen Baukörper gegenüber kubischen Formen aus praktisch-
waffentechnischer Sicht vertritt Volker Schmidtchen (Schmidtchen
1997, 423); seine ausführliche Bau- und Entwicklungsgeschichte der
trace italienne ist darüber hinaus insofern bemerkenswert, als sie sich
auch des Problems der »Theorielastigkeit« (und Praxisferne) italienischer Festungsbaukunst annimmt und – etwa am Beispiel des deutschen Architekten Daniel Speckle (1536–1589) – eine Geschichte der
praktischen Anpassungen des allzu idealtypischen »italienischen Stils«
gleich mitliefert: Schmidtchen 1997, 425 ff. (z.B. Entwürfe polygonaler Regularfestungen: 429, Abb. 162a–d; Grundrissvergleich »altitalienischer«/»neuitalienischer« Befestigung: 430).

[83] Entsprechende italienische Beispiele bei Hale 1983, Abb. 6–13; zu Venedigs Inselbefestigungen des »geometrischen Typs« vgl. beispielsweise die Situation auf Kreta: Steriotou 1998, 283 ff. (Grundrisse: 292-
295, Abb. 5–9). – Zum osmanischen Festungsbau vgl. Pepper 2000,
282 ff., besonders Abb.10.3a., 10.3b., 10.4. Wie in Granada auch hier:
obwohl zum Beispiel die Festungsarchitektur von Rumeli Hisar (erbaut 1452) noch ausgesprochen »vor-italienisch« ist, was ihren allgemeinen Baucharakter betrifft, so gilt dies doch nicht für jene Teile, die
feuerwaffen-bezogen sind; die Konstruktion der küstennahen Vorwerke
etwa legt »ein tiefes Verständnis der Funktionsweise von Küstenbatterien
seitens der osmanischen Planer« nahe: Pepper 2000, 293. Und bei der
Beurteilung eines weiteren osmanischen Festungswerks der Zeit – des
Goldenen Tores, *Yedikule,* »Sieben Türme« genannt (errichtet um
1457) – steht der Fachmann nicht an zuzugeben, dass die Geometrie
dieser Wälle und Türme »den frühesten italienischen Entwürfen sternförmiger Festungen und befestigter Städte um einige Jahre voraus« sei:
Pepper 2000, 297.

der mit dem Hauptkörper der Festungsanlage (oder der befestigten Stadt) über eine galerieartige Mauer verbunden war. Er diente dazu, die Kräfte des anstürmenden Feindes schon im Vorfeld der Festung zu binden und zu brechen. Nun ist aber dieses *Prinzip des einzeln stehenden Turmes* einerseits exakt verwirklicht im Netzwerk der *atalayas*, andrerseits kehrt es in geometrisierter und kompakter Form wieder – im Grundriss des modernen, feuerwaffenbewehrten Forts *à l'italienne*: als vorgeschobene Bastion oder Bastei, als »Kronwerk« oder *Ravelin,* als *Barbacane* – letzteres eine Bezeichnung, worin der arabische Terminus noch unschwer zu erkennen ist.[84] Offenbar gibt es jene immer wieder vermuteten Querverbindungen scheinbar ganz unterschiedlicher Typologien wirklich …[85]

Innovation und Overkill: Dynamik des Wettrüstens

Erstens: Wie man sieht, behaupten wir im Gegensatz zum militär-historischen Mainstream mit Nachdruck, dass die in der Tat wirk-lich einschneidenden und für den späteren europäischen »Sonder-weg« entscheidenden Brechungen in der Entwicklungsreihe (um es so zu sagen) nicht erst mit der »entfalteten« Neuzeit anzusetzen sind. Nicht erst mit den großen (auch militärischen) Veränderun-gen des 16., 17. und 18. Jahrhunderts – auf die sich der Terminus »militärische Revolution« jedenfalls nach Meinung seiner Erfinder bezieht – hat sich eine Reihe von »Paradigmenwechseln« ereignet, die von einer deutlichen Divergenz gegenüber früheren Mustern und Rhythmen der eigenen Kultur, zum Teil auch gegenüber »par-allelen« Entwicklungen anderer Kulturen zeugen. Allem Anschein nach setzt dieser Prozess nämlich schon wesentlich früher ein – auf jeden Fall ist er im so genannten Spätmittelalter, dem wir daher auch gerne das schmückende Beiwort »frühmodern« verleihen würden, bereits deutlich sichtbar im Gange.

Und zweitens sind die Hauptbeteiligten, die Antagonisten – hier differenziert sich der Prozess offenbar weiter aus als gemeinhin ange-nommen – nicht ausschließlich im Inneren dessen zu suchen, was einmal »Europa« (das Europa der Neuzeit) sein wird (und alles übri-ge wäre nur interessante Staffage). Wir glauben erwarten zu dürfen, dass sich bei der Suche nach Vorstufen eines »europäischen Sonder-

---

[84] Piper 1993, 315 (Anm.2); über die Herkunft des Vorwerks – des *Ravel-ins* – sowie über ganz frühe italienische Grundrisse von 1441 siehe Hale 1983, 13.

[85] siehe dazu: Dozy 1927, Bd. 1, 61 f.; sowie Torres Balbás 1942, 216 ff.

wegs« die prinzipielle Gleichwertigkeit der Antagonisten (auch und
gerade dann, wenn sie verschiedene Kulturkreise repräsentieren)
herausstellen wird. Darin liegt aber, wie es scheint, ein alles verän-
dernder Unterschied zum wissenschaftlichen Mainstream.

Allen Beteuerungen der Orientalistik zum Trotz wissen wir
nämlich nicht genau, wie sich der Ansturm christlicher Aggression
und christlichen Willens zur Macht auf das islamische Selbstver-
ständnis ausgewirkt hat und immer noch auswirkt. Worüber wir
freilich recht gut Bescheid wissen (oder doch zu wissen glauben),
ist das umgekehrte Phänomen, ist der »Rückstoß«, den die besagte
christliche Aggression dadurch jedesmal umgehend bei sich selbst
ausgelöst hat. Immer wenn das Christentum gegen seinen Erbfeind einen entscheidenden Vorsprung errungen zu haben glaubte, erwies sich dieser Erbfeind als erstaunlich resistent. Anscheinend besitzt islamische Kultur eine besondere Begabung (die sie
im Übrigen mit ihrer christlichen Gegenkultur teilt), in der Abwehr bedrohlicher Kräfte nicht zu erstarren und sich abzukapseln
(eine Versuchung, der die Kulturen im Allgemeinen gern erliegen), sondern sich diese Kräfte politisch-praktisch einzuverleiben.
Für eine solche Kultur ergibt sich daraus tatsächlich die Möglichkeit zu einem *Rückstoß,* den sie demjenigen versetzen kann, der ihr
diesen »Stoß«, diesen *Anstoß* gab.

»Rückstoß«. Die Auswirkungen jener für die Christenheit ebenso unangenehmen wie immer wieder überraschenden Erfahrung auf
die eigene Befindlichkeit sollten hinreichend bekannt sein: eine *Faszination* und ein *Ressentiment,* eine Spiegelung und Projektion eigener Ängste auf den Gegner.[86] Für die Neuzeit steht dies ein für alle-
mal fest. Und auch der zugehörige Präzedenzfall ist bekannt: im
berühmten Streit zwischen Las Casas und dem Humanisten
Sepúlveda bezüglich der Indios Amerikas plädiert Sepúlveda unter
der Chiffre des »Barbaren« für den Begriff des absolut Anderen –
was natürlich den totalen Krieg (den Krieg jenseits des Rechts) im-
pliziert.[87] Am Ende steht immer eine Verschärfung des Wettkampfs,
ein Drehen an der Spirale der Feindschaft.[88] Was aber an deren Anfang steht – und wie weit hinab in die historische Zeit sich dieser
»Anfang« erstreckt, erweist erst das minutiöse Studium der Quellen,
die oft da gesucht werden müssen, wo man sie nicht erwarten würde – nicht im Zentrum des Problems, sondern an dessen Rändern.

---

[86] Siehe dazu Glover 1933.
[87] Sepúlveda 1941.
[88] Foucault 1986, 12 ff.

Anders gesagt: was einer »kanonischen« Militärwissenschaft gerne
entgeht, ist die ganz und gar *unmilitärische* Triebfeder der (frühneuzeitlichen) Militärgeschichte. Man sieht immer nur die spektakulären Ergebnisse im 15., 16. Jahrhundert – die Anfänge, hunder-
te Jahre früher, pflegt man – wegen deren diskreter Intriganz? – zu
übersehen.

Im Nahen Osten lernt die islamische Welt – wohl über mongo-
lische Vermittlung – das im Fernen Osten entwickelte Prinzip der
Feuerwaffe kennen,[89] an der Frontera Spaniens werden zum ersten
Mal auf europäischem Boden Kanonen eingesetzt (1317 vor
Alicante[90] sowie 1324 vor Huéscar[91]) – und zwar von den Arabern.
Schon früh hatte die »panzerbrechende« Waffe der Armbrust die
Kulturgrenzen überquert und war als *qaws ifrandjiyya* (»fränkischer
Bogen«) auf die andere Seite gewechselt – wahrscheinlich unter tat-
kräftiger Mitwirkung der Genuesen, die nicht nur für die Meisterschaft berühmt waren, mit der sie dieses durchschlagskräftige me-
chanische Tötungsinstrument an Bord ihrer Schiffe einzusetzen verstanden, sondern auch für ihren notorischen Hang zu Bündnissen
mit dem islamischen Erbfeind. Ironisch genug der weitere Weg dieser Waffe – kehrt sie doch mit arabischen Hilfstruppen wieder zurück in abendländische Dienste.[92] So gut hatten die westlichen (spanischen) Araber die Armbrust in ihr Militärwesen integriert, dass
die neue Waffengattung bei ihnen zur Standardwaffe der Infanterie
wurde, die sich ihrerseits wiederum – auch das eine »interkulturelle«
Adaption – aus den speziellen Anforderungen der Abwehrkriege
gegen eine von Ritterheeren getragene Reconquista herausgebildet
hatte. Langer Zeithorizont einer logischen Entwicklung: Schon die
spanischen Almoraviden des 11. Jahrhunderts stellen als Antwort
auf die erfolgreiche christliche Kavallerie ein Massenheer aus gedrillten Fußsoldaten auf,[93] und es braucht in diesem Zusammenhang

---

[89] Zur so genannten «Madfaa» (arab. *midfa',* «Feuerlanze«, «Kanone«)
      sowie zum Schießpulverrezept des «Spaniers« (Delbrück) bzw. «Sy-
      rers« (Hall) Hasan al-Rammah (um 1280) siehe Delbrück 2000, Bd.
      4, 31 f.; Hall 1997, 78.
[90] Arié 1973, 261 (Anm. 4).
[91] Mata Carriazo Arroquía 1968, p.516.
[92] Zum hohen militärischen Prestige arabischer – »maurischer« – Infan-
      terie (Lanzenträger und Armbrustschützen) und deren Einsatz in Ara-
      gón siehe: Lourie 1990, VII/73; zur Wertschätzung granadinischer
      Armbrustschützen vgl. Crónica de los Reyes Católicos por su secretario
      Fernando del Pulgar: Mata Carriazo Arroquía 1940, Bd.VI, 166.
[93] Arié 1988, 126; allgemein zur militärischen Organisation der Almo-
      raviden siehe: Lagardère 1979, 107 ff.

nicht zu verwundern, dass aus genau dieser Epoche eines der frühesten Militärhandbücher datiert (es ist natürlich wieder ein arabisches),
worin unter anderem die an der Praxis orientierte Taktik beschrieben ist, wie lanzenbewehrte Infanterie einer Attacke schwerer Kavallerie erfolgreich standhalten könne.[94] Der Infanterie galt bis zum
Schluss das Hauptaugenmerk der spanischen Araber (die in dieser
Hinsicht nur mit einer einzigen Militärmacht aus dem islamischen
Raum verglichen werden können – den Osmanen). Denn während
die Araber von Al-Andalus trotz anfänglicher Vorreiterrolle auf diesem Gebiet die schwere Feuerwaffe, die Kanone vernachlässigten,
rüsteten sie die Infanterie schon früh mit Handfeuerwaffen aus und
verstärkten diesen technologisch-modernen Charakter ihrer Feldtruppen gegen Ende ihrer Ära sogar noch massiv.[95]

Diese Phänomene sind unter einem bestimmten Aspekt äu
ßerst erhellend. Machen sie doch klar, dass »Militarisierung« ein
kulturübergreifendes System ist, angesichts dessen alle ideologischen und soziopolitischen Eigenschaften wie beiläufige Attribute
wirken. – Betrachten wir nur einmal die Art und Weise, wie die
»kriegerischen Tugenden« durch deren Überlagerung mit »Technik« und »technischem Fortschritt« sozial eingeebnet und rationalisiert werden. Und welches beträchtlichen (natürlich wiederum
ideologischen) Mehraufwandes es bedarf, damit in diese gleichmacherische Bewegung sozusagen wieder Ruhe einkehrt. Wie wiederum – mühsam und brutal – die Differenz erfunden und gefunden wird: im Bilde des absolut Anderen! Berühmt-berüchtigtes
Beispiel: Die Einführung der Inquisition auf der Iberischen Halbinsel nach Jahrhunderten relativer Toleranz …

Dies aber wird Ideologen der absoluten Differenz immer ein
Ärgernis bleiben – dass zum Beispiel die christlich-spanische
Militärgeschichte der islamisch-spanischen wesentlich ähnlicher
ist als etwa der französischen, wie am Leitfaden der Guerra de
Granada (1481–1492) beim Studium der Bewaffnung der beteiligten Kräfte unschwer auffällt. Beide Kontrahenten – sowohl die
kastilisch-aragonesischen wie die granadinischen Heere verfügten
über Handfeuerwaffen in einem Ausmaß, wie es zu jenem frühen
Zeitpunkt auch bei den fortschrittlichsten Truppen Europas nicht
der Fall war.[96] Auch die Dialektik einer anderen modernen Waf

---

[94] Abu Bakr at-Turtushi: «Fürstenspiegel«. Edition: Alarcón y Santón
       1930, Bd. 2, 332.
[95] McJoynt 1995, 66 f.
[96] McJoynt 1995, 36.

fengattung – der leichten Kavallerie –, entfaltete sich über mehrere Jahrhunderte hinweg an eben dieser spanisch-arabischen Frontera. Sie ist genau wie die moderne Infanterie ein gemeinsames
Produkt einer gemeinsamen Geschichte (ziemlich verkürzend
»Reconquista« genannt) und zeigt, wie Impulse der einen Seite –
die Reiterei nordafrikanischer Berberkrieger – im Zuge technisch-
organisatorischer »Revolutionen« (Einführung neuer Waffensyste-
me, geänderter Taktiken, eines verbesserten Drills) als neue Qualitäten auf die andere Seite überspringen und von dort die Militärgeschichte ganz Europas beeinflussen.[97] Ähnliches ist über die militärische Seefahrt zu sagen, wie sie sich ab dem 16. Jahrhundert
im Spannungsfeld zwischen iberischen, nordischen und islamischen
Mächten – dort vor allem am Leitfaden der Piraterie – entwickelt:
etwa durch Einführung hochseetauglicher, kanonenbestückter
Rundschiffe und anderer technisch-nautischer Verbesserungen.[98]

Es scheint ein allgemeines Gesetz des politischen und militärischen Fortschritts zu sein, dass sich im Spiel zwischen kleinen und
großen Mächten eine Pendelbewegung ergibt: ein Hin und Her
zwischen Qualität und Quantität, Intensitäten und Expansion. »Revolutionär« sind immer die Intensitäten: zum Beispiel jene ideologischen Verdichtungsprozesse, worin altbekannte Probleme plötzlich
in einem ganz anderen Licht erscheinen. Manchmal sind solch »neue
Ideen« nur winzige Auffassungsunterschiede – jedoch mit unverhältnismäßig starker Wirkung. »Kleine« (gesellschaftliche, geographische, politische …) Einheiten haben zwar wenig Macht, dafür
scheinen sie über einen »Unzufriedenheitsbonus« zu verfügen, und
Abweichungen von herkömmlichen Denkmustern häufen sich. Diese
kleinen Einheiten fangen auf einem für sie lebenswichtigen Gebiet
eine »Revolution« an, gewinnen einen Vorsprung. Die großen Einheiten dagegen stellen sich nur langsam um; schließlich aber passen
sie sich der neuen Lage an. Sie sind es dann auch, die jenes quantita-
tive Moment einbringen, das ihnen erlaubt, die Probleme, die ihnen
die Revolution bereitete, zu entschärfen. Genau dadurch aber ver-
breitern sie die Basis der Revolution, sodass der Vorsprung der Kleinen Einheiten, falls ihnen nicht eine weitere Revolution gelingt, dahin
ist. Phänomen – und Ironie! – des Wettrüstens.

In Anwendung dieser Regel auf die politisch-militärischen Hot
Spots des 13., 14. und 15. Jahrhunderts erkennt man zwei große

---

[97] Zur Entwicklung der arabischen Reiterei »nach Art der Zeneten« *(a la
jineta)* bis hin zur europaweit prägenden »Spanischen Reitschule« siehe: Liedl 1999, 96 ff., 153 (Anm. 190).

[98] Planhol 2000, 169 f., 173 ff.

Abschnitte. Erste Phase – Zeit der militärischen Revolutionen, der Bürgermilizen, der Schweizer, der *jinetes* … die »kleinen« Einheiten dominieren. Zweite Phase – Zeit der Reiche, der Armeen, der »nationalen« Unternehmungen … die »großen« Einheiten schlagen zurück. Zwischen 1250 und 1400 sind die Kommunen des Nordens und die Stadtstaaten der Méditerranée führend in der Militärtechnologie – die Erprobungsphase der Feuerwaffen –, führend auch in der militärischen Theorie – Entwicklung neuer Ausbildungsstandards – und Organisation: ein ganz auf Infanterie, auf Söldnertruppen und Milizen abgestelltes Kriegshandwerk löst die alten Rittertugenden ab. Überall auf den Schlachtfeldern Europas und des Nahen Ostens zieht die schwer gepanzerte Kavallerie des traditionellen Berufskriegertums gegen die neuen Kräfte den Kürzeren. Damit ist das Schicksal der Kreuzfahrerstaaten in Palästina ebenso besiegelt wie das der Habsburger in der Schweiz. Die Stadtstaaten Italiens erleben ihre Hohe Zeit der Freiheit. Und im Westen kann Granada seine halbtausendjährige islamische Kultur noch um weitere zweihundertfünfzig Jahre verlängern. Nein – nicht bloß verlängern, sondern geradezu bereichern. Das Motto dieser Zeit: »Mit kleinen Einheiten große Einheiten lähmen.«

Doch diese »großen Einheiten« passen sich an. Sie wenden die revolutionären Taktiken ebenfalls an, rüsten auf und rüsten um – auf die neuen Technologien und im großen Maßstab. Ihr Motto: Steigerung der Effizienz »nach Art der Kleinen, aber groß«. Das 15. Jahrhundert sieht die großen Mächte wieder auf dem Vormarsch. Frankreich besiegt England und Burgund; die Osmanen überwinden ihre Rivalen in Kleinasien und auf dem Balkan; die Stadtstaaten Florenz und Mailand stagnieren, Genua ist von der politischen Bühne praktisch verschwunden und Venedig befindet sich in großen Schwierigkeiten, tritt in eine neue Phase ein, wo es seine (immer noch erstaunlich großen) politisch-militärischen Reserven mobilisiert. Kastilien und Aragón vereinigen sich und besiegeln gemeinsam das Schicksal der letzten freien Araber auf der Iberischen Halbinsel.

Die neue Feldarmee: Das Beispiel der Osmanen

Manfred Pittioni

>»Sie sind ausnehmend stolz darauf, von sich
sagen zu können: ›Ich bin der Sklave des
Großherrn.‹ Denn sie wissen, dass sie in einer
Republik von Kriegssklaven leben, wo sie den
Oberbefehl haben.«
*Der venezianische Gesandte Morosini über
die Janitscharen*

Am Anfang der Entwicklung des osmanischen Heerwesens stand
der nomadische Stammesverband, bei dem es ursprünglich in den
Funktionen von Kriegern, Hirten und Kaufleuten keine klaren Trenn-
linien gab.[1] Solange der Stamm in Migration begriffen war, mussten
die wehrfähigen Männer mehrere Tätigkeiten gleichzeitig ausüben.
Sie kämpften als berittene Krieger, fertigten im Lager Gegenstände
des täglichen Gebrauchs und trieben Handel mit ihren Erzeugnissen.

Um 1300 begann die Migration der osmanischen Türken nach
Kleinasien und ihre allmähliche Sesshaftwerdung. Sie wurden von
den Seldjukensultanen, die in Konya residierten, als Vasallen an der
damaligen Westgrenze angesiedelt und kamen damit mit dem in-
zwischen stark geschrumpften Byzantinischen Reich in Berührung,
das nach der Niederlage bei Manzikert 1071 im östlichen Anatolien
keine politische Rolle mehr spielte.[2] Mit der Ansiedlung in Kleinasien änderte sich die Lebensweise der Stämme. Durch die teilweise
Sesshaftwerdung fanden keine langen Nomadenzüge mehr statt und
man wechselte nur zwischen Winter- und Sommerweide. Eine Verwaltung in Anlehnung an das byzantinische und seldjukische System entstand. Man hatte schon im 14. Jahrhundert begonnen, auf
bestehende staatliche Institutionen der Seldjuken und Byzantiner

---

[1] Matuz 1985, 21; dsgl. Shaw 1976, 5, der auch auf die Einsätze von
turkstämmigen Nomadenkriegern in den Heerzügen der Seldjuken
hinweist.
[2] Matuz 1985, 16.

zurückzugreifen, mit denen die Osmanen Kontakte pflegten. Diese beiden Mächte sollten auch zum Teil die politische und gesellschaftliche Struktur des Osmanenstaates prägen. So war die Themenverfassung, das Wehrbauernsystem der Byzantiner, eine Art von Vorbild für das »Timar«-System (Präbendensystem bzw. Militärlehen) der osmanischen Sultane. Von den Seldjuken übernahm man unter anderem die Schrift, die arabisch-persische Kanzleisprache und die Institution des Sultanats.

Mit den fortschreitenden Eroberungen zuerst in Kleinasien und später am Balkan, die zu Beginn des 14. Jahrhundert einsetzten, wurden staatliche Struktur und Verwaltung durch die Sultane immer stärker entwickelt und das nomadische Element verdrängt. Der Osmanische Staat in seiner endgültigen Ausprägung am Ende des 14. Jahrhunderts etwa unter Murat I. (1360–1389) und Bayezit I. (1389–1402) war zu einem Reich geworden, das verschiedene Traditionen in sich vereinigte, nämlich innerasiatische, anatolische, byzantinische, islamisch-nahöstliche und schließlich europäische.[3] Die Zusammenflüsse dieser Traditionen machten den Reichtum dieser Kultur aus und schufen ein Reich, das 600 Jahre Bestand haben sollte. Dabei sind die innerasiatischen Ursprünge und Traditionen der Osmanen noch wenig erforscht. Interessant ist die Frage, wieso die regierende osmanische Elite so flexibel war, ein so großes Reich über so lange Zeit zu erhalten und wieso die Mongolen, die ja im Prinzip die gleichen Ursprünge hatten, keine derartig dauerhaften Strukturen entwickelten. Denn Türken und Mongolen besitzen ja zweifelsohne eine gemeinsame Verwaltungstradition und sind auch beide nomadischen Ursprungs. Darüber hinaus haben beide in ihrer sozialen Struktur und in ihrer Kriegsführung Elemente der berittenen nomadischen Jäger beibehalten. Die Mongolen wie auch später die Türken vermochten wie kaum andere Völker, den Bogen als Reiter meisterhaft zu handhaben, ihre Jäger und Krieger konnten als besondere Fertigkeit vom Pferde aus rückwärtsgewandt Pfeile abschießen. Welche Bedeutung Bogen und Pfeil hatten, lässt sich aus der Tatsache ableiten, dass selbst die Osmanensultane und die Prinzen bis ins 18. Jahrhundert an Schießwettbewerben teilnahmen und

---

[3] Siehe auch den Vortrag von 1990, den Prof. Isenbike Togan, Washington University, in St. Louis im Rahmen der »Conference on Ottoman History as part of World History, Causes and Considerations« über das Thema der verschiedenartigen Traditionen im Osmanischen Reich und des verschiedenen Erbes – nämlich des innerasiatischen, des byzantinischen, anatolischen, nahöstlichen und schließlich des europäischen – gehalten hat. In: Berktay/Faroqhi 1992, 185.

dass es in vielen Orten Anatoliens bis heute den so genannten *okmeidan*, den Pfeilplatz gibt, der durch eine Säule mit Inschriften gekennzeichnet ist. Das zeigt schon, dass die Bogenschießkunst eine breite Basis in der Bevölkerung besaß und die Fertigkeit, mit dieser Waffe umzugehen, vom Kindesalter gelehrt wurde. Die Kunst, den harten und schwer zu spannenden Kompositbogen zu handhaben, erforderte eine lange Zeit der Ausbildung. Dennoch: Selbst gegen Ende des 16. Jahrhunderts, als die Muskete als Waffe zunehmende Verwendung fand, verließen sich die Osmanen immer noch in hohem Maße auf die Wirksamkeit ihrer Traditionswaffe.

Vom Stammeskrieger zum Soldaten

Eines der Geheimnisse erfolgreicher Staatswesen, deren Anfänge im schlagkräftig-beweglichen Nomadentum liegen, ist ihre Fähigkeit zum totalen Umbau der ursprünglichen Verfassung, indem aus dem Verband Gleichberechtigter ein einzelner Stamm bzw. Clan respektive dessen Führer sich durch »machiavellistisches« Ausspielen der Konkurrenz zu zentraler Bedeutung hochstemmt. Dass die Osmanensultane wie auch die Mongolenkhane, als die Ausdehnung ihrer Herrschaft schon einen bedeutenden Umfang angenommen hatte, es stets vermieden haben, die Anführer der Stämme im engeren Sinn, d.h. die klassischen Nomadenführer, zu wichtigen Funktionen in der Zentralregierung ihrer Reiche zu berufen, gehört in dieses Kalkül.

Bei beiden Herrschaftssystemen ist ab einer gewissen Entwicklungsphase eine deutliche Anti-Stammespolitik festzustellen. Dabei agierten beide Völker ähnlich, das heißt beide versuchten, diejenigen Stämme beziehungsweise deren Anführer, die potenzielle Unruhestifter darstellen konnten, im Rahmen von kriegerischen Aktionen an den Grenzen einzusetzen und sie auch dort anzusiedeln.[4] Interessant sind in diesem Zusammenhang folgende Parallelphänomene, die sowohl im Osmanischen als auch im Mongolischen Reich auftraten:

- die Kolonisierung neuer Gebiete, die Besiedlung des eroberten Territoriums und die primäre Verwaltung erfolgte bei beiden Völkern zuerst durch das Militär, danach erst folgten bürokratische Maßnahmen der Zivilverwaltung. Militärverwaltung und Zivilverwaltung waren zum größten Teil ident;
- militärisch spielten die Stämme eine eher untergeordnete Rolle und hatten im Krieg eher Hilfstruppenfunktion;

---

4   Wittek 1952, 675.

- in beiden Reichen mussten sich die Stämme der staatlichen Verwaltung unterordnen.

Allerdings bestand zwischen Osmanen und Mongolen ein gravierender Unterschied: Die Mongolen konnten zwar eine Unterordnung der Stämme unter die Zentralgewalt erreichen, diese Unterordnung aber nicht institutionalisieren. Nach dem Tode eines Großkhans brachen fast immer Erbfolgestreitigkeiten aus, die von den jeweiligen Stammesführern ausgingen. Den Osmanen gelang es, die Rolle der Stämme immer mehr zu vermindern und den dauernden staatlichen Einrichtungen Gewicht zu verschaffen. Die Stämme, die in Anatolien und in den eroberten arabischen Ländern lebten, spielten politisch und militärisch ab dem Beginn des 14. Jahrhunderts nur mehr eine marginale Rolle, auch wenn es immer wieder Aufstände gab.

Am Beginn der Entwicklung des osmanischen Heeres standen die Stammeskrieger: Reiter, die durch die Schnelligkeit ihrer Angriffe und die Kunst, mit dem Bogen vom Pferd aus zu schießen und zu treffen, gefürchtete Gegner waren. Sie wurden von ihrem jeweiligen Clanführer, einem Beg oder Khan kommandiert. Diese Einheiten waren für schnelle Eroberungen, Kämpfe gegen unbeweglichere Feinde gut geeignet, sie waren aber nicht gegen Festungen einzusetzen. Außerdem eigneten sie sich nicht als Okkupationstruppen, da sie als unruhiges Element die Sesshaftigkeit wenig liebten und immer auf neue Eroberungen aus waren. Ihre Bereitschaft zu einem dauernden Kriegszustand machte sie auch zu einem unsicheren Element in einem Staatsgefüge, das auf Stabilität ausgerichtet war.[5]

Dazu kam noch, dass sie unter der Führung ihrer machthungrigen Stammesfürsten politisch ein eminent volatiles Element darstellten. Die Geschichte Anatoliens im 13. und 14. Jahrhundert ist eine Kette von dauernd wechselnden Allianzen und Eroberungszügen der türkischen Emire. Die seldjukischen Sultane, die ihre Oberherren waren, verfolgten natürlich eine Politik, unruhige Stämme, die neu zuwanderten, an die Grenzen ihres Reiches zu senden, um sie einerseits loszuwerden und andererseits eine Truppe zu haben, welche die gefährlichen Nachbarn wie etwa die Byzantiner dauernd in Schach halten konnte. So geschah es auch mit den Osmanischen Türken, die vom Seldjukensultan Alaeddin Kaikubad I. um 1280 an die Grenze zu Byzanz gesandt wurden. Unter Osman I. (gest. 1326) wurde das Staatswesen zu einem Emirat, unter seinem Sohn Orhan (1326–1360) zum Sultanat.

---

[5]   Wittek 1952, 672-673 (Ausführungen über die Rolle der Stämme im frühosmanischen Staat).

Ihren Höhepunkt erreichte die osmanische Heeresorganisation unter Süleyman I. (1520–1544).[6] Die sich vorher schon abzeichnende Zweiteilung in Zentraltruppen und Provinzialaufgebot wurde nun voll durchgeführt. Es gab einerseits die Truppen der Pforte, die so genannten Pfortensklaven oder *kapukullus* und die Provinzheeresorganisation. Nach den Maßstäben der damaligen Zeit war das Heer der Pfortensklaven das beste seiner Zeit – die Soldaten waren fest besoldet, sie hatten sozusagen einen Beruf und waren in Kasernen untergebracht. Da sie immer unter Waffen standen, ergab sich damit eine Einsatzbereitschaft, die in Europa unbekannt war. Der Westen konnte damals diesem System nichts Gleichwertiges entgegensetzen. Darüber hinaus war durch das Rekrutierungssystem der Janitscharen die Möglichkeit gegeben, die besten und für den Militärdienst geeignetsten Kandidaten auszuwählen, so dass die Qualität der Soldaten optimal war. Europa litt damals noch an der Tatsache, dass seine feudalen Ritter zwar hochspezialisiert waren, dass aber die Heeresaufgebote als solche in der Regel zum größten Teil aus zwangsverpflichteten Bauern oder anderen nichtprofessionellen Schichten bestanden, deren Disziplin zumeist zu wünschen übrig ließ. Von einer Ausbildung oder straffen Führung im Sinne einer modernen Militärorganisation konnte keine Rede sein. Auch später, zu Beginn des 16. Jahrhunderts hatten die Heere aus berufsmäßig agierenden Landsknechten unter Mängeln wie Disziplinlosigkeit, schlechter Ausrüstung und fast immer unter der schlechten Zahlungsmoral ihrer Oberherren zu leiden.

Ganz anders lagen die Dinge bei den Elitetruppen des Sultans. Den Kern der Truppen der Pforte bildeten die Janitscharen unter dem Kommando des *janitscharenaga*. Zu Beginn des 16. Jahrhunderts stellten sie eine Einheit im Umfang von ca. 20.000 Mann dar. Sie waren in drei Korps gegliedert, die *cemaat* (Gruppe) der eigentlichen Janitscharen, gegliedert in *ortas* (Kompanien) zu je 60–70 Mann. Geführt wurde die *orta* von einem *corbasi* (Suppenmeister), der etwa im Rang eines Hauptmanns stand. Die *cemaat* stellten über zwei Drittel der Janitscharen dar, der Rest wurde von den so genannten *segban* (»Hundewächtern«) gebildet. Diese waren ursprünglich die Wächter der Jagdhunde des Sultans, die ihn auf der Jagd begleiteten. Daraus entwickelte sich die persönliche Leibgarde des Herrschers. Eine weitere Abteilung war die persön-

---

6 Matuz 1985, 98-103; siehe dazu auch Gökbilkin o.J., 99-155; Parry 1958, 510-533 sowie Inalcik o.J., 324-353.

liche *orta* des Janitscharenaga, die zu seiner unmittelbaren Verfügung stand. Die Ergänzung der Janitscharen erfolgte aus den *acemi ocagi*, einer Ausbildungsakademie, in der die Kinder aus der *devsirme* (Knabenlese) ausgebildet wurden.

Auch wenn der »Modernisierungsgrad« der osmanischen Armee im 16. Jahrhundert eine beachtliche Höhe erreicht hatte, so blieben doch einige Elemente bestehen, die ihren Ursprung in den nomadischen Ursprüngen hatten und die traditionell strikt beachtet wurden. Dazu zählt man zum Beispiel die schon erwähnte weite Verbreitung und allgemeine Akzeptanz der Bogenschießkunst, die vom Sultan abwärts überall praktiziert wurde.

Fremd erscheinen dem europäischen militärisch interessierten Betrachter die nomadischen und kulinarischen Elemente beim Janitscharenkorps[7]. Bei den Steppennomaden hatte der Suppenkessel immer eine zentrale Rolle gespielt. Er wurde auf allen Zügen des Stammes mitgeführt, um ihn versammelten sich die Stammesangehörigen am Abend zur oft einzigen Mahlzeit des Tages. Für die Janitscharen stellte er ebenfalls ein zentrales Symbol dar. Er war sozusagen ein Zeichen der Eintracht und des Wohlergehens der militärischen Einheit, wie er es für die nomadische Sippe gewesen war. Er begleitete sie auf allen Feldzügen und war bei ihnen in der Kaserne. Ein umgestürzter Kessel, vor das Kasernentor gestellt, bedeutete Rebellion. Die Janitscharen trugen auch zum Erstaunen ihrer Gegner Suppenlöffel auf den Hauben.

Neben den erwähnten Zentraltruppen der Pforte gab es noch technische Einheiten wie die *cebecis* (Waffenschmiede) oder die *topcular* oder Artilleristen sowie die *topcu arabasi*, eine Truppe, die für die Lafetten und den Transport der Artillerie verantwortlich war sowie eine Abteilung von berittenen *sipahis* im Umfang von etwa 6.000 Mann. Diese waren vom Sultan fest besoldet und bildeten einen Teil der Leibkavallerie (*alti bölük* = goldene Truppe) und sind nicht mit den Provinzialsipahis ident. Sie waren in sechs »Regimenter« gegliedert, wobei dieser Ausdruck mit Vorbehalt anzuwenden ist, da er in keiner Weise mit dem europäischen Regimentsbegriff ident ist.[8]

Insgesamt verfügte die Pforte zur Zeit Süleymans I. (1520–1566) über eine Truppe von etwa 30.000 Mann[9], die sowohl den Kern des stehenden Heeres wie auch eine Eliteeinheit bildete, nach deren Standards sich alle anderen Truppen ausrichteten. Darüber

[7] Weissmann 1987, 19 ff.
[8] Finkel 1988, 32; siehe auch die Darstellung der osmanischen Artillerie in: Murphey 1999, 109 ff.
[9] Shaw 1976, 123.

hinaus hatten diese Eliteeinheiten auch Polizeifunktionen und waren nicht nur in der Hauptstadt stationiert, sondern auch in den Provinzen. Dort hießen die Janitscharen *yerli,* (lokale) Truppen. Das Provinzialaufgebot bildete hingegen die Masse des osmanischen Heeres. In der ersten Hälfte des 16. Jahrhunderts dürfte es sich um insgesamt etwa 200.000 Mann gehandelt haben, wobei der größte Teil aus Sipahis, aus schwer bewaffneten Reitern, bestand. Es mussten dabei nicht alle Sipahis persönlich Dienst tun, sie mussten jedoch dafür sorgen, dass je nach Größe ihrer Pfründe ein bewaffneter Reiter *(cebeli)* gestellt wurde. Dabei war der Maßstab für die Zahl der zu stellenden Vertreter die Größe und die steuerliche Einordnung des Timars. Kommandiert wurden die Sipahis vom jeweiligen *sancakbeg* (Provinzgouverneur). Gegliedert waren sie in territorial unterteilte Einheiten, die *bölük* genannt wurden. An der Spitze des *bölük* stand ein *subasi,* der etwa einem Unteroffizier entsprach. Je zehn dieser *bölüks* unterstanden einem Obristen *(alaybegi* oder *mir alay).* Im Krisenfall wurden etwa 90 Prozent der Sipahis eingezogen, die restlichen blieben zurück, sorgten für die Landwirtschaften ihrer Kameraden und bildeten eine Art Territorialschutz.

Neben den Sipahis gab es noch die schon erwähnten berittenen *akincis* (Stürmer), ethnisch zumeist Türken, die als sehr bewegliche leichte Reiterei in der Tradition der asiatischen Nomadenkrieger den Feind störten, Proviant organisierten und Kundschafterdienste versahen. Es waren dies jene Truppen, die von der abendländischen Propaganda als Mordbrenner geschildert wurden und den meisten Schrecken verbreiteten. Sie wurden eher in Europa als in Anatolien eingesetzt, genossen Steuerfreiheit und lebten großteils von der gemachten Beute.[10] Die Mitgliedschaft in dieser Truppe vererbte sich vom Vater auf den Sohn, die Angehörigen wurden als *akincis* registriert und mussten zur Musterung erscheinen.

Die Registrierung hatte handfeste Gründe. Die Behörden mussten an einer Kontrolle dieser Elemente jegliches Interesse haben, nicht nur um zu vermeiden, dass andere Hilfstruppen nötig wurden – vor allem gegen die viel schwieriger in das Heeressystem der Osmanen einzugliedernden Tataren sprach hier einiges. So waren zum Beispiel die Krimtatarischen Hilfskontingente des Giray-Clans, die das erste Mal unter Süleyman I. gestellt wurden und teilweise sehr zahlreich waren, berühmt aber auch berüchtigt.[11] Sie waren bis zu 50.000

---

[10] Finkel 1988, 47.
[11] Murphey 1999, 20; hier auch der Hinweis auf die große Zahl der mitgeführten Pferde, da jeder Reiter einige Reservepferde besaß. Siehe auch Collins 1975, 257-276.

Mann stark und hinterließen oft große Verwüstungen. Diese Tataren entsprachen daher nicht immer den politischen Absichten der osmanischen Führung. Bei aller Härte und Grausamkeit in der Kriegsführung war man ja doch an der Erhaltung der Infrastruktur der eroberten Gebiete interessiert. Somit war die Rolle tatarischer Nomadenkrieger im Einsatz bisweilen nicht unproblematisch. Da empfahlen sich die – gut kontrollierbaren – *akincis* schon eher. Diese mussten während der Feldzüge übrigens auch Arbeiten wie Straßenbau, Brückenbau oder Schanzarbeit bei Belagerungen verrichten.

Daneben gab es in der osmanischen Armee noch andere leichte Infanterietruppen wie die der *azebs,* der Unverheirateten, die häufig in Festungen Dienst taten. Sie wurden durch ein System rekrutiert, das schon Elemente einer allgemeinen Wehrpflicht in sich barg. So waren in Anatolien jeweils 30 Haushalte verpflichtet, einen *azeb* zu stellen.

Schließlich gehörten zum Provinzialaufgebot noch die *gönüllü,* die Begeisterten, die eigentlich ursprünglich Freiwillige waren und hofften, durch Kriegstaten zum Sipahi-Status zu gelangen. Es gab unter ihnen sowohl Berittene wie auch Fußvolk. Viele unter ihnen waren die Söhne von Timarioten, die kein automatisches Nachfolgerecht in das Timar ihres Vaters hatten und auf diese Weise hofften, zu einer Pfründe zu gelangen. Dem osmanischen Heer waren aber auch je nach politischer Konstellation Hilfstruppen bzw. Kontingente verbündeter Mächte angegliedert. So gab es unter den Hilfstruppen die so genannten *voyniks,* slawische Soldaten bzw. auch die *martolos,* die ebenfalls Christen waren und besonders in den Festungen bzw. als Matrosen auf den Donauschiffen zum Einsatz kamen. Letztere stellten sowohl Fuß- wie auch Reitersoldaten. Oft handelte es sich um orthodoxe Christen slawischer Abstammung, manchmal auch um neu konvertierte Muslime, die neben dem Festungsdienst auch für Einfälle im Grenzgebiet verwendet wurden.

Modernität und Überlegenheit des osmanischen Militärsystems

Aus dem Chaos des türkischen Stammeskriegertums, dem ungeordneten Anstürmen von Reitermassen gegen den Feind, aus Kämpfern, die ihre Loyalität nur dem Stammesführer und der Familie schuldeten, gelang es den Osmanensultanen allmählich im Laufe einer wechselvollen Entwicklung ein Heeresaufgebot zu schaffen, das bereits einigen Grundsätzen einer modernen Armee entsprach. Folgende Prinzipien einer Militärorganisation, so wie wir sie gewohnt sind, waren bereits im 15. und 16. Jahrhundert von den Sultanen allmählich verwirklicht worden:

Es entstand ein Heer, das den Regeln der militärischen Disziplin und des Drills unterlag und das seinem obersten Kriegsherren, dem Sultan, bedingungslos gehorchte (sieht man von den zahlreichen Janitscharenmeutereien ab). Zudem war es in einer straffen Organisation gegliedert, die auch eine gute Verwaltung beinhaltete.

Erstmalig gelang es, lange vor den europäischen Bemühungen im 17. Jahrhundert, den Kern eines stehenden Heeres zu schaffen, das aus den in Istanbul stationierten Janitscharen, Artilleristen und Pfortenreitern, den Sipahis, bestand.[12] Diese Truppen wurden in der frühen Periode fast immer regelmäßig besoldet. Außerdem ruhte dieser Kern auf einer soliden wirtschaftlichen Basis und zwar auf einem Fiskalbudget der Pforte, das jeweils im Herbst des Vorjahres für das kommende Jahr erstellt wurde. Auch gab es ein agrarisches Versorgungssystem für einen Teil der Provinztruppen, das schon erwähnte Timar-System, auf das später im Detail eingegangen wird. Die Kerntruppen, wie zum Beispiel die Janitscharen, waren auch in Kasernen untergebracht; die Timarioten beziehungsweise die Sipahis wiederum hatten auf ihren Landgütern einen festen Dauerwohnsitz. Damit waren bereits Grundbedingungen für ein stehendes Heer geschaffen.

Die Osmanen waren auch in der Lage, eine solide logistische Struktur für ihre Feldzüge aufzubauen[13], die neben der Mobilisierung der Truppenteile auch den Transport des Nachschubs, die Verpflegung und die einheitliche Führung des Heeres sicherstellte – dies zu einer Zeit, in der in Europa für diese Bereiche noch das Prinzip galt: »Der Krieg ernährt den Krieg«. Auch die technische Ausrüstung der Armee befand sich auf einem sehr hohen Niveau, die Bewaffnung der Soldaten entsprach fast immer dem Ausrüstungsstand ihrer Zeit[14]. Gliederung und Qualität der Artillerie galten sogar lange Zeit als ausgezeichnet und waren zeitweilig ein Vorbild für die Europäer.

---

[12] Matuz 1985, 98 führt aus: »Nach damaligem ›internationalen‹ Maßstab war das Heer der ›Pfortensklaven‹ das beste seiner Zeit.« Siehe auch dazu die allgemeine Darstellung in: Marsigli 1732.

[13] Matuz 1985, 102; siehe auch Finkel 1988, 4, wo auf die Wichtigkeit der Logistik für das Heerwesen hingewiesen wird und auf die Tatsache, dass die Historiographie diesen Aspekt der Militärgeschichte bisher sehr vernachlässigt hat.

[14] Matuz 1985, 103; siehe auch Grant 1999, 190, der auf die Qualität der Waffenproduktion der Osmanen im 15. Jahrhundert hinweist.

Bis zum Ende des 16. Jahrhunderts war das osmanische Heer in ganz Europa gefürchtet und besaß auch im Bereich der ideologischen Kriegsführung eine entscheidende Überlegenheit. Goodwin[15] führt hierzu aus: »Das Osmanische Reich lebte für den Krieg. Jeder Gouverneur in seinem Bezirk war ein General; jeder Polizist ein Janitschare; jeder Gebirgspass hatte seine Bewachung, jede Straße ihren militärischen Zweck. [...] Friedenszeiten bedeuteten jedesmal Probleme im Hinterland: man gierte nach Beute und Ruhm«. Die forciert kriegerische Ausrichtung seiner Oberschichten war auch für die wirtschaftliche Orientierung des Staates entscheidend. Lange Zeit war die Gewinnung von neuem Land, das als *timar* an verdiente Kämpfer vergeben werden konnte, ein Garant für Stabilität – wobei ein solches Timar aber nichts bzw. nur wenig mit dem klassischen Lehensbegriff zu tun hatte, vielmehr eine Pfründe, ein Fruchtgenussrecht beziehungsweise eine Praebende darstellte. Als dann im 17. Jahrhundert das prekäre Gleichgewicht zwischen militärischen Erfordernissen und zivilen Möglichkeiten durch eine steigende Bevölkerungszahl zu kippen drohte, kam es zu Schwierigkeiten. Damit mehr Soldaten versorgt werden konnten, musste die Größe der Timare gesenkt werden, wodurch die Höhe der einzelnen Pfründe sank. Das gesamte System wurde dadurch wesentlich geschwächt und mit ihm litt auch die militärische Effizienz.

Eine andere Eigenheit, die für die militärische Stärke des Osmanenstaates ausschlaggebend war, darf ebenfalls nicht unerwähnt bleiben: seine schiere Größe. Es gab zu dieser Zeit, also im 15. und 16. Jahrhundert keinen europäischen Staat mit einer vergleichbaren Bevölkerungszahl und ähnlich riesiger räumlicher Ausdehnung. Keiner anderen Macht standen derartige Ressourcen zur Verfügung – Ressourcen, wie sie zur Führung so vieler Kriege nötig waren. Außerdem wies kein anderer Staat eine ähnlich straffe und effiziente Organisationsstruktur auf.

Nochmals: Die grundlegende politische Leistung der Osmanensultane hatte darin bestanden, dass es ihnen im Laufe des 14. und 15. Jahrhunderts gelungen war, den Übergang vom teilnomadischen Stammesverband zu einem straff organisierten Staatswesen zu schaffen. Neben der Errichtung einer zentralen Verwaltung mit einer durchorganisierten Struktur konnten die Herrscher auch das Heer-

---

[15] Goodwin 1998, 65; auch Shaw 1976, 112-167 (vgl. Kapitel »The Dynamics of Ottoman Society and Administration«) weist sehr detailliert auf die Strukturen der osmanischen Gesellschaft und ihre Ausrichtung auf die Kriegsführung hin.

wesen auf ein für die damalige Zeit hochmodernes Organisations-
niveau bringen. Jedenfalls stellte sich das osmanische Heer um 1600
in seiner Struktur so dar, dass es neben mobilen Einheiten, die im 15.
Jahrhundert noch den überwiegenden Teil der Truppen ausgemacht
hatten, einen großen Teil kasernierter Soldaten besaß, die nicht jedes
Jahr neu einberufen, gedrillt und neu ausgerüstet werden mussten.

Die Grenzen des Reichs, die um 1400 noch zum Teil fließend
gewesen waren, konnten am Ende des 16. Jahrhunderts stabilisiert
werden; ein Ergebnis langfristiger Entwicklungen.[16] Im so genannten »langen Türkenkrieg« (1593–1606) war ab 1550 das Festungs-
system in Ungarn und Kroatien langsam immer mehr ausgebaut
worden, da beide Seiten, Osmanen wie Habsburger, immer mehr
von einer Vielzahl kleinerer Basisbefestigungen aus operierten. So
hatte sich der Krieg in seiner Art verändert. Statt entscheidende
Schlachten zu schlagen, die zu einem raschen Friedensschluß führen
mochten, wurden Abnützungskampagnen geführt. Die Beweglichkeit der Reitertruppen, die zuvor ein so wichtiges Element gewesen
war, hatte an Bedeutung eingebüßt. Belagerungen und Infanterie-
gefechte waren häufiger geworden. Besonders in Ungarn kam dies
insofern zur Geltung, als die Herrschaft über das Land nun vom
Besitz einiger großer Städte und der Kontrolle des Festungssystems
abhing. Und die Gegenseite hatte begonnen, die Anzahl ihrer Musketiere zu erhöhen, wodurch sie Reiterattacken besser abwehren
konnte. Die Osmanen mussten sich nun bemühen, diesem Trend
zu entsprechen und die Zahl ihrer Musketenschützen gleichfalls
anzuheben. Mit einer positiven Nebenwirkung: Musketiere mussten
zwar bezahlt und ausgebildet werden, waren aber alles in allem billi-
ger als Reiter und konnten ihr Handwerk, den Umgang mit der
Feuerwaffe, schneller erlernen.[17]

Zur Frage der Feuerwaffen

Die Bewaffnung und Ausrüstung des osmanischen Heeres lag im
15. und 16. Jahrhundert durchaus auf dem Niveau seiner europäischen Gegner. Dies galt sowohl für die Handfeuerwaffen als
auch für die Artillerie. Technologische Rückstände gegenüber dem
Westen, wie sie sich etwa im 17. Jahrhundert langsam bemerkbar machten, waren in der frühen Neuzeit noch in keiner Weise
vorhanden.

---

[16] Murphey 1999, 20.
[17] Finkel 1988, 39.

Zu dieser Zeit wurden Waffen noch auf individueller Basis produziert, das heißt, dass es noch keine Standardisierung und Qualitätskontrolle gab – bei serieller Fertigung bekanntlich eine Selbstverständlichkeit. Jeder Spezialist für Waffenerzeugung stellte die Musketen und Kanonen nach der Technologie her, die er gerade gelernt hatte. Deshalb gab es auch bei den Feuerwaffen keine einheitlichen Kaliber, zum Teil wurden sie auch während des Feldzuges je nach Bedarf hergestellt, um den schwierigen Transport von großen Stücken zu vermeiden. Jedenfalls wiesen die von den Osmanen im Zentralarsenal zu Istanbul *(tophane-i amire)* gegossenen Kanonen nach Urteilen von Zeitgenossen keine schlechtere Qualität auf als die der europäischen Modelle. Was die Herstellung von Hieb- und Stichwaffen betraf, so war auch diese noch nicht normiert und erfolgte großteils auf individueller Basis.[18] Auch wenn Berichte über Schlachten und die Wirkung der dabei eingesetzten Kanonen und Musketen spektakulär klingen, so wurde sowohl im 15. als auch im 16. Jahrhundert der endgültige Ausgang der Schlacht in erster Linie durch den Einsatz von Hieb- und Stichwaffen entschieden, also im Kampf Mann gegen Mann. Die mit Fernwaffen ausgerüsteten Truppen – vor allem die Bogen- und Armbrustschützen – konnten zwar den Feind belästigen und ihm Verluste zufügen, entscheidend für einen Sieg waren sie zumeist nicht. Allerdings pflegten sie die Entscheidung vorzubereiten, indem zum Beispiel Reiter den Gegner mit einem Pfeilhagel überschütteten und so dessen Widerstandskraft und Moral schwächten. Bei den Kanonen und Musketen hingegen waren es in der Frühzeit eher die Lärmentwicklung und der Prestigewert, der sich auf die Kampfmoral der eigenen Truppe auswirkte und die des Gegners schwächte. Zu Instrumenten der Massenvernichtung wurden die »technischen« Waffen erst in späterer Zeit, als die Zahl der eingesetzten Gewehre und der Artillerie stark gestiegen war. Im 15. Jahrhundert lag der Anteil der Schützen bei etwa 10 Prozent des Fußvolks,[19] zu Beginn des 16. Jahrhunderts bei 13 Prozent und um 1550 bei etwa 50 Prozent. Der Rest waren Streiter mit »nichttechnischen« Waffen, also Schwertern, Bögen und Lanzen. Auch an Geschützen rechnete man zu Beginn des 16. Jahrhunderts auf eine Heeresstärke von tausend Mann im Durchschnitt

---

[18] Murphey 1999, 105, siehe auch Grant 1999, 198 ff. über die Schwierigkeiten in der osmanischen Waffenherstellung.
[19] Ortenburg 1985, 135 – dort Hinweise auf die langsame Umrüstung auf Feuerwaffen.

nur drei Stück, was auf eine eher wenig kampfentscheidende Wirkung hinweist. Man schätzt, dass die Gesamtzahl der Geschütze im Osmanischen Reich im fraglichen Zeitraum (15./16. Jahrhundert) zwischen 1.400 und 1.700 Stück betragen hat.[20]

Zu einer Zeit, als im Heiligen Römischen Reich, in der Schweiz und in Italien etwa noch große Schwerter wie der Biedenhänder eingesetzt wurden, gab es im osmanischen Bereich keinerlei ähnlich schwere Handwaffen. Zu sehr unterschieden sich die taktischen Konzepte, die auch die Art der eingesetzten Waffen bestimmten. Lange Spieße, Hellebarden oder schwere Schwerter erübrigten sich bei der leichteren und beweglicheren Kampfesweise beim türkischen Fußvolk. Zusätzlich wäre anzumerken, dass die Infanterie der Osmanen, allen voran die Janitscharen, Truppen waren, die aus dem Kleinkrieg, dem *cihad* hervorgegangen waren. Beweglichkeit war ihre Hauptmaxime, daher gab es bei der osmanischen Armee auch keine massiven Einheiten oder »Gewalthaufen« nach Art der Schweizer, die ja übrigens ihrer ursprünglichen Logik gemäß auch ganz entgegengesetzte taktische Konzepte verfolgten – etwa die Maximierung der Abwehr.[21] Aus der Sicht der Osmanen war der Einsatz von Karreeformationen mit Langspießen auch nichts, was nachzuahmen der Mühe wert schien, brachte er ja als Ergebnis eine Truppe hervor, die nur im gewohnten Rahmen des traditionellen Ritterkampfes Erfolge erzielte, im Rahmen der auf bewegliche Reiterei abgestimmten Taktik der Osmanen aber versagen musste. Daraus ergibt sich alles Weitere. So waren die Hiebwaffen der osmanischen Krieger im Durchschnitt leichter als die der abendländischen Soldaten, es gab dabei als Ausrüstung den kurzen *handsar,* einen Krummdolch, der im Gürtel getragen wurde, den gekrümmten türkischen Säbel *qilic,* den *acem qilic* – den mehr gekrümmten persischen Krummsäbel –, einen geraden Degen (*palas*) und die *tebet,* die Streitaxt der osmanischen Reiterei, das Instrument, um Panzer zu durchdringen und den gegnerischen Reiter vom Pferde zu reißen.[22]

Von den Kämpfern der osmanischen Armee wird oft berichtet, dass sie sich im Handgemenge durch besondere Wildheit und Tap-

---

[20] Murphey 1999, 14: »Kanonen … spielten eine zwar essentielle, jedoch für sich genommen unzureichende Rolle für den militärischen Erfolg der Osmanen«.

[21] Liedl 1999, 101 f.

[22] Majoros/Rill 1999, 26-27. Siehe auch Murphey 1999, 121, wo die Bedeutung des Kampfes Mann gegen Mann hervorgehoben wird und die Rolle der »technologischen« Waffen als nicht schlachtentscheidend erwähnt wird.

ferkeit auszeichneten, insbesondere die Janitscharen. Ihre Vorliebe
für den Kampf mit dem Säbel wurde ihnen allerdings im 18. Jahrhundert, vor allem gegen die mit Bajonetten ausgerüsteten russischen Soldaten Katharinas der Großen, zum Verhängnis. Diese
neue Waffe war dem Säbel im Handgemenge eindeutig überlegen;
sie hielt den Angreifer auf Distanz. Dennoch waren die Osmanen
insofern konservativ, als sie bis gegen Ende des 18. Jahrhunderts
auf den Nahkampf mit dem Säbel nicht verzichten zu können glaubten. Erst zu Beginn des 19. Jahrhunderts sehen wir Abbildungen
von osmanischen Soldaten, die Bajonette tragen und etwa ab der
Jahrhundertwende waren die Türken auf Bajonette umgestiegen
und hatten sich in ihrer Ausrüstung und teilweise auch in der Uni-
formierung ans übrige Europa angepasst. Fazit: Auch der tapferste
ghazi konnte sich sinnvollen Neuerungen nicht verschließen –
mochten sie auch von »Ungläubigen« stammen.[23]

Die Fertigkeit, im Reiten nach allen Richtungen genau zielen
und treffen zu können, war eine alte Tradition aller Steppenvölker.
Nie vermochten die Europäer diesen Standard zu erreichen. Zum
einen lag das an der Pferderasse, die bei den asiatischen Steppen-
völkern klein und wendig war, zum anderen an der technischen
Ausführungsart des Bogens selbst. In seiner Bauart als Komposit-
und Reflexbogen[24] vereinigte er größte Durchschlagskraft (die beim
europäischen Pendant nur durch enorme Länge zu erreichen war)
mit beachtlicher Handlichkeit. Somit war er der ideale Reiterbogen.
Ein geübter Reiter konnte in der Minute bis zu sechs Pfeile damit
abschießen. Die Taktik der berittenen Bogenschützen bestand darin, immer wieder gegen den Feind anzureiten, eine Pfeilsalve abzu-
setzen und wieder kehrtzumachen, eine Vorgangsweise, die mehr-
mals wiederholt wurde und die immer eine starke Wirkung auf
massierte Heerhaufen hinterließ. Jedenfalls konnten die Europäer
dieser Art des Einsatzes einer Fernwaffe nichts Ebenbürtiges entgegenstellen. Nach dem Aufkommen der Arkebusen und Musketen
gab es wohl eine Fernwaffe, die Reiterangriffe abwehren konnte und
damit die Bogenschützen auf Distanz hielt, aber erst mit dem mas-
sierten und disziplinierten Salvenfeuer des 17. und 18. Jahrhunderts

---

[23] Wheatcroft 1995, 68 ff.
[24] Er wurde von den Asiaten und Türken aus Verbundstoffen hergestellt,
      also aus Holz, Horn und Leder und besaß damit eine sehr hohe Span-
      nung, was dem Pfeil eine große Durchschlagskraft bei kurzer Bogen-
      länge verlieh. Die Verbundstoffe wurden kunstvoll miteinander ver-
      klebt und auch noch oft mit Birkenrinde überzogen und feuchtigkeits-
      abweisend lackiert.

wurde eine Wirkung erzielt, die voll der Wirkung der Pfeile entsprach. Die Einsätze der spanischen *Caracole*-Taktik bei der Kavallerie waren ein Versuch, die »orientalische« Angriffsweise – die Kombination aus Reiterangriff und Pfeilsalven – nachzuahmen.

Neben den oben erwähnten technologischen und kulturellen Unterschieden gab es noch einen »ideologischen« Umstand, der den Einsatz des Bogens in europäischen Heeren beziehungsweise beim europäischen Ritterstand als dem eigentlichen Vertreter des Gewaltmonopols verhinderte. In der Kriegskultur des Mittelalters[25] war der Bogen ein Synonym für eine verächtliche Waffe. Im Zweiten Lateranischen Konzil 1139 wurden Bogen und Armbrust von der Kirche geächtet. Als verächtlich galt der Bogen dem Ritterstand deshalb, weil er die Waffe des armen Mannes war. Die Ignoranz und die Überheblichkeit von europäischen Ritterheeren diesen verachteten Waffen gegenüber kosteten sie etliche Niederlagen, wie bei Nikopolis 1496 oder bei Mohàcs 1526. In beiden Fällen ritten die gepanzerten, relativ unbeweglichen Ritterheere gegen einen disziplinierten Feind – die osmanische Armee –, und wurden schon vor dem eigentlichen Nahkampf durch Bogensalven und Artillerie dezimiert.

Auch die Artillerie erlitt anfänglich bei den militärischen Gegnern der Osmanen in Europa das gleiche Schicksal wie der Bogen: man verachtete sie und klassifizierte sie als nicht ehrenhaft. Deshalb galt sie auch nicht als Waffengattung im eigentlichen Sinn, sondern existierte strikt auf Basis handwerklicher Traditionen. Europäische »Stückmeister« wurden jeweils für die Dauer eines Feldzuges angeheuert. Dies war bei den Osmanen nicht der Fall, da die Artillerie als vollberechtigte Waffengattung in die Armee eingegliedert war.

Die Entwicklung der Artillerie war ein langsamer Prozess, der etwa in der ersten Hälfte des 14. Jahrhunderts einsetzte. Durch arabische Vermittlung gelangte das aus China stammende Pulver nach Europa, wo es zunächst für die Pyrotechnik eingesetzt wurde. Später erkannte man, dass es auch als Treibmittel für Geschoße zu verwenden war, womit um 1326/27 in Italien und England die ersten primitiven Kanonen entstanden waren, ohne dass man dafür eigentliche »Erfinder« namhaft machen könnte.

Die Entwicklung der neuen Waffengattung ging langsam voran – das Gerät war sehr teuer, schwer zu handhaben und konnte dazu nur von Experten bedient werden. Der Transport war eine

---

[25] Stephan 1998, 130.

schwierige Angelegenheit und bei schlechten Wetterverhältnissen war die Kanone unbrauchbar. Ein Umstand fiel jedoch schon in der Frühzeit des 14. Jahrhunderts ziemlich ins Gewicht – man hatte ein Mittel gefunden, zunächst Mauern von Festungen zu durchbrechen und später auch, als die Kanonen kleiner und beweglicher wurden, die Attacken von Reitergruppen abzuwehren. Darüber hinaus war die psychologische Wirkung eines Geschützes in der Schlacht nicht zu unterschätzen: der Lärm der Abschüsse wirkte auf die eigenen Soldaten aufputschend und anfeuernd und auf die Gegner demoralisierend.

Ursprünglich wurden Kanonen aus Eisen gegossen, große Modelle in zwei Stücken, die dann zusammengeschraubt wurden. Zwischen 1350 und 1450 begann man auch Bronzegeschütze zu gießen, die eine verfeinerte Gusstechnologie erforderten, aber dauerhafter und leichter waren. Ihr geringeres Gewicht erlaubte den Transport auf leichteren und damit beweglicheren Lafetten. Allerdings waren sie in der Herstellung wieder teurer.

Auch die osmanischen Sultane hatten sehr rasch die Bedeutung der Kanonen erfasst. Sie bedienten sich, so wie viele andere Herrscher Europas, des Fachwissens von Kanonengießern und Stückmeistern, die als herumziehende Handwerker ihre Dienste feilboten.[26] Die Technologie des Gießens von Kanonen stammte aus dem Glocken- und Kunstguss, wo man bereits Erfahrung im Umgang mit verschiedenen Metallen gesammelt hatte. Im Osmanischen Reich entstand unter Sultan Murat II. eine Kanonengießerei bei Germe Hisar. Danach wurde unter Sultan Mehmet II. (1451–1481) das Artilleriewesen grundlegend organisiert und ausgebaut. Er bediente sich dabei des Fachwissens ausländischer Experten, die ihm insbesondere 1453 bei der Belagerung von Konstantinopel zur Verfügung standen. In der Überlieferung knüpft sich daran die Geschichte des ungarischen oder rumänischen Geschützgießers Urban, der als Meister des Geschützgusses in Edirne (Adrianopel) eine Riesenkanone goss, die das größte Geschütz ihrer Zeit war. Angeblich wogen die Geschoße aus Stein je eine halbe Tonne und hatten einen Durchmesser von 75 cm. Sie waren in der Lage, die riesigen Mauern Konstantinopels, die der byzantinische Kaiser Theodosius hatte errichten lassen, sturmreif zu schießen und trugen somit einen wichtigen Teil zur Eroberung der Stadt bei.[27]

---

[26] Wittek 1952, 142.
[27] Reid 1979, 76; siehe auch Grant 1999, 191, der die Vorliebe der Osmanen für Riesengeschütze erwähnt.

In den nächsten 350 Jahren bewachten solche Großgeschütze die Meerenge zum Bosporus. Eine dieser Kanonen befindet sich noch im Londoner Tower. Die Steinkugeln, die damit verschossen wurden, wiegen fast 300 kg und wurden durch eine Ladung von 135 Pfund Pulver abgeschossen. Gegossen wurden diese Kanonen vom Türken Munir Ali im Jahre 1464. Unter diesen Riesenstücken gab es auch eine Kanone mit dem Namen *baylemez,* wobei diese Bezeichnung vom italienischen Wort *pallamezza* kommt und das Geschütz bezeichnet, das die größte Kugel verschießt: ein schöner Hinweis auf technologische Hilfe durch Europäer.[28]

Bei der Betrachtung dieser Riesenkanonen – technologischen Spitzenleistungen der damaligen Zeit – wird klar, dass sich eine Zivilisation, die in der Lage war, derart große Artilleriestücke herzustellen bzw. herstellen zu lassen, auf der Höhe der allgemeinen technologischen Entwicklung befunden haben muss. Monströse Riesengeschütze hatten zwar nur beschränkten militärischen Wert, erfüllten aber zumindest in propagandistischer Hinsicht die in sie gesetzten Erwartungen. Die Tradition der Großkanone wurde nach Mehmet II. noch durch die Sultane Selim I. und Süleyman I. fortgesetzt. Unter Selim entstanden Geschütze mit einer Länge von 425 cm und einem Rohrdurchmesser von 100 cm. Süleyman I. ließ ähnlich große Kaliber gießen und erweiterte die Arsenale. Es entstanden große staatliche Kanonengießereien in Belgrad, Iskodra, Temesvar, Praviste und Gülamber. Allerdings wurden die artilleristischen Traditionen der Osmanen und ihr Hang zu Großgeschützen im 17. Jahrhundert für sie zum taktischen Nachteil. Sie stellten immer noch zu viele schwere Belagerungsgeschütze her und vernachlässigten die Produktion von leichterer Feldartillerie, die bei den Österreichern bereits in größeren Stückzahlen vorhanden war. Dies trug auch zur Niederlage bei St. Gotthart 1664 gegen Montecuccoli bei, der seine leichte Artillerie besser einsetzen konnte als die Türken ihre schweren Stücke. Nach der Schlacht fielen den Österreichern eine Menge schwerer und nur höchst umständlich zu transportierender Geschütze in die Hände.

Natürlich konnte die osmanische Armee auch leichtere Feldgeschütze taktisch vorteilhaft einsetzen, wenn es die Umstände erforderten.[29] So wurden sehr oft die Geschütze nicht über lange Strecken transportiert, sondern an Ort und Stelle gegossen. Damit konnte man das Element der Beweglichkeit beibehalten. Ab der

[28] Jorga 1908, Bd. II, 19.
[29] Murphey 1999, 109.

Mitte des 16. Jahrhunderts wurde die Feldartillerie eine fixe Institution. Wenn sie nicht immer und nicht in genügendem Umfang
vorhanden war, so lag das nicht an den technischen Möglichkeiten, sondern vielleicht an Fehlern der jeweiligen Verantwortlichen,
die nicht immer die Notwendigkeit von Artillerieeinsatz zu erkennen vermochten. Die Artillerie der damaligen Zeit wurde nicht im
Rahmen von taktischen Verbänden, d.h. selbstständigen Einheiten
geführt, sondern je nach Bedarf eingesetzt. Zwar wurde zwischen
einer Belagerungs- und einer Feldartillerie unterschieden und es
wurden auch mehrere Geschütze zu Einheiten, so genannten Batte-
rien zusammengefasst, aber der Einsatz erfolgte je nach Gutdünken
des *serdars* (Heerführers)[30]. Klassisch war im 15. Jahrhundert die
Aufstellung von solchen Feldgeschütz-Batterien im Zentrum der
osmanischen Armee, vor dem Zelt des Sultans (»Sultansschanze«),
wobei die Janitscharen die nötige Infanteriedeckung bildeten. Wir
wissen auch, dass die Osmanen versuchten, eine leichte Feldartillerie auf Kamelen einzusetzen. Dabei wurden zwei leichte Kanonenrohre links und rechts an den Flanken des Tieres befestigt, wobei
sicherlich eine große Beweglichkeit beim Einsatz erzielt wurde. Treff-
sicherheit und Wirkung dürften eher gering gewesen sein.

Bei der Erörterung der Frage, ab wann die Osmanen begannen, Feuerwaffen in ihrer Armee einzusetzen, kann man sich erfolgreich auf Ismail Hakki Uzuncarsilis Auszüge aus einigen Chro-
niken stützen.[31] Unzuncarsili erwähnt dabei einen Chronisten Nesri,
Ende des 15. Jahrhunderts, der von einem gewissen Topcu Haydar
berichtet, der in der Schlacht von Kossovo 1389 vor dem Sultans-
zelt neben den Kanonen seine Position innehatte und ein Meister
seiner Kunst gewesen sein soll. Weiters sollen in den Schlachten
von Nikopolis 1396 und vor Ragusa-Dubrovnik 1378 Kanonen
zum Einsatz gekommen sein, jedoch wird ausgeführt, dass bei
Belagerungen auch immer noch die alten Katapulte tätig waren,
die Steine schleuderten. Genaueres wissen wir aus der Geschichte
der Belagerung von Adalia 1424, bei welcher die Osmanen als
Verteidiger ihren Angreifer, den Qaramanoglu Mehmet Beg durch
einen gut gezielten Kanonenschuss töteten.

Auch bei der ersten Belagerung von Konstantinopel sprechen
die byzantinischen Chronisten davon, dass die osmanischen Ge-

---

[30] Ortenburg 1985, 126, ebenso Murphey 1999, 109-111 über den Ein-
      satz der Artillerie im Felde. Siehe dazu auch Pernot 1991, 191, wo ein
      Vergleich der europäischen mit der osmanischen Artillerie angestellt
      wird.
[31] Wittek 1952, 141-143 (Kapukullu Ocaklari Ankara 1943–1944).

schütze sehr groß gewesen seien, aber von geringer Wirkung. Der Chronist Chalkokondyles beschreibt die Belagerungsgeschütze im Detail und meint, dass sie wahrscheinlich deutschen Ursprungs waren. Der osmanische Geschichtsschreiber Ashigpasazade beschreibt den Einsatz von Geschützen bei der Belagerung von Hexamilion am Isthmus von Korinth 1446 und erwähnt, dass dabei die Kanonenrohre an Ort und Stelle gegossen worden seien. Bei der Belagerung von Konstantinopel 1453 wissen wir mit Sicherheit von der Existenz einer Belagerungsartillerie der Osmanen. Bei Varna 1466 sollen die Christen Artillerie eingesetzt haben, die Osmanen hatten angeblich keine, bei Kossovo 1448 jedoch wurden auf osmanischer Seite sehr wohl Kanonen eingesetzt. Dabei sollen die Kanonen wiederum im Zentrum, direkt vor dem Zelt des Sultans postiert worden sein.

Wir besitzen auch Informationen aus erster Hand über den Einsatz der osmanischen Artillerie vor Wien 1529. Peter Stern von Las, kaiserlicher Kriegssekretär berichtet in seinem Kriegstagebuch »Belegerung der Statt Wienn im jar als man zollt nach Cristi geburt tausent fünffhundert unnd newn unt zwaintzigsten Beschtehn kürtzlich angetzaigt«[32] mit bemerkenswerter Objektivität über die große Zielgenauigkeit der Türken.

Die schlachtentscheidende Wirkung der Kanone bzw. der Feuerwaffe zeigte sich besonders in der Auseinandersetzung mit den persischen Safawiden, Erzfeinden, die als Schiiten in ihrer religiösen Abtrünnigkeit als besonders verwerflich galten. Im Jahre 1514 fand in Westiran die erste große Auseinandersetzung zwischen den Osmanen und den Persern statt und endete mit einem Sieg der überlegenen osmanischen Artillerie. Der Schock dieser Niederlage hatte zwar nicht die Eroberung Irans zur Folge – die Safawiden wichen in die weiten Räume der iranischen Hochebene aus und setzten auf die natürlichen Verbündeten Klima, Überdehnung der osmanischen Nachschublinien sowie auch auf die Taktik der Guerillaangriffe – allerdings brachte Caldiran eine grundlegende Änderung der Kriegstechnik des Mittleren Ostens mit sich: Die Perser begriffen, dass sie ohne Feuerwaffen immer unterlegen sein würden und begannen, sich um deren Beschaffung zu kümmern bzw. die Technologie zu erlernen. Damit kehrte die Herrschaft der Kanone auch im iranischen Raum ein. Schah Ismail und sein Sohn sahen es als eine Maxime ihrer Außenpolitik an, sich die moderne Feuerwaffentechnologie zu beschaffen.

---

[32] Stern 1529, BV 6 ff.

Diplomatische Bemühungen setzten ein, sich in den Besitz von Musketen und Kanonen zu bringen. Einerseits knüpfte man Beziehungen zu den westlichen Staaten, um eine zweite Front gegen die verhassten Osmanen zu formieren, andererseits waren die Portugiesen seit 1501 in Indien präsent und boten sich als Lieferanten der ersehnten Technologie an. Tatsächlich gelang es im Zuge der Auseinandersetzungen im Indischen Ozean und im Persischen Golf, mit Hilfe der Portugiesen Feuerwaffen zu erwerben. In weiterer Folge versuchten auch die Fürsten der westindischen Küsten zu Kanonen zu gelangen, da ihnen die Überlegenheit der neuen Waffe durch die Portugiesen sehr augenscheinlich demonstriert wurde. Sogar bis in den indonesischen Raum dringt die Kunde von der Wirkung der neuen Waffe, die islamischen Fürsten von Adjeh erbitten vom Sultan in Konstantinopel die Übersendung von Experten, um selbst Kanonen herstellen und den Portugiesen Paroli bieten zu können – eine Korrespondenz, die uns überliefert ist und die bereits weltpolitische Züge an sich trägt, wenn man die Entfernung von Sumatra bis zum Mittelmeer in Betracht zieht.

Kanonen wurden in dieser Zeit vor allem aus Bronze erzeugt. Nur dieses Metall vermochte die Hitze und den Druck, der beim Abfeuern entstand, einigermaßen auszuhalten. Die Bearbeitung von Eisen war zu dieser Zeit noch nicht perfekt, man versuchte es aber immer wieder. Der Grund für die Suche nach der perfekten eisernen Kanone war sehr einfach, verschlang doch Eisen nur ein Viertel der für Bronze aufzuwendenden Produktionskosten. Und so experimentierte man immer wieder, selbst wenn viele Geschütze aus Eisen schon nach wenigen Einsätzen explodierten. Mit der Zeit wurde die Technologie auch für Eisengeschütze besser, man lernte den Guss, der Metall ohne Risse produzierte; später, im 17. Jahrhundert – kam die Fertigkeit dazu, aus einem massiven eisernen Zylinder das Rohr herauszubohren. Führend waren die Engländer, denen es gelang, die Gusstechnik des Eisens in den Griff zu bekommen und brauchbare Geschütze herzustellen, die nicht beim ersten Schuss zerbarsten. Auch Schweden wurde später, vor allem im 17. Jahrhundert, dank seiner reichen Eisenerzvorkommen und den protoindustriellen Fertigungsstätten zu einem begehrten Lieferanten. In den allermeisten Beschreibungen des europäischen Kolonialismus des 16. Jahrhunderts erscheint die Überlegenheit des alten Kontinents in technologischer Hinsicht wie eine unwiderlegbare Tatsache. Als Gründe dafür werden die in allen Ländern gestiegene Waffenproduktion und die Fortschritte im Schiffsbau und im Seekriegswesen angegeben.[33] Ein besonderes Problem zu jener Zeit – neben der Unzuverlässigkeit der Kanonen und Musketen, der teuren Anschaffung, der Bedienung und des Transports – bildete freilich stets (und nicht nur bei den Osmanen) die mangelnde Zuverlässigkeit des Schießpulvers.[34] Herstellung, Lagerung, Transport und Sicherung waren komplexe Angelegenheiten. Ohne ausreichende Mengen trockenen Pulvers waren Artillerie und Musketiere zur Untätigkeit verdammt. Dabei ging es auch um die Qualität des Pulvers, die oft schwankte.

Zu all dem kam noch, dass es mit den technischen Mitteln der damaligen Zeit unmöglich war, eine gleichmäßige Qualität in allen Erzeugungsstätten zu erzielen. Dazu erhob sich noch die Frage der Lagerung, die ja wegen der immer vorhandenen Explosionsgefahr hohe Sicherheitsstandards verlangte – von den Gefahren beim Transport des Pulvers vom Lager zur Truppe ganz zu schweigen. Das damalige Pulver – im Wesentlichen eine Mischung von Salpeter, Schwefel und Holzkohle – hatte die Tendenz, sich bei langer Lagerung wieder in seine Bestandteile aufzulösen. Daher musste man bei der Aufbewahrung genau zwischen neuem und altem Pulver unterscheiden. Erst die modernere Methode der Granulierung sorgte für mehr Stabilität. Beim Transport war die Frage der Feuchtigkeit ein immerwährendes Problem, das besonders bei nassem Wetter und auch bei Flussdurchquerungen oder bei Schiffstransporten auftrat. Bei der Belagerung von Baghdad 1630 wurde durch eine Unachtsamkeit die Pulvernachlieferung für die osmanischen Belagerungstruppen nass, was den Ausgang des Feldzuges fast in Frage gestellt hätte.[35]

Im Osmanischen Reich wurde das Pulver dezentral in einer Anzahl von Mühlen zwischen Buda und Konya hergestellt.[36] Die erste Pulvermühle *(baruthane)* wurde von Bayezid II. errichtet. Im Jahr 1571 wurden dort 17 Tonnen Pulver erzeugt. Zusätzlich gab es Pulvermühlen in Belgrad, Konya, Birecik, Aleppo, Hama, Van, Baghdad, Rhodos, Gallipoli, Izmir, Selanik und Temesvar. Sie wurden staatlich finanziert und von staatlichen Kommissaren ge-

---

[33] siehe dazu Cipolla 1998.

[34] Bezüglich des Schießpulvers, das in den spanischen Kolonien Verwendung fand (und zu einem guten Teil aus Málaga stammte), hören die Klagen wegen mangelhafter Qualität praktisch nie auf: Reder Gadow 1988, Bd. II, p. 89-100.

[35] Grant 1999, 196 – mit Hinweisen auf die schlechtere Pulverqualität bei den Osmanen.

[36] Murphey 1999, 14, Grant 1999, 190.

leitet. Die Produktion, der Transport, das Sammeln und der Ver-
brauch wurden zentral aus Istanbul gesteuert. Es ist schwierig festzustellen, inwieweit vom Ausland Pulver bezogen wurde, doch
dürften im 15. und 16. Jahrhundert noch keine Ankäufe von außen getätigt worden sein. Im 18. Jahrhundert wurde dann allerdings Pulver aus Spanien und Schweden bezogen. [37]

Die Entwicklung der Handfeuerwaffen folgte mit einiger Verzö-
gerung der Artillerie, da es eben einfacher war, gröbere Geschütze
herzustellen als technisch aufwendigere Musketen und Arkebusen.
Dabei war auch die Handhabung der ersten Handfeuerwaffen höchst
umständlich, sie waren teuer und erforderten eine gründliche Ausbildung des Benutzers. Die Leistung der frühen Arkebusen ließ darüber hinaus viel zu wünschen übrig. Ein gut geschulter Bogenschütze konnte pro Minute zehn Pfeile abschießen, die auf eine Entfernung von 200 Metern noch trafen. Die Arkebuse des frühen 16.
Jahrhunderts benötigte mehrere Minuten, um zum Schuss bereit zu
sein und traf nur auf etwa 100 Meter genau.

Jedoch – ein Arkebusier oder später ein Musketier konnte relativ
leicht angelernt werden, während die Ausbildung zum Bogenschützen viel länger dauerte. Vielleicht liegt hier einer der Gründe, warum es im Wettlauf mit den Europäern auch im islamischen Bereich
zu den vielzitierten »gunpowder empires« gekommen war. Mit einer
harten Ausbildung und mit Drill konnten auch Bauernburschen zu
Musketieren gemacht werden, zu einem meisterhaften Bogenschützen wurde man nur aufgrund einer langen und sehr traditions-
behafteten Ausbildung und ein gefallener Musketier war leichter
ersetzbar als ein gefallener Bogenschütze. Vielleicht war die Überzeugung der Osmanen, so lange mit traditionellen Mitteln der Kriegskunst erfolgreich gewesen zu sein, ein Grund dafür, dass sie im Bereich der Kriegstechnologie immer wieder ins Hintertreffen gerieten. Zwar waren ihre Führer oft pragmatisch und akzeptierten neue
Technologien, aber sehr oft obsiegte am Sultanshof die konservative
Gruppe, die überzeugt war, sich als Vertreter eines bereits perfekten
Systems fühlen zu dürfen (nicht zuletzt untermauert durch die Idee,
als Moslem der einzig wahren Religion und somit auch auf dem
Gebiet des weltlichen Wissens einer Elite anzugehören).

Nichtsdestoweniger wurde allmählich der Musketier überall der
wichtigste Mann in der Armee, er verdrängte nach und nach die
Schwertkämpfer, die Spießer, die Bogenschützen und die Arm-
bruster. Man kann sagen, dass sowohl die Musketen als auch die

---

[37] Grant 1999, 195.

Artillerie am Beginn des 16. Jahrhunderts einen technischen Entwicklungssprung machten.[38] Hatte noch Machiavelli die Kanonen des 15. Jahrhunderts für reine Lärmmaschinen gehalten, so veränderte sich die Technologie rasch. Längst vorbei waren die Zeiten, da Geschütze teilweise noch aus mit Leder ummantelten Eisenstäben gefertigt waren, rasch war man zu gusseisernen und aus Bronze gegossenen Modellen übergegangen, die neben einer besseren Haltbarkeit auch ein geringeres Gewicht aufwiesen und auf Lafetten montiert werden konnten. Damit waren die Anfänge der Feldartillerie gegeben. In Europa wurde sie zum ersten Mal in den französisch-deutschen Kriegen eingesetzt und konnte in der Schlacht bei Mailand/Bicocca 1522 die auf französischer Seite kämpfenden Schweizer Gewalthaufen, die bis dahin eine gefürchtete taktische Einheit gewesen waren, niederwerfen. Hier wurden durch spanische Schützen auch erstmals Arkebusen eingesetzt. Sie schossen bis zu 200 Meter weit, ihre Geschosse durchdrangen jede Ritterrüstung. Diese Wirksamkeit der Arkebusen sollte langsam zur Abschaffung der schweren Rittertruppe führen, da nunmehr die sehr teure Panzerung keinen Schutz mehr gegen eine Kugel bot. Die langsame Schussfolge dieser Arkebusen – das Nachladen dauerte einige Minuten – gestattete zwar noch kein Dauerfeuer, ging sich aber schon für Salven gegen anreitende Ritter aus.[39]

Musketen (*tüfek*) wurden nach dem ältesten osmanischen Text über dieses Thema (*Enveri-Destürname*) relativ früh in der Armee eingesetzt, das genaue Datum ist nicht erhalten, aber 1465 waren sie nach Enveri schon sehr im Gebrauch und keine Neuheit mehr. Auch anlässlich der Belagerung von Konstantinopel 1453 wird schon über reichlichen Gebrauch von *schiopetti* (Musketen) berichtet. Eine deutsche Quelle spricht von den *puchsen,* die osmanische Angreifer bei Kenyermezö in Ungarn 1479 verwendeten. Eine allgemeine Verbreitung fanden sie offenbar ab 1500, jedenfalls berichtet der italienische Autor Spandugino, dass kurz nach 1510 den Janitscharen der Gebrauch der Muskete verpflichtend zur Aufgabe gemacht worden sei. Die Feuerwaffen der Osmanen behielten lange Zeit ihre eigenen speziellen Formen bei, mit ihren langen Läufen und gebogenen Schäften waren sie ausgeprägt »orientalisch«. Durch die längeren Läufe war ihre Tragweite sogar noch besser als die der europäischen Modelle.

Nicht nur die Riesenkanonen waren die Stärke des Osmanischen Reiches und seiner *topcular* (Artilleristen), auch im Bereich

---

[38] Fiedler 1985, 205; siehe auch: Murphey 1999, 291 ff.
[39] Creveld 1991, 109.

der Feldartillerie konnten spektakuläre Leistungen erzielt werden.[40] Wie schon erwähnt, hatten die Artilleristen des Sultans leichte Feldkanonen, von denen jeweils zwei mit einem Kamel transportiert werden konnten und die sie in der Schlacht einsetzten. Schwerere Kaliber wurden oft nicht auf Feldzüge mitgenommen, sondern vor Ort gegossen, um das Transportproblem zu umgehen. Als Sultan Süleyman I. 1529 Wien angriff, konnte er in seinem Heer von ca. 150.000 Mann bereits 300 Kanonen mitführen. Allerdings musste er, da es bereits Herbst war, den größten Teil der schweren Artillerie infolge schlechter Wegverhältnisse in Ungarn zurücklassen. Die Verteidiger konnten hingegen ihre leichten und mittleren Stücke gut einsetzen und die Belagerung knapp abwehren.

Die Osmanen verstanden es nicht nur, Kanonen meisterhaft herzustellen, sondern sie auch taktisch geschickt einzusetzen. Vor allem unter Selim I. (1512–1520) in den Schlachten von Caldiran gegen die safawidischen Perser unter Schah Ismail und gegen die Mamluken bei Marj Dabuk und Raydanya waren die Artillerie und die Musketen der Janitscharen maßgeblich am Sieg beteiligt. Die Mamluken hatten keine zweite Chance mehr, sich gegen die Osmanen zu stellen, die Perser aber lernten ihre Lektion. In den kommenden Auseinandersetzungen mit den Osmanen vermieden sie es tunlichst, sich offenen Feldschlachten zu stellen, zumal sie mit der Ausrüstung von Kanonen und Musketen noch immer im Hintertreffen waren. So setzten sie klugerweise auf die Taktik der verbrannten Erde und waren im Allgemeinen erfolgreich damit: Zwar eroberten die Sultane die Tiefebenen Mesopotamiens, ins iranische Hochland vorzudringen gelang ihnen aber schon nicht mehr. Die logistischen Probleme waren einfach zu komplex.

Ein Gedanke zum Einsatz der Technik in den Schlachten der frühen Neuzeit drängt sich hier auf. Eigentlich war es gar nicht die Technologie als solche, die den Krieg oder die Schlacht entschied, sondern die Fähigkeit, die technisch hochwertigen Waffen ihrem Wirkungsgrad entsprechend einzusetzen – also an der richtigen Stelle und zum richtigen Zeitpunkt. Alles lief darauf hinaus, die Mannschaften gut auszubilden und eine mit der Kriegslogik bestens vertraute Führung sowie eine Organisation zu besitzen, die logistisch auf der Höhe der Zeit war. All diese Elemente mussten verbunden werden, um ein effizientes Ganzes zu erzeugen. Noch dazu musste die gesamte Struktur auch auf den jeweiligen Gegner

---

[40] Siehe Murphey 1999, 109, wo er darauf hinweist, daß die Osmanen Feldgeschütze vor Ort gießen konnten.

abgestimmt sein. Die Verbindung all dieser Erfordernisse gelang der osmanischen Kriegsmaschine lange Zeit besser als den meisten ihrer Gegner und dieser Umstand machte ihre Erfolge aus.

Zur Entstehung osmanischer Militärpolitik: *ghazi*, Militärsklaven, Soldaten

Um die Wende zum 17. Jahrhundert kam es zu einer langsamen strukturellen Veränderung der osmanischen Armee. Nicht mehr die klassische Zweiteilung in *sipahi* und *kul* dominierte, sondern das *levend*-Aufgebot: Aus der Notwendigkeit heraus, stärkere Infanterietruppen an Ort und Stelle zu haben, wurden mehr *martolos* (Christen) und *azeb* (Unverheiratete) ausgehoben. Mit dem alten System – Janitscharen und Sipahis – wurden die benötigten Truppenstärken nicht mehr erreicht. Wir dürfen nicht vergessen, dass auch die Festungsbesatzungen eine beträchtliche Zahl von Soldaten in Anspruch nahmen, sodass immer weniger Truppen für den Kampf bereitstanden. Der Umstand, dass immer mehr auf Soldbasis angeworbene Männer zum Einsatz kamen, war auch ein entscheidender Faktor für die Entfremdung der Soldaten von ihrem Ursprungsland und letztlich einer der Gründe für die so genannten *Celali*-Aufstände des 17. Jahrhunderts. *Celalis* waren abgerüstete Soldaten, die keine heimatlichen Wurzeln mehr besaßen und sich zu räuberischen Gruppen zusammenrotteten. Sie bedrohten manchmal ganze Provinzen und mussten von der Zentralregierung mühsam unter Kontrolle gebracht werden. Darüber hinaus wurden von der Armee auch Gruppen von Männern angeworben, die sich selbst mit Musketen ausrüsteten und nur ihrem Kommandanten gegenüber loyal waren, was zu beträchtlichen Verzerrungen im Kommandogefüge führte – ein Phänomen, das man ja auch von den deutschen Landsknechten her kennt. Nach der Abrüstung gab es jedes Mal Massen bewaffneter Männer ohne Besoldung, die sich selbst um ihren Unterhalt kümmern mussten.

Tiefgreifend waren vor allem die strukturellen Veränderungen, die während des langen Türkenkrieges im osmanischen Heer vor sich gingen.[41] Die überragende Bedeutung der Sipahis und der *Kapukullu*-Truppen nahm ab. Einerseits waren viele der Timare nicht mehr groß genug, um für ihre Inhaber als Existenzsicherung und Reserve während eines Kriegszuges zu dienen. Andererseits

---

[41] siehe dazu Finkel 1988, 39 und die ausgezeichnete Arbeit von Jean Paul Niederkorn: Niederkorn 1993.

vernichtete der lange Krieg viele altgediente, erfahrene Männer, was zu einem unverhältnismäßig hohen Anteil von kurzfristig angeworbenen und auf Soldbasis bezahlten Truppen führte. Das *Devsirme*-Ausbildungssystem kam mit dem gestiegenen Bedarf nicht mehr mit und verlor seine Bedeutung. Durch die überaus große finanzielle Belastung der Staatskasse kam es auch oft zu Rückständen in der Soldzahlung und vor allem zu einer großen Geldentwertung, die zu Unruhen und anderen Missständen führte.

Wenn das schwindende Soldeinkommen nicht durch Kriegsbeute verbessert werden konnte, versuchte man im Heer, durch andere Aktivitätenzu Geld zu gelangen. Die Janitscharentruppen begannen sich langsam zu verselbstständigen. Sie hatten Familien, begannen mit Geldverleih ihren Lebensunterhalt abzusichern oder betrieben ein Gewerbe. Im Kriegsfall ließen sie sich oft gegen Entgelt vertreten, pochten aber immer auf ihre Rechte und waren schnell bereit, »den Suppenkessel umzustürzen« – zu revoltieren. Besonders die Trennung der Janitscharen in Pfortentruppen und in Provinztruppen, die in verschiedenen Städten dauernd kaserniert waren, führte in der einst so disziplinierten Truppe zu Auflösungserscheinungen, die sich bereits am Ende des 16. Jahrhunderts bemerkbar machten. Das einst so berühmte Korps wurde zu einem Unruhefaktor ersten Ranges im Reich. Die Truppe konnte ihre Politik, Sultane zu stürzen, bis ins 19. Jahrhundert fortsetzen und wurde schließlich 1826 von Sultan Mahmud II. im Rahmen einer blutigen Aktion (*vaka-i hayriye* = heilsamer Vorfall) aufgelöst.[42]

Die philosophisch-religiöse Grundlage der osmanischen Kriegsführung war die extreme Auffassung vom *bellum iustum* auf Basis des Heiligen Krieges, des »Djihad« (türkisch *cihad).*[43] Diese Vorstellung vom »gerechten Krieg« deckte sich im Prinzip ja auch mit der Kreuzzugsideologie des Abendlandes. Mindestens ebenso wichtig aber ist ein parallel dazu schon längst etabliertes *laizistisches* Rechtsempfinden. Nach der damaligen Rechtsauffassung beider Seiten, sowohl des Abendlandes als auch des Orients, hatte jeder Souverän eines Staates das Recht, Kriege zu erklären und Frieden zu schließen. Das war die Praxis, die sich in der staatsrechtlichen Ideologie und Rechtsprechung bis zum Ende des Ersten Weltkrieges hielt.[44]

Die osmanische Führung – in den meisten Fällen der Sultan selbst, bisweilen aber auch der Großwesir – bereitete in der Regel

---

[42] Siehe dazu Shaw 1976, 170 f. (Gründe für den Niedergang der Janitscharentruppe).

[43] Faroqhi 1995, 46 f.

[44] Münkler 1992, 36.

jede größere Auseinandersetzung mit einem äußeren Feind sorg-
fältig vor. Die Periode der ersten zehn Sultane, von Orhan bis
Süleyman I., wird dabei in der Geschichtsschreibung als jene klas-
sifiziert, in der die Politik noch primär vom Willen des Herrschers
getragen wurde. Aber bereits unter Süleyman verändern sich diese
Parameter – erweitert sich die politische Sphäre auf das höfische
Umfeld, in diesem Fall repräsentiert durch Süleymans Gattin
Roxelane. Die Sultanin läutete eine Herrschaft des Harems (und
teilweise auch mächtiger Großwesire) ein, die sich unter ihren
Nachfolgerinnen – darunter so manche ehemalige Christin – noch
verstärken sollte.

Doch zurück zur Frage der Kriegsführung. Es wäre ein großer
Fehler anzunehmen, alles Drängen und Trachten der Sultane hätte
einzig der weltweiten Dominanz des Islam gegolten.[45] Die meisten
Kriege führten osmanische Herrscher aus tages- und machtpoliti-
schen Gründen. Dabei kam es ihnen nicht immer darauf an, ein
Land direkt zu unterwerfen und einzugliedern, in vielen Fällen
genügten formelle Unterwerfung und Zahlung eines jährlichen
Tributes (Beispiel: die Walachei). Das ging so weit, dass selbst die
Habsburger – jedenfalls nach türkischer Lesart – den Osmanensultanen tributpflichtig waren (bis zum Friedensschluss von Zitva
Torok 1606). Den Osmanen von vornherein den Charakter eines
kriegsfanatischen Volkes zuzuschreiben, ist genauso realitätsnah wie
die Vorstellung vom »stolzen Spanier«.

Es mutet vielleicht paradox an – aber das System der Kaste der
Janitscharen, die bis zu ihrer Niedergangsphase im 18. Jahrhundert
eine der modernsten Truppen ihrer Zeit waren und nicht unerheb-
lich zum Ruf der Unbesiegbarkeit der osmanischen Armee beitru-
gen, hat seine Ursprünge in der alten orientalischen Institution des
Militärsklaventums. Ayalon beschreibt die Wirkung der Idee des
Militärsklaventums auf den islamischen Raum wie folgt: »Während
des größten Teils seiner Geschichte – die, wenn man von seinen
noch älteren Wurzeln absieht, vom 9. bis zum 19. Jahrhundert, also
ein gutes Jahrtausend währte – war dieses System wie kein zweites
Element entscheidend für die militärische Stärke der islamischen
Welt – sowohl in der Offensive als auch in der Defensive.«[46]

Schon arabische Herrscher wie die Abbasiden hatten eine gewisse Zahl von männlichen Sklaven, zumeist Angehörige von
Turkstämmen, als Leibwache eingesetzt. Der Grund ist einleuch-

---

[45] Murphey S. 1.
[46] Ayalon 1996, 6.

tend genug: sich mit Fremden die Angehörigen des eigenen Stammes möglichst vom Leibe zu halten. Sklaven waren als völlig von ihrem Herrn abhängige Subjekte dafür bestens geeignet. Auch das heutige Bewachungssystem saudiarabischer Prinzen hat sich im Prinzip durch die Jahrhunderte nicht verändert und geht von der Überlegung aus, tunlichst keine Angehörigen eines einheimischen Stammes zum Personenschutz einzusetzen. So wird zum Beispiel der unmittelbare Personenschutz vom europäischen Angestellten einer Wachgesellschaft gewährleistet, den Schutz des Hauses innerhalb der Mauern nehmen pakistanische oder Sikh-Söldner wahr und der Schutz außerhalb der Mauern erfolgt durch Polizei oder Soldaten, die oft aus dem Jemen stammen. Dieses struktural uralte Modell erzählt von den Ängsten der Herrscher vor Attentaten aus den eigenen Reihen.

Aus den turkstämmigen Leibgarden der Khalifen entwickelten sich die Kriegssklaven, die *mamluken,* die schon zur Zeit der Abbasiden wichtige politische Rollen spielten. Diese Militärsklaven waren sozusagen die Aristokraten unter den Unfreien[47]. Die Araber rekrutierten ihre Sklaven aus allen Teilen ihres Herrschaftsgebietes, unter anderem auch unter den Turkstämmen der zentralasiatischen Steppengebiete. Diese Turkkrieger waren aufgrund ihrer Tapferkeit und Loyalität besonders geschätzt, dazu kam noch ihre frugale Lebensweise und der meisterhafte Umgang mit dem Bogen, der sie als Krieger besonders begehrenswert machte. Sie wurden entweder aus den Reihen von Gefangenen ausgewählt oder man kaufte sie in den Grenzgebieten des Abbasidenreiches. Schon zu dieser Zeit begann man Knaben auszuwählen, die nach Baghdad gebracht wurden, wo sie eine islamische Erziehung erhielten und später als Militärsklaven verwendet wurden. Hierin eine echte Vorläuferschaft der osmanischen »Knabenlese« (Rekrutierungsform der Janitscharen) zu sehen, erscheint legitim.

Diese Sklaventruppen dienten dem Khalifen als Leibwache oder als Elitetruppe. Ihre Loyalität galt jedoch nicht immer dem Khalifen *ad personam,* vielmehr in erster Linie ihrem jeweiligen Anführer. Vorteilhaft war andrerseits die Leichtigkeit, mit der sich eine solche militärische Einheit laufend von außen ergänzen ließ, was vor allem politisch nicht unpraktisch war: konnte sich auf diese Weise doch aus den Reihen der Militärs kein erblicher Adel entwickeln, der dann womöglich Machtansprüche erhoben hätte. Selbst die Mamlukensultane, die Ägypten und Syrien von 1260 bis 1517

---

[47] Lewis 1999, 8.

regierten und selbst Abkömmlinge von Sklaven waren, achteten sehr genau darauf, dass ihre eigenen – freien – Nachkommen aus der militärischen und politischen Szene herausgehalten wurden, um damit Konflikte in der Nachfolge zu vermeiden.

Die Sklavenarmeen, die aus den kleineren Mamlukeneinheiten entstanden, waren aufgrund ihrer Loyalität und weil sie praktisch für das Kriegshandwerk lebten, militärisch sehr erfolgreich. Damit unterschieden sie sich von den Angehörigen europäischer Heere, die entweder Söldner waren oder zum Kriegsdienst gepresste Bauern. Söldner waren zweifelhafte Kombattanten, wenn der Sold nicht gezahlt wurde und Bauern hatten immer eine starke Tendenz heimzukehren, um den Hof bestellen zu können.

Diese Institution des Militärsklaventums, das den Osmanensultanen bekannt war, wurde von ihnen in Form der *kul*-Ideologie übernommen. Der Sultan als absoluter Herrscher bezeichnete an sich alle seine Untertanen als *Kul*, das heißt, dass er zumindest symbolisch der Herr über eine Bevölkerung war, die aus Sklaven bestand, egal, ob sie es nun im streng juristischen Sinne auch tatsächlich waren. Auch hohe Beamte der Pforte bezeichneten sich im Schriftverkehr mit dem Herrscher als *kul*. Dabei wurde diese Selbstbezeichnung eigentlich als Zeichen der absoluten Loyalität und Treue zum Sultan verwendet (etwa in der Art, wie man sich auch im christlichen Abendland als »gehorsamer« ja sogar »untertänigster Diener« eines Fürsten bezeichnete). Die Janitscharen nannte man *kapukullari*, d.h. »Pfortensklaven«, worin sich ihre Bindung an den Sultan manifestierte.

Ein weiterer Faktor war das so genannte Ghazitum. So wie die europäischen Ritter ihren Ehrenkodex hatten, entwickelte sich bei den türkischen Kriegern eine ähnliche Ideologie, die des *ghazi*.[48] Ghazis sind Streiter für die Reinheit und die Verbreitung des islamischen Glaubens. Besonders in der osmanischen Frühzeit beflügelte diese Idee die osmanischen Kämpfer. Dabei spielten volkstümliche religiöse Bruderschaften eine große Rolle. Der Sufismus beziehungsweise die *futuwwa* (mystische Bruderschaft bzw. ethische Regel) waren weitere Institutionen, worin sich die Kämpfer auf spiritueller Ebene verbanden.

Der Ausdruck Ghazi wurde auch als Ehrentitel für Persönlichkeiten der osmanischen Politik verwendet und war ein Bestandteil des Sultanstitels. In der osmanischen Geschichtsschreibung und in den Legenden finden sich eine Reihe von Helden, die den Titel

---

[48] Sugar 1977, 11; Weissmann 1987, 16.

Ghazi trugen, wie zum Beispiel Sari Saltuk, der allen Kriegern bekannt war und ihnen als leuchtendes Vorbild diente. Der Ehrentitel Ghazi wurde sogar noch im 20. Jahrhundert verliehen – an
niemand Geringeren als Mustafa Kemal Atatürk, den Begründer
der modern-laizistischen Türkischen Republik.

Diese religiös-kriegerische Ideologie war letztlich wichtig für
die innere Stärke des Osmanischen Reiches selbst und spielte eine
wichtige Rolle für die psychologische Kriegsführung. Sie war, solange die Macht der Sultane ungebrochen und die Führung straff
war, ein verlässlicher Garant für die Schlagkraft der Armee. Der
Glaube an die Größe und Unbesiegbarkeit war eine starke Motivation und verschaffte dem Einzelnen das notwendige Gefühl der
Überlegenheit gegenüber anderen. Auch nach außen wirkte die
geschlossene Struktur des Osmanenstaates stark; Staatsrechtler und
Gelehrte des 15. Jahrhunderts bewunderten ihn, sogar Machiavelli stellte Sultan Mehmet II. in seinem Werk »Il principe« als leuchtendes Beispiel eines Herrschers dar, der durch keine juristischen
Fesseln behindert war und sich nicht ständig mit einem aufmüpfi-
gen Adel herumschlagen musste. Die mächtige Ideologie von der
Einheit des Islam und des Osmanenstaates wirkte lange Zeit nach
und der Mythos von der Größe des Reiches war durch Jahrhunderte hindurch eine Klammer, die selbst in Zeiten des Verfalls noch
die Bindungen aufrechterhielt. Unter diesen Voraussetzungen kann
es auch nicht verwundern, dass bisher kein islamisches Reich von
so langer Dauer war wie der Osmanenstaat.

Verfallserscheinungen?
Oder nur eine Atempause … Zur Frage der »Dekadenz«

In einem viel beachteten orientalistischen Werk lesen wir: »Das
Osmanische Reich, das die lange Landroute zwischen Kleinasien
und Europa beherrschte, gehörte eigentlich zu keinem von den
beiden Erdteilen. Für die Europäer stellte es all die schlechten
Qualitäten dar, die mit dem Orient verbunden werden: Exotik,
Grausamkeit und Täuschung. Für die unmittelbaren Nachbarn
im Süden und Osten stellte es einen Fremdkörper dar, der lokale
Ambitionen unterdrückte. Es wird noch lange dauern, bis die
moderne Geschichtsforschung dieses Bild wieder so korrigiert haben wird, dass es ohne Verzerrungen betrachtet werden kann.«[49]

---

[49]   Wheatcroft 1995, XXI.

Die Geschichtsdarstellung des türkisch-osmanischen Reiches
leidet sehr stark unter den negativen Bildern, die vor allem die
politische Propaganda des 19. Jahrhunderts gezeichnet hat. Zur
Zeit der ersten zehn Sultane, also bis zum Ende des 16. Jahrhunderts war das Türkenbild der Europäer ein eher günstiges, da man
das Großreich zwar fürchtete, aber auch bewunderte. Erst mit den
militärischen Niederlagen des 18. Jahrhunderts wurde das Image
schlechter. Die katholische Gegenreformation, die besonders in
der religiösen Darstellung »die Türken« als Strafe Gottes auf Erden
propagierte, tat ein Übriges. In den Augen der westlichen Gesellschaft besonders des 19. Jahrhunderts entstand das Bild eines
Feudalstaates, angesiedelt irgendwo in der Mitte zwischen asiati-
schem Despotismus und patriarchaler Autorität.[50]

Eifrig befördert wurde diese europäische Darstellung der osmanischen Geschichte durch eine Reihe von Verfallstheorien, die
den Beginn des »Abstiegs« so früh wie möglich – tunlichst schon
am Ende der großen expansiven Phase (also etwa ab 1600) – an-
setzen zu müssen glauben, wobei sie in allen möglichen Ereignissen militärischer oder wirtschaftlicher Art »den Verfall« wittern,
sei es nun die missglückte Belagerung von Wien 1683 oder die
allmähliche Auflösung des Timar-Systems.

Die häufigsten Behauptungen einer solchen Historiographie
sind dabei folgende:

- »Die Verfallsperiode des Osmanischen Reiches begann 1566,
  mit dem Todesjahr Sultan Süleymans I. – wenngleich diese
  Bewegung langsam war, manchmal unterbrochen wurde und
  immer im Kontrast zum vorangegangenen ›Goldenen Zeital-
  ter‹ (Süleymans) beziehungsweise zum bemerkenswerten Fortschritt der europäischen Staatenwelt gesehen werden muß.«
- »Die überseeischen Entdeckungen der Europäer machten
  diese reich, während die Osmanen daran nicht teilnehmen
  konnten.«
- »Der Westen entwickelte neue und fortschrittlichere agrarische
  Methoden, Technologie und Industrie auf der Grundlage der
  Aufklärung, welche nur ein schwaches Echo im Osmanischen
  Reich hinterließ.«
- »Im Osmanischen Reich konnte sich kein Bürgertum entwi-
  ckeln, das zur Prosperität des Staates beigetragen hätte.«
- »Die 17 Sultane nach Süleyman I. waren größtenteils schwach,
  korrupt und inkompetent.«

---

[50] Goldstone 1991, 354.

- »Die Korruption, die Bestechung und der Nepotismus schwächten das Reich.«
- »Das Militärwesen wurde ebenfalls geschwächt, die Knabenlese aufgelassen, die Janitscharen wurden auch in den Provinzen angesiedelt, wo sie sich zu unabhängigen Kräften entwickelten. Die Provinzkavallerie der Sipahis wurde durch die Musketen der Europäer überflüssig.«

Bei der Untersuchung all dieser immer wieder angeführten Argumente, die zum Teil heute noch gelten – interessanterweise auch in der offiziellen türkischen Geschichtsschreibung –, muss man sehr differenziert vorgehen. In einem anderen Licht betrachtet, könnte vieles ganz anders aussehen (ein Reflex, den man innerhalb der neueren und neuesten Fachliteratur übrigens schon wahrnimmt).

Zunächst einmal muss man ganz allgemein die Maßstäbe, die für Verfallstheorien angewandt werden, hinterfragen. Man ist geneigt, sich hier den Argumenten von Jonathan Grant anzuschließen[51] – also den Finger unverzagt auf die Wunde der »Dekadenztheorie« zu legen, mit anderen Worten: die profunde definitorische *Problematik* von Begriffen wie »Verfall« oder »Abstieg« herauszustellen. Der Ausdruck »Verfall« ist dabei eher ein moralisches Werturteil westlicher Denker als ein sachliches Argument der Geschichtsschreibung. Auch die Verwendung im militärischen oder ökonomischen Sinn ist problematisch, da meist Vergleiche auf schiefer Ebene getätigt werden. Das Osmanische Reich, das oft mit Europa oder dem Westen verglichen wurde, agierte eben nicht in Westeuropa, sondern unter anderen Verhältnissen in Osteuropa und im östlichen Mittelmeer bzw. im Nahen Osten, wo die ökonomischen, klimatischen und soziologischen Umstände ganz verschieden sind. Selbst wenn man nur die Kriterien heranzieht, die der vorliegenden Studie zugrunde liegen – Waffenproduktion, Waffenbeschaffung und technologische Kapazitäten –, lassen sich bis zur Mitte des 19. Jahrhunderts keine unüberwindlich großen Abstände zu Europa feststellen. Dann allerdings – etwa ab 1850 – musste das Osmanische Reich aufgrund seiner finanziellen Abhängigkeit von europäischen Geldgebern die eigene Waffenproduktion durch Importe aus Europa ersetzen und geriet in den bekannten Teufelskreis, dass nämlich der militärische Wettlauf zu Geldmangel führt – und dieser schlussendlich dazu, dass man den Wettlauf verliert.

Vielleicht könnte eine vernünftige Antwort auf die verschiedenen Verfallstheorien so lauten: »Das Bild eines Osmanischen Reichs,

---

[51]   Grant 1999, 180 f.

das sich von 1566 bis zu seinem Ende im Jahre 1918 in fortgesetztem Niedergang befunden haben soll – also während einer Zeitspanne von mehr als 350 Jahren – ist ganz klar eine Verzerrung der Realität. [...] Die osmanische Geschichte weist genau jenes wellenförmige Muster auf – worin sich Schwäche und Stabilität abwechseln –, wie man es auch in Europa oder China bemerken kann; und noch dazu in exakt vergleichbaren zeitlichen Intervallen«.[52] Gegebenenfalls könnte man von einem *relativen* Abstieg der Osmanen sprechen – einem »Abstieg«, der dann mehr auf den Fortschritt anderswo, in Nordwesteuropa zum Beispiel – zurückzuführen wäre als auf eine andauernde Auflösung des Reiches selbst.[53] Es sollte nicht verwundern, wenn Untersuchungen dieser Art letztlich in einer interessanten These münden: dass nämlich das Osmanische Reich wie auch China *zyklischen Bewegungen* ausgesetzt war, die auf Änderungen im demographischen Wachstum, fiskalischen und wirtschaftlichen Schwierigkeiten, auf sozialen Konflikten beruhten (bis hin zu Bürgerkriegen), wobei aber die Sultane, wenn auch mit Mühe, immer wieder die Balance im Inneren herstellen konnten. Zu solchem Befund passt denn auch die nicht gut zu leugnende Faktizität spektakulärer militärischer Erfolge auch noch in späterer Zeit – angefangen von der Eroberung Kretas 1669 oder dem Sieg an der Pruth 1711 über die Russen unter Peter dem Großen bis hin zum durchaus erfolgreichen Roll-back der habsburgischen Ambitionen auf dem Balkan.

Dies einmal klargestellt, kann dann objektiv und unaufgeregt geforscht werden, wo sich denn nun tatsächlich eine »Entwicklungsschere« zwischen West und Ost auftat. Denn freilich stimmt auch dies: zum Beispiel ein allmähliches, seit dem Ende des 16. Jahrhunderts erstmals zu erahnendes »Überholt-Werden« durch den Westen; zum Beispiel ein neuer Trend in der Waffentechnologie, wo die Fertigung immer professioneller und das heißt zusehends auf protoindustrieller Basis erfolgt. Aber auch da ist wieder Vorsicht am Platz. Einigermaßen deutlich wird diese Wendung erst in der Zeit nach dem Dreißigjährigen Krieg ...

Ein weiterer Punkt: In den europäischen Heeresorganisationen zeigen sich erste Ansätze von Merkmalen moderner Armeen. Es bilden sich – wiederum ganz allmählich – Überlegenheiten im Bereich der Handfeuerwaffen heraus, die Kavallerie wird immer stärker mit Pistolen und Karabinern ausgerüstet, auch verbessern

---

[52] Goldstone 1991, 354 f.
[53] Goldstone 1991, 393.

sich Ausbildung und Bewaffnung der Infanterie. Aber bis in die
Mitte des 18. Jahrhunderts kann sich die osmanische Armee als
aktiver Teilnehmer am Austausch von Fachwissen die herrschende
militärische Technologie immer wieder aneignen und die entsprechenden Experten an sich binden. Behauptungen europäischer
Militärbeobachter des 18. Jahrhunderts, die Mängel bei der
Kanonenproduktion im Osmanischen Reich erwähnen, die über
schlechte Materialien beim Guss berichten oder Nachteiliges über
Ressourcen und Rohstoffe zum Besten geben, können genauso gut
stimmen wie zu Propagandazwecken erfunden worden sein. Man
sollte sich hier stets der alten Rivalität Preußen-Österreich erinnern, wo ja auch ein guter Teil des Kampfes darin bestand, dem
Gegner die schlechtere Armee, die unfähigeren Generäle und das
größere Chaos bei der Versorgung nachzusagen.

Was über jeden Zweifel erhaben bleibt, sind ein paar Feststel-
lungen: Dass das Osmanische Reich durch seine schiere Größe,
durch die Kette seiner militärischen und politischen Erfolge bis
zum Ende des 16. Jahrhunderts im Mittelmeerbereich die einzige
echte Großmacht im modernen Sinn war. Dass es sich hier um
einen in sich abgeschlossenen Staat islamischer Prägung handelte,
der nichtsdestoweniger zugleich als einer der frühesten »neuzeitlichen« Staaten Europas angesehen werden muss, der – von den
Zeitgenossen ohnehin, aber zusehends auch von einer sensiblen
Orientalistik und Fachwissenschaft – als kongenialer Partner und
Spieler im Konzert der Renaissance-Mächte wahrgenommen wurde und wird. Und dass dieser Staat, mit seinem beachtlichen Netz
von Handelsbeziehungen und einem regen diplomatischen Verkehr, nach 1650 auf einmal weniger intensiven intellektuellen und
wissenschaftlichen Kontakt mit dem Ausland gepflogen haben soll
als zu Süleymans I. Zeiten,[54] ist a priori nicht glaubwürdiger als die
gegenteilige Annahme.

»Die Renaissance und die technischen Entwicklungen gingen
an der gebildeten osmanischen Führungsschicht teilweise vorbei.«
Gewiss: viele Kontakte zwischen der osmanischen Staatsspitze und
dem Westen erfolgten über Mittelsmänner – etwa über die Pforten-
dolmetscher (meist Juden und Italiener, Armenier und Griechen).
Und auch das stimmt: Viel länger als zum Beispiel im zeitgenössischen Spanien wurden im Ausland keine festen Botschaften unterhalten, sogar die Kontakte mit den europäischen Botschaften in
Istanbul wurden über den Großdragoman abgewickelt, der sehr

---

[54] Lewis 1998, 116.

oft ein Grieche war. Und es gab nur wenige Muslime, die westliche Sprachen studiert hatten und bis ins 18. Jahrhundert waren gute Übersetzungen ausländischer Bücher rar. Der Islam förderte die intellektuellen Kontakte mit dem Westen nicht, im Gegenteil, man versuchte, sie zu verhindern. Darüber hinaus litt das Osmanische Reich in anderen Bereichen, vor allem aber litt es an der langsam immer drückender werdenden Überlegenheit des Westens, die seiner eigenen Expansion Grenzen setzte. Dazu kam, dass ein immer größerer Anteil des Heeres aus festbesoldeten Truppen bestand, was wiederum die Staatskasse in Defizite stürzte. Notwendige Reformen wurden aus Geldmangel nicht durchgeführt.

Auf der anderen Seite rief die konservative Haltung einer strikt formalistisch-islamisch argumentierenden *ulema* (Gelehrtenschaft) auch die Gegenreaktion eines »Hungers nach Aufklärung« auf den Plan: Den andauernden Zwistigkeiten in der obersten Führungsschicht im 17. und 18. Jahrhundert, wo sich die Partei der Neuerer mit der Partei der Bewahrer über die Politik des Reiches stritt, gebührt hier wohl nicht weniger Aufmerksamkeit als dem ohnehin ständig überstrapazierten »islamischen Charakter«. Ohne Zweifel war ein großer Teil der osmanischen Elite daran interessiert, die Fortschritte des Westens auch dem Osmanischen Reich zugute kommen zu lassen, man konnte sich auch phasenweise behaupten und es war nicht unbedingt immer und überall ausgemacht, dass sich jene Fraktion durchsetzen würde, die eine Lösung der Staatskrise ausschließlich in der Rückkehr zu den traditionellen Werten der klassischen Zeit und ihr Heil in der Wiederbelebung des Altbewährten erblickte.

Das Osmanische Reich – ein Militärstaat?

Immer wieder wird die These vertreten, dass die dauernden Kriege die Staatskasse des Reiches überbeansprucht hätten, und dass damit kein Geld für Investitionen im zivilen Bereich oder in der Wirtschaft übrig geblieben wäre. Oder mit anderen Worten: dass das »gunpowder empire«[55] durch seine Übermilitarisierung für zivile Anliegen zu wenig Raum gelassen hätte. Einige gute Gründe sprechen *gegen* diese These.

Zunächst muss in Betracht gezogen werden, dass die Größe des Reiches am Ende des 16. Jahrhunderts ca. 1,3 Millionen km² betrug; seine Bevölkerungszahl zu dieser Zeit wird auf 20 Millionen Menschen geschätzt. Damit war das Osmanische Reich grö-

---

[55] Murphey 1999, 185.

ßer als jeder europäische Staat. Und gemessen an der Bevölkerungszahl war das Aufgebot des Heeres, selbst wenn man eine Zahl von
250.000 Mann unter Waffen annehmen will, bevölkerungspoli-
tisch durchaus tragbar.

Was die fiskalische Seite anlangt, so darf auch nicht vergessen
werden, dass im 15. und 16. Jahrhundert das Steueraufkommen
immer noch zum größten Teil aus Naturalabgaben bestand, und
dass ein großer Teil der Truppen, allen voran die Sipahis, aus den
Timar-Einkünften (Militärlehen) bezahlt wurde, somit auch von
dieser Seite kein übermäßiger Bedarf an Bargeld erwuchs. Lediglich die *kapukullu* (Pfortentruppen) wie Janitscharen und Pfor-
tensipahis wurden von Anfang an mit Bargeld entlohnt.

Im 17. Jahrhundert, als die zunehmende Fiskalisierung der
Abgaben begann und auch Bauern ihre Abgaben in Silber entrich-
ten mussten, begannen die finanziellen Schwierigkeiten des Osmanenstaates, die noch durch Inflationsschübe verstärkt wurden (her-
vorgerufen durch spanisches Silber, das massenhaft in die Wirtschaft eindrang). Doch auch da ist wieder ein ruhiges Abwägen
allen vorschnellen Schlüssen vorzuziehen. Wenn wir uns die tatsächlichen Zahlen ansehen,[56] so betrugen die Ausgaben für die
Pfortentruppen zwar bis zu 70 Prozent des Staatsbudgets – doch
berechtigt auch das nicht automatisch zur Annahme, dass der Staat
durch das Militär in den Bankrott getrieben worden wäre. Zunächst war es eine Tatsache, dass die Kosten für das Heer in allen
Staaten jener Zeit ähnlich hohe Prozentsätze an Militärausgaben
verursachten, darüber hinaus darf man nicht vergessen, dass es kein
fiskalisches Verrechnungssystem des Staates gab, welches alle Einnahmen und Ausgaben lückenlos erschloss, und zuletzt weiß man
auch, dass bis zum Ende des 16. Jahrhunderts die Saldi der Einnahmen im Verhältnis zu den Ausgaben der Zentralverwaltung
positiv waren und sich Defizite erst ab dem Ende des 17. Jahrhunderts einzustellen begannen. Nicht berücksichtigt sind hierbei die
Finanzgebarungen der Provinzen.

Tatsache ist, dass die Größe des Reiches, die Vielfalt seiner
Regionen als Quellen menschlicher und materieller Substanz ihm
bis ins 18. Jahrhundert den Status einer Großmacht, wenn auch
nur einer regionalen, gesichert haben. Die Führung war zumeist
flexibel und anpassungsfähig genug, sich verschiedener Hilfsquel-
len zu bedienen. So wurde zum Beispiel im Heerwesen sehr gern

---

[56] Heppner 1979, 139.

das militärische Potenzial von befreundeten oder Vasallenstaaten zur eigenen Entlastung herangezogen. Man denke dabei nur an die Kontingente der Krimtataren aus der Giray-Sippe oder auch an die Galeeren der osmanischen Flotte, die nicht alle immer vom Staat selbst bezahlt, sondern von Barbareskenverbündeten ausgerüstet wurden. Darüber hinaus erhielt man Hilfs- und Tributgelder von den Habsburgern, den Ragusanern und anderen Vasallen, die sich auf diese Weise ihren Frieden erkaufen mussten.

Im eigentlichen militärischen Bereich muss man freilich nach der langen Phase der großen Expansionen des 15. und 16. Jahrhunderts die ersten Anzeichen einer Schwächung des Systems im Zuge des »Langen Türkenkriegs« (1599–1606) feststellen.[57] Dabei wurden die militärischen Misserfolge der Osmanen weniger durch die christliche Überlegenheit als vielmehr durch die eigene politische und militärische Zwangslage bewirkt. In diesem kräftezehrenden Krieg war das Osmanische Reich psychologisch nicht mehr der gefürchtete Gegner, der alles bezwang: man musste bereits alle Kräfte aufbieten, um die Herrschaft an der Westgrenze sichern zu können. Die Gründe für diese Konstellation lagen einerseits im vorangegangenen kostspieligen Krieg mit den persischen Safawiden, der viel Substanz gekostet hatte, andererseits in den inneren Unruhen, den schon erwähnten Celali-Aufständen, deren Befriedung wiederum zu Schwächungen der Staatskasse und der Kampfkraft führte. Auch im ehemals vorbildlichen Heer selbst bildeten sich Risse: die qualitative Auslese an Soldaten, insbesondere die der Janitscharen, nahm ab. Das System kam mit dem gestiegenen Bedarf an ausgebildeten Soldaten nicht mehr mit und die Qualität der Truppe sank. Eine wahllose Rekrutierung setzte ein, die vor allem kriegs- und beutewillige Elemente anzog.[58]

Auf der christlichen Seite hatten die Habsburger zwar mit ähnlichen Problemen in der Heeresorganisation zu kämpfen – die Geldnot war immer vorhanden, der Adel nicht immer auf Seiten des Kaisers und der eingesetzte Soldat oft schlecht ausgerüstet, ungenügend motiviert und erbärmlich verpflegt. Jedoch war unter dem dauernden Druck der Türkengefahr immerhin ein militärischer

---

[57] Heppner 1979, 139. Siehe dazu auch Faroqhi: »Crisis and Change 1590–1699«, in: Inalcik 1994, 468, wo die europäische Überlegenheit in der Militärtechnologie als gegeben angenommen wird. Grant 1999, 181, meint dazu, daß man eher von einer Überlegenheit der europäischen Produktionstechnologie sprechen müsste. Dazu auch Roger 1981, 1 ff. und Krause 1992, 30 f.

[58] Heppner 1979, 135.

Reformeifer entstanden. Dieser resultierte in einer besseren technischen Ausrüstung mit Feuerwaffen, das heißt, dass bei den Infanterietruppen die Anzahl der Musketen stark gesteigert, dass ihnen mehr Artillerie beigestellt und überhaupt mehr auf Disziplin und Mobilität Wert gelegt wurde. Bei der Kavallerie wirkte sich die Ausrüstung mit Radschlosspistolen und Karabinern aus, was die überlegene Mobilität der Sipahis und anderer leichter Reitertruppen ausglich. Dazu wurde seit 1578 die Neuordnung im Militärgrenzbereich in Kroatien und Slawonien langsam wirksam, was zu einer Stabilisierung der Grenzverteidigung führte.

Im Frieden von Zitva Torok 1609 musste das Osmanische Reich zum ersten Mal gegenüber den Habsburgern Konzessionen machen, die sich deutlich von den Gepflogenheiten der Vergangenheit unterschieden: Es handelte sich erstmalig um einen Partnerfrieden, das heißt, dass nicht mehr ein einseitiges Diktat seitens des Sultans erfolgte. Die bisherige Tributpflicht der Habsburger im Ausmaß von 30.000 Dukaten jährlich wurde abgeschafft und durch eine einmalige Zahlung von 200.000 Dukaten in Form eines Ehrengeschenkes abgegolten. Der habsburgische Herrscher, bisher mit dem Titel »König von Wien« abgespeist, wurde mit dem Kaisertitel angesprochen und die diplomatischen Umgangsformen wurden verbessert. Zuletzt wurde die Abmachung auf eine Frist von 20 Jahren festgelegt und war diese auch für die Nachfolger der Herrscher bindend. Allerdings gibt es, was den Geltungsbereich des Friedensvertrages anlangt, in der Forschung immer noch keine Klarheit, da die ursprüngliche Fassung von 1606 von der Pforte nicht anerkannt wurde und später durch eine Version ersetzt wurde, die wiederum den Charakter eines großherrlichen »ahdnâmes« trug, also eines einseitigen Erlasses bzw. Vertragswerkes des Sultans. Damit wäre die formelle Gleichstellung des Kaisers wiederum nicht gegeben gewesen.

Zitva Torok bedeutete militärisch keine Niederlage für die Osmanen. Jedoch schien der Zenit ihrer Expansion überschritten. Vor allem aber schien der Mythos der Unbesiegbarkeit gebrochen und die große Furcht vor den Türken wandelte sich allmählich in eine aggressive Rückeroberungspolitik des Abendlandes, die auch vom Gedanken der Befreiung der christlichen Bevölkerung vom türkischen Joch begleitet wurde. Die Habsburger erhielten 1615 symbolisch das Protektoratsrecht für die Balkanchristen und Zugeständnisse für Handel und Verkehr. Damit begannen die Habsburger Kaiser, die Vorreiterrolle im Kampf gegen die Vorherrschaft des Islam im Balkanraum einzunehmen.

Eine Renaissance islamischer Seeherrschaft

MANFRED PITTIONI/GOTTFRIED LIEDL

> »Die von Seekrankheit Erfassten, die im Meer
> Ertrinkenden – sie werden die Belohnung der
> Märtyrer empfangen. Im Heiligen Krieg wiegt eine
> einzige Fahrt zur See zehn Expeditionen zu Lande
> auf. Und schon ein einfacher Blick aufs Meer ist
> Gottesdienst.«
> *Muslimische Fatwa*

Das Mittelmeer – für die an seinen Küsten lebenden Menschen schon immer ein Phänomen von höchster Gegensätzlichkeit. Einerseits als natürliches Hindernis die Verbindungen zu anderen Völkern erschwerend, garantiert es genau dadurch die Eigenständigkeit separater Kulturräume. Andrerseits ist es das verbindende Element schlechthin: ermöglicht es doch den Anrainern, fremde Küsten in wesentlich kürzerer Zeit als auf dem Landweg zu erreichen. Darüber hinaus gestattet dies zweideutige Medium seinen Benutzern, relativ große Mengen an Gütern unter Umgehung der mannigfachen Mühsale eines Landweges und somit auf verhältnismäßig billige Art und Weise zu transportieren. Im Gesamten stellt das Mittelmeer eine zentrale Drehscheibe im Süden Europas dar, die den Austausch von Kulturen förderte und für die politische und wirtschaftliche Entwicklung des ganzen europäischen Kontinents ausschlaggebend war.[1] Durch die vielfältigen Verbindungen kam es immer wieder zu einem – wir würden heute sagen – »Technologietransfer« zwischen den Anrainernationen. Ein Transfer, der nicht zuletzt die Kriegstechnik stark beeinflusst hat. Trotz der weiten Entfernungen und der geringen Geschwindigkeiten der Schiffe, trotz der Unsicherheiten des Wetters, der Unzu-

---

[1] vgl. Fleet 1999, wo ein sehr detaillierter Eindruck über jene Handelsverflechtungen vermittelt wird, die schon im 14. Jahrhundert vorhanden waren.

länglichkeiten der Navigation und der Schiffskonstruktionen – bei
allen Unwägbarkeiten des Verkehrs, der nicht nur von der rauen
Natur des Meeres bedroht war, sondern mindestens ebenso sehr
durch mannigfache Interventionen seiner Benutzer und Anrainer,
durch Seeräuber, durch feindselige Interventionen der jeweiligen
küstenbeherrschenden Staaten –, all diesen Hemmnissen zum Trotz
kam es zu einem in der Geschichte einmaligen Austausch von Ideo-
logien, Wissen und Kultur, der maßgeblich am Entstehen europäischer Macht und europäischen Reichtums beteiligt war.

Die Méditerranée als Drehscheibe:
Das Spiel der Mächte am Beginn der Neuzeit

Anders als bei Grenzräumen zwischen kontinentalen Mächten
waren im Mittelmeer seit jeher die Bezirke der Macht und der
Ausdehnung von Einflusssphären im wahrsten Sinne des Wortes
fließend. So konnten im Mittelalter einerseits europäische Mächte
wie Genua und Venedig ihren Einfluss bis ins Schwarze Meer aus-
dehnen, andererseits war im 16. Jahrhundert das Osmanische Reich
in der Lage, seinen Machtbereich nach Westen bis zum nordafrikanischen Raum hin zu erweitern.

Der Weg über das Meer, den die ersten Kreuzfahrer nahmen,
war als Transportverbindung trotz aller Gefahren immer noch der
schnellere und wirtschaftlich vorteilhaftere als der Landweg. Wenn
wir den Kriegszug Kaiser Friedrich Barbarossas von Deutschland
nach Kleinasien verfolgen, so sehen wir, wie sein Heer dafür ein
rundes Dreivierteljahr benötigte, wobei die Verluste durch Krank-
heiten, Unfälle, Desertionen und Kämpfe beträchtlich waren. Hingegen brauchte König Richard Löwenherz auf seinem eigenen
Kreuzzug für den wesentlich längeren Anmarschweg aus England
mit Hilfe der Venezianer nur einige Monate, um ins Heilige Land
zu gelangen. Wenn auch der Preis für die Schiffspassage über Venedig einen guten Teil des Jahresbudgets seines Königreiches verschlang, so war es doch ganz offensichtlich der bequemere Weg.

Etwa seit dem 9. Jahrhundert geriet das Mittelmeer, das vorher
eine Domäne der islamischen Staaten gewesen war, immer mehr
unter den Einfluss der christlichen Seefahrt. Es ist hier nicht der
Ort, die höchst bemerkenswerte Rolle islamischer Mächte – ihre
zum Teil sehr ambivalente Haltung zur Seefahrt – zu analysieren.
Erinnert sei aber doch daran, wie im islamischen Kulturraum einerseits mit größter Aufgeschlossenheit antike, besonders oströmische
Traditionen aufgenommen, ja diese durch Verschmelzung mit Kennt-

nissen der Hochseefahrer (etwa aus dem Raum des Indischen Ozeans) weiter getrieben wurden; wie aber andererseits etwa ab dem Abbasidenkalifat (749–1258) zumindest im Osten der seefahrerische Elan nachzulassen scheint – vor allem wenn man an die neuen, landgebundenen Militärstaaten mittelasiatischer Herkunft denkt, die sich, wie seinerzeit die Diadochen das Reich Alexanders, nun ihrerseits das riesige Gebiet eines nur mehr nominell regierenden Kalifen von Baghdad streitig machen (Buyiden 932–1055, Gaznawiden 977–1040/1187, Seldjuken 1038/1055–1194).[2] In der Folge konnten sich die italienischen Stadtstaaten Amalfi, Pisa, Venedig und Genua einen Großteil des Seehandels sichern, was zweifellos mit ihrer militärischen Dominanz zur See zusammenhing.[3]

Anders verlief die Entwicklung im Westen. Hier waren praktisch alle islamischen Mächte – wohl bedingt durch den stark maritimen Charakter ihrer Herrschaftsgebiete – große Förderer der Seefahrt: verständlich, wenn man an die charakteristische Geographie der westlichen Méditerranée denkt, deren nordafrikanisch-südeuropäischer Küstenbogen mit Sizilien, Sardinien, Korsika und den Balearen eine ganze Reihe bedeutender Inseln umfasst, die als Verkehrsknotenpunkte und strategische Zentren für die Durchsetzung des muslimischen Machtanspruchs allesamt unverzichtbar waren (während die Inselwelt im östlichen Mittelmeer wegen der weiterhin ungebrochenen Flottenpräsenz Konstantinopels nur eine vergleichsweise periphere Rolle im islamischen Machtbereich spielen konnte). Schon die ʿUmayyaden Spaniens (756–1031) unterhielten nicht nur an den Küsten des Mittelmeers, sondern auch an der Atlantikküste Kriegshäfen und Arsenale[4] und profitierten als zeitweilige Verbündete der Byzantiner von deren nautischem und technologischem Know-how: so verfügte Córdobas Flotte nachweislich auch über jene futuristische Waffe namens »Griechisches Feuer«, deren militärischer Wert im Seekrieg erst durch die Einführung von Kanonen übertroffen werden sollte. Und die Reihe muslimischer Seemächte setzt sich fort: schlagkräftige Flotten besaßen auch die Almoraviden (1056–1147) und insbesondere die Almohaden (1147–1269) und Meriniden (1245–1420/1465).[5] Schließlich steht auch fest, dass die Dy-

---

[2] Glassé 1991, 11 ff.; Feldbauer 1995, 549; Feldbauer 1998, 26 ff.
[3] Fleet 1999, 4 ff.
[4] Lombard 1971, 82 f., 88, 160.
[5] In einer wirklich erstaunlichen Monographie (wir sind geneigt, ihr das Prädikat »epochal« zu geben und stehen nicht an, ihr für die nächsten Dekaden die Rolle des unbestrittenen Standardwerks zu prophezeien) ist die maritime Präsenz im Westen der islamischen Ökumene erschöp-

nastie der Nasriden von Granada (1238–1492) – die letzte auf spa-
nischem Boden – sich natürlich der Schiffe des befreundeten Genua
bediente, wenn es galt, in Friedenszeiten über ausreichend Schiffs-
tonnage zu verfügen oder im Krieg immer noch ein As im Ärmel zu
haben. Die Genuesen – wahrlich Experten auf dem Gebiet – wussten
die exzellenten Häfen des südspanischen Nasriden-Emirats zu schät-
zen, waren voll des Lobes über die leistungsfähige Infrastruktur.[6] Es
ist wohl auch kein Zufall, dass die Hafenbehörden von Málaga den
Schutz ihres gut ausgebauten Arsenals (und Kriegshafens!) den
Genuesen anvertrauten (deren Burg dem Arsenal unmittelbar be-
nachbart war) – ein Schutz, den sich diese mit erstaunlicher Loyalität und buchstäblich bis zum bitteren Ende, nämlich bis zum Endkampf 1487 angelegen sein ließen, als sie Seite an Seite mit granadinischen Kanonieren von ihrem *castil de ginoveses* aus die Be-
lagerungsarmee der Katholischen Könige unter Feuer nahmen.[7]

  In Granada war man aber auch selbst in der Lage, Kriegsschiffe
zu verleihen, wenn eine befreundete christliche Macht darum bat
und wenn der Preis stimmte – wie zum Beispiel um die Mitte des
14. Jahrhunderts im Krieg Kastiliens gegen Aragón. »Und König
Pedro [Peter I. von Kastilien-León, 1350–1369] schickte einen Boten zu König Mahomad von Granada [Muhammad V. von Granada, 1354–1359/1362–1391] um diesen zu bitten, dass er ihm mit
einigen Galeeren zu Hilfe komme; und dies tat der König von Gra-

---

    fend beschrieben und quellenmäßig auf den letzten Stand gebracht.
    Was dabei auffällt: wie differenziert sich schon im Hochmittelalter das
    technologisch-nautische Vokabular auf arabischer Seite darstellt – un-
    trüglicher Hinweis auf ein diesbezügliches Wissen, dem eine äußerst
    vielseitige materielle Kultur, eine elaborierte Praxis zugrunde lag: Picard
    1997, 291 ff., bes. 296-305 (Terminologie, Schiffstypologie) und 341
    ff. (maritime Kriegsführung).
6   Zur Rolle der granadinischen Hafenstädte Málaga und Almería im
    genuesischen Kalkül: Fernández-Armesto 1987, 108; der Autor be-
    geht freilich – wie Heers, wie der notorisch »anti-maurische« Sánchez-
    Albornoz, den er zustimmend zitiert – überall in seiner Arbeit und so
    auch hier den ziemlich ärgerlichen Fehler, ein europäisches »Kolonisa-
    tions-Phantasma« zu kultivieren: Granada eine genuesische Kolonie …
    Was umso lächerlicher wirkt, als er selbst, eine Seite weiter unten, auf
    den *Liber Damnificatorum* von 1452 zu sprechen kommt, worin Be-
    sitztümer von im Emirat lebenden Genuesen penibel aufgelistet sind,
    die durch die muslimische Behörde als Kompensation für den Über-
    griff eines genuesischen Sklavenhändlers konfisziert worden waren –
    praktisch die gesamte bewegliche Habe der *comunidad*: Fernández-
    Armesto 1987, 109.
7   Arié 1973, 320; Arié 1988, 148; zum Arsenal und zur Lage des »Castil«
    siehe Calero Secall/Martínez Enamorado 1995, 291 ff.

nada [...]«.[8] Über den Preis solcher »Schiffsleihe« gibt der Chronist
ebenfalls Auskunft – am Beispiel von weiteren sechs Galeeren, diesmal genuesischen Ursprungs. Jede kostete den König »monatlich
tausend kastillanische Dublonen«.[9] Angesichts der Selbstverständlichkeit, mit der noch im Spätmittelalter ein christlicher König von
seinem »maurischen« Visavis militärische Hilfe zur See anfordert,
darf vermutet werden, dass im Westen auch auf muslimischer Seite
die Seefahrtstraditionen nie abgerissen sind. Und in der Tat – der
zeitgenössischen Berichterstattung sind durchaus Hinweise auf eine
starke Nasriden-Flotte zu entnehmen. »Zur See«, heißt es bei al-
Qalqashandi um 1400, »verfügt man [d.h. Granada] über eine Flotte leichter Kriegsschiffe, die in den Gewässern des Mittelmeeres kreu-
zen. Bemannt sind sie mit Elite-Bogenschützen [Armbrustschützen]
unter dem Kommando kampferprobter Kapitäne, die dem Feind
auf hoher See nachstellen, wobei man im Allgemeinen siegreich
bleibt«.[10] Wie ja auch granadinische Dokumente aus dem 14. Jahrhundert von großer Vertrautheit mit nautischen Dingen zeugen,
etwa bei der Unterscheidung traditionell mittelmeerischer und mo-
dern-atlantischer, das heißt »hochseetüchtiger« Schiffstypen.[11] Übrigens – für maritime Kontinuität über das Ende der großen ibe-
risch-nordafrikanischen Reiche hinaus spricht noch ein weiterer
Umstand. Als nach 1492, nach dem Fall des Reichs von Granada,
das christliche Spanien auch nach Nordafrika auszugreifen begann,
stieß es alsbald wieder auf die aus Andalusien vertriebenen Araber:
als Matrosen, Seesoldaten und Kapitäne, als Ausrüster und Finan-
ziers von Korsarenflotten.[12]

---

[8]   Coronica del rey don Pedro. Edition: Wilkins/Wilkins 1985, 95
      (capitulo xi: »Commo el rey don Pedro llego Almaçan, e entro en Aragon
      e gano algunos castillos, e se torno para Seuilla«).
[9]   Wilkins/Wilkins 1985, 94 (capitulo ix: »Commo el rey don Pedro
      entro en la mar con galeas, e commo las perdio con tormenta«). Tau-
      send Dublonen pro Schiff pro Monat! Wenn der überlieferte Preis
      stimmt, hat Don Pedro in der kurzen Frist von einem Monat für die
      sechs genuesischen und drei granadinischen Galeeren fast die Hälfte
      des jährlichen Steueraufkommens seines Königreichs oder, nach heu-
      tiger Kaufkraft, rund 5,2 Millionen US-Dollar verjuxt ... Zum Steu-
      eraufkommen in Kastilien und Granada vgl. Ladero Quesada 1979,
      70, 72; zu Geldwert- und Umrechnungsfragen für Kastilien/Granada:
      Ladero Quesada 1979, 68 ff.; zur Umrechnung von Dublonen in
      Dukaten in heutiges Geld: Origo 1985, 312.
[10] Al-Qalqashandi 1975.
[11] Liedl 1993, 186 (Anm. 5), 189 (Anm. 4, 6 und 7).
[12] Planhol 2000, 68 f., 160 f., 167 ff.; Planhol wäre freilich vorzuhalten,
      dass er die maritime Rolle des letzten spanisch-arabischen Reichs – des

Auf der anderen Seite des Mittelmeeres machte im 15. Jahrhundert das Osmanenreich mehr und mehr von sich reden. Es
hatte sich mittlerweile zu einer Großmacht entwickelt. Kein anderes Machtzentrum verfügte damals über größere menschliche und
materielle Ressourcen. Die Einwohnerzahl muss, wenn man die
Steuerregister richtig interpretiert, in der Mitte des 16. Jahrhunderts etwa zwölf Millionen betragen haben. Nach dem Fall von
Konstantinopel 1453 waren die genuesischen Besitzungen am
Schwarzen Meer an die Osmanen verloren gegangen und allmählich fielen auch jene im östlichen Mittelmeer. Um 1520 gab es
schließlich nur mehr zwei entscheidende Machtzentren in der
Méditerranée – im Westen Spanien und im Osten das Osmanische Reich. Diese Entwicklung ging zu Lasten Venedigs, die Republik verlor nach den Kriegen mit dem Sultan 1499 bis 1503 endgültig ihre beherrschende Stellung als Seemacht, wenn sie auch
noch im Handel eine respektable Rolle spielte. Mit den Eroberungen Syriens und Ägyptens 1516/17 kontrollierte dann das Osmanische Reich das gesamte Festland der östlichen Méditerranée und
besaß die uneingeschränkte Vorherrschaft in diesem Raum. Zwar
konnte Venedig noch beachtliche Kontingente an militärischen
Kräften aufbringen, die durchaus zu siegreichen Aktionen fähig
waren, die Präsenz zu Lande war freilich größtenteils verloren gegangen. Zur gleichen Zeit wandten sich die westlichen Königrei-
che Spanien und Portugal dem Atlantik zu, wobei Spanien aber
gleichzeitig auch nach Nordafrika auszugreifen suchte.[13]

Seeherrschaft: Osmanische Versuche und Erfahrungen

Was die Geschichte der Türken als Seefahrer anbelangt, so war es
für ein Volk, das aus den Tiefen Zentralasiens stammt, ein weiter
Weg bis zum Mittelmeer und zum Schwarzen Meer. Aus byzantinischen Quellen erfahren wir bruchstückhaft, dass im 11. Jahrhundert seldjukische Türken in maritime Auseinandersetzungen
verwickelt sind.[14] Schriftliche Quellen aus dieser Zeit stammen

---

Nasriden-Emirats von Granada – unterschätzt: siehe Planhol 2000,
68, wo er sich auf den Nordafrika-Spezialisten Mohammed Cherif
(vgl. Cherif 1996) beruft.

[13] Brummett 1994, 144 – die Osmanen, Venedig, die Safawiden und die
Mamluken versuchten den Mittelmeerhandel auf zwei Ebenen unter
ihre Kontrolle zu bringen: den interregionalen Handel mit Basisgütern
bzw. den Luxusgüterfernhandel.

[14] Planhol 2000, 184 ff.

fast ausschließlich von byzantinischen Geschichtsschreibern. Die Seldjukensultane in Konya, welche nach der Niederlage der byzantinischen Armee bei Manzikert 1074 den größten Teil Kleinasiens beherrschten, konnten den Kaisern in Konstantinopel lange Zeit keine Flotte entgegenstellen, welche ein ernsthafter Gegner gewesen wäre. Die Tradition der Griechen im Schiffsbau, in der Ausbildung der Mannschaften und in der Technologie – man denke an das berühmte »Griechische Feuer« (eine Art Frühform des Flammenwerfers) – war einfach zu weit fortgeschritten, um von einem Volk gefährdet zu werden, dessen Traditionen in den Weiten der Steppe lagen. Erst der Seldjukensultan Alleddin Kaikubabad gibt zu erkennen, dass seine Herrschaft erstmals über ein gewisses Maß an maritimer Kontrolle verfügt, legt er sich doch um 1227 den Titel eines »Herrn des Landes und der beiden Meere« zu, wobei das Mittelmeer und das Schwarze Meer gemeint sind.[15] Für diese Zeit werden auch Vorstöße auf die Krim und nach Zypern erwähnt. Aber diese Einzelaktionen begründeten noch keine Seemacht.

Nach dem Niedergang der Macht der Seldjukensultane zu Beginn des 13. Jahrhunderts zerfiel Kleinasien in eine Anzahl von *beyliks,* also Fürstentümern, welche für die folgenden 200 Jahre von lokalen Emiren und ihren Clans beherrscht wurden. Besonders erwähnenswert sind dabei die Emire von Sinope, die starke Rivalen des Byzantinischen Reiches von Trapezunt waren. Einer von diesen, ein gewisser Ismail Bey, errichtete 1442 in Sinope eine Werft, in welcher auch größere Schiffe gebaut wurden, die später noch dem großen Eroberer Mehmet II. als Vorbild für seine Konstruktionen bei der Belagerung von Konstantinopel dienten.[16]

Die erste maritime Operation der anatolischen Türken, welche die christlichen Völker aufhorchen ließ, war die Überwindung der Meerenge von Gallipoli 1341/42, als die Truppen der Emire von Karasi, die ihr Reich im Nordwesten der anatolischen Halbinsel hatten, zum ersten Mal sozusagen europäischen Boden betraten. Ihr Anführer, ein gewisser Umur, hatte diese Expedition von 35 Schiffen organisiert und griff auch Thrazien und die Insel Samothrake an. Weitere Vorstöße folgten gegen Athen, ins Schwarze Meer und in die Dardanellen. Pikanterie am Rande – die Türken unternahmen diese Angriffe auch als Bundesgenossen des byzantinischen Kaisers Ioannes Kantakuzenos im Zuge der internen Wirren, welche das oströmische Reich in seinen letzten Jahrzehnten regelmäßig

---

[15] Planhol 2000, 185.
[16] Babinger 1957, in: Planhol 2000, 186.

heimsuchten. Wenn wir die so oft beschworene Einheit des christlichen Abendlandes vor Augen haben, müssen wir erkennen, dass jedenfalls den Byzantinern sehr oft die Türken willkommener waren als die verhassten Lateiner, denen man die Ereignisse von 1204 nie verzeihen konnte – die brutale Eroberung und Plünderung Konstantinopels durch westliche Kreuzfahrer, denn in Wahrheit war es jenes ominöse Jahr 1204 (und nicht erst 1453), als dem altehrwürdigen Byzanz das Rückgrat gebrochen wurde.

Als die Osmanen 1357 das Emirat von Karasi eroberten, hatten sie damit bereits eine Niederlassung in Rumelien, wie der europäische Teil des Osmanenreiches genannt wurde. Jedoch dauerte es lange, bis die maritime Macht der Osmanen über kleinere Streitkräfte hinausging. Wir wissen aus den zahlreichen Schilderungen der Chronisten, dass Mehmet II. 1453 bei Konstantinopel seine Flotte geschickt einsetzen konnte, aber von einer Seestreitmacht, welche eine Beherrschung des Mittelmeeres anstreben konnte, war noch lange keine Rede. Die Osmanen, im 14. Jahrhundert mit ihrem westanatolischen Emirat sozusagen Nachbarn der Byzantiner, wurden erst allmählich, durch die vielfältigen Verflechtungen in byzantinische Politik und Wirtschaft, mit den Problemen der Seefahrt vertraut.

Für die osmanische Frühzeit – also bis zum Ende des 15. Jahrhunderts kann man festhalten, dass die Seestreitkräfte selten für offensive Zwecke eingesetzt wurden, sondern überwiegend zur Unterstützung des Landheeres dienten. 1484 in der Kampagne Sultan Bayezits II. (1481–1512) gegen die moldauischen Städte Kilia und Akkerman diente die Flotte lediglich als Transportmittel für Kanonen, Belagerungsmaschinen, Munition und Proviant. Die venezianischen Chronisten Marco Guazzo und Sansorio berichten von 100 bis 350 Schiffen, von denen die meisten *fustas,* also Transportsegler waren.[17]

Am Ende der Regierungszeit Mehmets II. (1444–1481) bestanden die osmanischen Seestreitkräfte aus ca. 500 verschiedenen Schiffen.[18] Dabei muss ins Kalkül gezogen werden, dass der Sultan im Schwarzen Meer keine Gegner zu fürchten hatte, da durch die Vertreibung der Genuesen um die Mitte des 15. Jahrhunderts vor allem aus der Krim keine ernst zu nehmenden maritimen Kräfte vorhanden waren, welche die Dominanz der Osmanen hätten ge-

---

[17] M.Guazzo – Historie di Messer Guazzo (Venezia 1545 fol.30°), zit. bei Beldiceanu 1960, 69.
[18] Babinger 1957, 93.

fährden können. Dieses Meer wurde gleichsam zum Hinterzimmer des Osmanenstaates und verlor erst durch den Aufstieg des Russischen Reiches im 17. Jahrhundert seinen Charakter als osmanisches »Mare Nostrum«. Die verschiedenen Quellen weisen immer wieder darauf hin, dass die Osmanen das Schwarze Meer eifersüchtig hüteten und sehr darauf bedacht waren, keinen fremden Einfluss groß werden zu lassen, etwa so wie Venedig das Adriatische Meer als seine alleinige Domäne betrachtete.

Eine »große« osmanische Flotte gab es praktisch erst in der Mitte des 16. Jahrhunderts – wenn auch einzelne Expeditionen Mehmets des Eroberers gegen die Ägäischen Inseln schon größere Zahlen von Schiffen notwendig machten. Er konnte 1455 an die 180 Schiffe in Bewegung setzen, welche zirka 25 Triremen, 10 Biremen und im Rest Schiffe verschiedener Art umfassten. Wir sehen – es ist eine spektakuläre Macht, jedoch keine »Grand Fleet« im Sinne des Britischen Imperialismus des 19. Jahrhunderts. Großflotten sind eine problematische Sache – sie sind ungeheuer teuer in der Erzeugung, verschlingen Unsummen im Unterhalt, sind unbeweglich beim Manövrieren und können durch unglückliche Zufälle wie schlechtes Wetter, unfähige Kommandanten oder einfach widrige Umstände leicht zerstört werden – siehe Lepanto. Daher kam es in einer Zeit, als die Konservierungstechnik von Schiffsrümpfen nicht sehr effizient war, nur relativ selten zu großen Seeschlachten – die Risken waren einfach zu groß. Darüber hinaus mussten Galeeren als Küsten- und Schönwetterschiffe immer die Landnähe suchen und waren im Großverband auch durch die mangelhafte Kommunikationstechnik sehr verwundbar. Aus diesen Gründen waren die maritimen Eroberungen immer durch mittlere oder kleinere Verbände erfolgt. Das spektakuläre Schauspiel von Lepanto brachte außer einem propagandistischen Effekt für die christliche Seite nichts ein, denn die osmanische Flotte wurde in kürzester Zeit, wenn auch vielleicht in ein wenig schlechterer Qualität wieder aufgebaut …

Als Gründer bzw. großer Organisator der osmanischen Flotte gilt Sultan Bayezit II. (1481–1512). 1499 zählte die osmanische Flotte ca. 320 Schiffe im Gesamten, darunter nur ca. 55 Kriegsgaleeren.[19] Ein christlicher Überläufer – der Renegat Kemal Reis, Sohn griechischer Eltern aus Konstantinopel – übernahm den Aufbau der Organisation. Er war der erste türkische Admiral, der in das westliche Mittelmeer eindrang. Seine Ruderer bestanden zum größten Teil aus Juden und Griechen wie auch Albanern und

---

[19] Planhol 2000, 192.

sein Verdienst war es, aus diesem wenig homogenen Nationalitäten-
gemisch ein schlagkräftiges Kontingent an Seeleuten zu schaffen.
Zur selben Zeit entstand auch das berühmte Buch *Kitab-i bahriye*
des Piri Reis, eine Seekarte des Mittelmeers (und Teilen des Atlantik bis hin zu den jüngst entdeckten amerikanischen Küsten) mit
einer für die damalige Zeit bewundernswerten Genauigkeit. Es
entwickelten sich auch Ansätze von maritimen militärischen Strukturen wie die Rekrutierung von Seesoldaten (so genannten *azebs)*.

Sultan Bayezits Nachfolger Selim I. (1512–1520), genannt
yavuz, der Gestrenge, setzte das Aufbauwerk fort und schuf in
Gallipoli das große Arsenal, welches die Basis für den Bau und den
Unterhalt von Großflotten wurde. 1515 entstand in Galata in Istanbul das Großarsenal *(tersane-i amire).* Von Selim wird berichtet, er
habe nach einer schlaflosen Nacht seinen Großvezir Piri Mehmet
Pascha rufen lassen und zu diesem gesagt: »Wenn die Skorpione
(die Christen) das Meer mit ihren Schiffen bedecken, wenn der
Doge von Venedig, der Papst, der König der Franzosen und der
König Spaniens ihre Flaggen vor der Küste Frankreichs wehen lassen können, so kann der Grund nur der sein, daß du so unbeweglich bist und ich dir gegenüber so tolerant! Ich will in jedem Fall
eine mächtige und zahlreiche Flotte.« Daraufhin wurde im Arsenal die Herstellung von 500 Kriegsschiffen angeordnet – es entstand die zahlenmäßig größte Flotte des Mittelmeeres.[20] In Galata
gab es 300 Liegeplätze für Galeeren, und dass hier eine veritable
maritime Macht vorhanden war, zeigten die folgenden Eroberungen: Venedig verlor seine letzten ägäischen Besitzungen noch vor
1540, nicht zu vergessen das denkwürdige Jahr 1522, als den er-
schrockenen Zeitgenossen mit dem Fall von Rhodos das Schauspiel einer großangelegten Kampagne im Zusammenspiel schlag-
kräftiger See- und Landstreitkräfte geboten wurde.

Parallel zu diesen Entwicklungen im Osten versuchten aber auch
im westlichen Mittelmeer muslimische Beutefahrer Stützpunkte –
etwa in Nordafrika – zu erobern. Die großen Seemächte Portugal
und Spanien waren zu sehr mit den Eroberungen ihrer überseeischen
Besitzungen und deren Kontrolle beziehungsweise Ausbeutung be-
schäftigt, als dass sie gleichzeitig große Flotten im Mittelmeer hätten
unterhalten können, um ihre Einflusssphäre in Nordafrika zu schützen. So wurden die Fahrten der Korsaren Kemal Reis, Burak Reis
und Piri Reis und deren permanente Stützpunkte Algier und Tunis
schließlich zur staatsrechtlichen Grundlage für die Präsenz des Os-

---

[20] Hammer Purgstall 1827–35 VI., S. 1835-1843.

manischen Reiches im westlichen Mittelmeer. Den Korsaren Oruc und Hayreddin war es als ersten gelungen, dauerhafte und stark befestigte Basen in Tunis und Algier zu errichten.

Besonders klar manifestierte sich die Stärke der osmanischen Marine nach dem Abschluss des Bündnisses mit dem französischen König Franz I. vor allem in der Aktion bei Toulon 1543/44, wo die Flotte in diesem Hafen überwintern konnte – sowie in der Ernennung Hayreddin Paschas (»Barbarossas«) zum *kapudan pascha,* also zum Admiral der gesamten Seestreitkräfte. Eine islamische Großmacht des östlichen Mittelmeeres hatte in Westeuropa, wenn auch nur für kurze Zeit, Fuß fassen können.

Verweilen wir noch ein wenig bei der hochinteressanten Konstellation im Westen. Hayreddin/Barbarossa war ja geradezu ein Prototyp der damaligen Méditerranée – Korsar in jungen Jahren, mit großer nautischer Erfahrung, aber auch Kaufmann und schließlich, nach der Erlangung seines hohen Ranges, Politiker. 1520 wurde Hayreddin von der Pforte formell zum osmanischen Statthalter in Algier ernannt. Diese Stadt erlebte durch den Reichtum, den die Piratenzüge brachten, eine Blütezeit und wurde vor allen anderen Plätzen zur primären Anlaufstelle für viele aus Spanien geflüchtete Muslime.

Dabei waren die im westlichen Mittelmeer stattfindenden Auseinandersetzungen zur See ursprünglich eine rein spanisch-nordafrikanische Angelegenheit gewesen. Die Osmanen hatten vorerst keine machtpolitischen Interessen in diesem Raum. Nachdem aber 1532 Karl V. den Angriff auf Koron befohlen hatte, um seinen Bruder Ferdinand an der ungarischen Front zu entlasten, erhielten die Kämpfe im Mittelmeer eine neue Dimension. Die Konfrontation der Habsburger und der Osmanen fand nunmehr auch zur See statt. Das von Franz I. stark geförderte französisch-osmanische Bündnis von 1536 hob den Konflikt zwischen Frankreich und dem Habsburgerreich auf eine höhere Ebene. Der Kaiser sollte von Osten her bedrängt werden, was Frankreich die Möglichkeit geben würde, die Einengung seiner Machtansprüche – im Süden durch Spanien, im Osten durch das Heilige Römische Reich – zu lockern. Allerdings machten die großen Entfernungen und die mangelnden Kommunikationsmöglichkeiten dieses Bündnis letztlich zu einem militärisch nicht sehr ergiebigen, wenn es auch die spektakuläre Überwinterung der osmanischen Flotte in Toulon im Jahre 1536 gegeben hatte. Lediglich die politische Propaganda bemächtigte sich dieses Themas und die habsburgische Seite konnte nicht oft genug auf den Verrat des allerchristlichen Königs Franz I. hinweisen, der mit dem Erzfeind, dem Türken, paktierte.

Die Erfahrungen im Umgang mit größeren maritimen Einheiten ließen die Osmanen weiter ins westliche Mittelmeer vordringen, zunächst wurde Algier nominell osmanisch und zwar 1533, später folgten Koron, Lepanto und – 1534 –Tunis. Die Einkreisung der Christen schien gelungen – allein, der Schein trog. Zu wenig Menschen, zu wenig Tiefe beim Eindringen ins Landesinnere, man setzt sich nur an den Küsten in befestigten Plätzen fest – und die sind immer umstritten. 1564 erscheinen über zweihundert osmanische Segler zur Belagerung von Malta, was sehr eindrucksvoll war, und Piyali Pascha brauchte nur 20 Tage, um von Istanbul nach Djerba zu gelangen, was damals eine Sensation darstellte. Spektakuläre Einzelfälle, gewiss … aber doch auch der Beweis, dass hier eine islamische Macht militärtechnologisch auf der Höhe der Zeit war.

Der Feldzug gegen die Mamluken 1516/17 beinhaltete ebenfalls den Einsatz größerer Marineeinheiten. Der Mamlukenadmiral Selman Reis wurde nach Istanbul beordert und seine Handwerker begleiteten ihn – ein weiterer Technologietransfer im östlichen Mittelmeer! Für die Osmanen bedeuteten die neuen mamlukischen Besitzungen ein Verlassen des östlichen Mittelmeers, man war im Roten Meer, im Indischen Ozean in Aktionen verstrickt. Politisch war man auch in Südostasien engagiert. Der Sultan von Atjeh, der den Osmanensultan als Nachfolger der Khalifen ansah, bat ihn in seinen Kämpfen gegen die Portugiesen um Hilfe – vor allem im Bereich der damaligen »Hochtechnologie«, der Feuerwaffen. Allerdings waren die Entfernungen zu groß und die Verbindungen zu langsam, als dass die Osmanen entscheidend eingreifen hätten können.

Aber für das Osmanische Reich – dessen Blickrichtung eher nach Westen denn nach Osten ging (beziehungsweise – wenn schon nach Osten, so in die unmittelbare Nachbarschaft: in den Iran) – war ohnehin keine Notwendigkeit gegeben, sich im Fernen Osten oder in der Insulinde zu engagieren. Dem letzten Stand der Forschung entspricht überdies die Erkenntnis, dass die Osmanen – als Seemacht ersten Ranges – eine klare Vorstellung von den strategischen Parametern ihrer Herrschaft hatten; was sich in deutlichen geographischen Präferenzen ihrer Seemachtspolitik ausdrückte. Beherrschung der Meere, so lautet das Credo solcher Geopolitik, ist Vorbedingung jedweder Handlungs- und Handelsfreiheit (und um die Kontrolle der großen, traditionellen Handelsrouten ins Mittelmeer und im Mittelmeer selbst ging es den Osmanen natürlich auch). »Drei Handelszonen kann man ausmachen,« sagt in diesem Zusammenhang die Wirtschaftshistorikerin Brummett.

»Die erste ist die Insel-/Küstenzone, die den Handel von der türkischen Küste Richtung Westen, in die Ägäis und bis in die Adria hinein umfaßt. Typisches Handelsgut dieser Zone war das Getreide. Die zweite Zone ist die Region Anatolien/Syrien mit ihren von Ost nach West führenden Karawanenstraßen und ihren Brückenköpfen des Persienhandels, wo dieser nämlich an den ostmediterranen Seehandel anknüpft beziehungsweise nach Ostanatolien und Syrien und von da weiter nach Westanatolien geht. [...] Schließlich die dritte Zone: diese verlängerte den ostmediterranen Handelsbereich bis zum Indischen Ozean und erstreckte sich von Istanbul über Alexandrien und Djidda bis zu den Küsten Indiens und Malaccas. Sie bestand im wesentlichen aus Seerouten, ihr Warentransfer umfaßte in erster Linie Gewürze und Kupfer.«[21]

Schon aus dieser groben Skizze geht einigermaßen deutlich hervor, dass das Osmanische Reich zwar einerseits mit vollem Elan den Weg zur Seemacht eingeschlagen hatte, dass es dies andererseits aber auch im Bewusstsein der »natürlichen«, weil geographischen Grenzen eines möglichen Herrschaftsbereichs getan haben muss: eines Bereichs, der, dreigeteilt, wie er war, immer noch genügend Ausweichmöglichkeiten bot, wenn etwa einer oder auch zwei der drei großen Handelsrouten kompromittiert wären.[22] Alles, was man zu tun hatte (und dieser Aufgabe unterzogen sich die Osmanen tatsächlich mit Bravour), war, dafür Sorge zu tragen, dass das Mittelmeer so gut es ging zu einem türkischen *mare nostrum* würde – im Osten gelang ihnen das zu hundert Prozent und im Westen immerhin so sehr, dass die Iberischen Mächte ihre auf Nordafrika gerichteten Ambitionen praktisch aufgaben.

Diese Bedingungen gilt es zu bedenken, wenn man die Unternehmungen europäischer Seemächte in Südostasien analysiert. Portugal etwa hatte allen Grund, die Erfahrungen, die es seit dem 14. Jahrhundert in der Schiffstechnologie, der Kunst der Navigation und des Kartenzeichnens aber auch in der Anwendung von starker Artillerie auf seinen Schiffen gemacht hatte, dort einzusetzen, wo sie

---

[21] Brummett 1994, 13 f.

[22] Dass diese Einschätzung im Großen und Ganzen richtig war, beweist die so genannte »zweite« mediterrane Konjunktur im »langen sechzehnten Jahrhundert« (gemeint ist jene Erholung der Mittelmeer-Ökonomie, für die man allenthalben, aber besonders in der östlichen Hälfte der Méditerranée – in Venedig, im Osmanischen Reich – überzeugende Beispiele findet). Der verheerende Impakt, den die portugiesische Fernostpolitik (mit ihrer Umlenkung des Gewürz- bzw. Pfefferhandels) auf den Mittelmeerraum zweifellos hatte, war nicht von Dauer.

tatsächlich den größten Effekt erzielten: auf hoher See, im Indischen Ozean. So kann man sagen, dass sich diese kleine Nation am Ende des 15. Jahrhunderts nicht zuletzt wegen ihrer spezifischen geopolitischen Interessen zu einer der ersten Adressen der Hochseeschifffahrt entwickelt hatte. Die portugiesische Karacke, ein hochseetüchtiges Vollsegelschiff mit hohen Bordwänden und starker artilleristischer Bewaffnung, machte es möglich, im Zuge der Entdeckung des Seeweges nach Indien für lange Zeit eine militärische und handelspolitische Dominanz im südarabischen Meer, vor der Westküste Indiens und vor Ostafrika aufrechtzuerhalten.[23] Die Schiffe der westindischen Fürstentümer, die Galeeren der Mamluken und später die der Osmanen waren für die starke Artillerie der Portugiesen kein ernst zu nehmender Gegner. Die Expansionspläne der Hohen Pforte nach dem Indischen Subkontinent und den islamischen Staaten Malayas – wenn solche denn jemals ernsthaft erwogen worden waren – wären somit nicht zuletzt auch an der Ausrüstung und Bauart ihrer Kriegsschiffe, die primär für den Einsatz im Mittelmeer vorgesehen waren, gescheitert. Aber wie dem auch sei – das Fazit der Geschichte steht fest: Die jahrhundertealten Handelsverbindungen der Araber wurden unter der Flagge des Sultans nicht fortgesetzt, *in the long run* konnte sich Europa in Südostasien festsetzen und behaupten. Nochmals: für die Osmanen war vor allem der Bereich des Roten Meeres wichtig, um die Südflanke, den »weichen Bauch« ihres Mittelmeer-Imperiums zu schützen: also den Jemen und die Heiligen Stätten – und darin waren sie in der Tat erfolgreich genug! Der Indische Ozean stellte für sie nur einen Nebenschauplatz dar.

Die »Humanressourcen« des Seekriegs: Piraten und Renegaten

Das »mediterrane Geheimnis« der Osmanen – nämlich ihren verblüffenden Aufstieg zu einer potenten frühmodernen Seemacht – decouvriert der Fachmann als einen Kulturtransfer: »Mit den frem-

---

[23] Der Vollständigkeit halber sei es vermerkt: Schon die spanischen Araber der Nasridenzeit (13.–15. Jahrhundert) scheinen den Typus des »atlantischen« Hochbord-Seglers gekannt zu haben; jedenfalls findet sich in einem Dokument des 14. Jahrhunderts – im Schreiben des granadinischen Sultans Yusuf I. an Peter IV. von Aragón (Brief vom 27.1.1339) – der arabische Fachterminus *kharidja* (= »Karacke«), was nun ein ziemlich rätselhaftes Faktum darstellt, dessen technologiehistorische Erhellung man sich wünschen würde: Liedl 1993, 189 (Anm. 4).

den Männern [gemeint sind die christlichen Seeleute] strömten ununterbrochen und auf allen Ebenen Kenntnisse zu. Was den Krieg zur See anlangte, so waren primäre Übermittler dieses Wissens die italienischen Renegaten: sie garantierten, dass der Wissensfluss nie abriss und daß diese Informationen und Praktiken rasch und ohne Umwege ihren Adressaten erreichten.« Dass etwa Sultan Selim im Jahre 1515 sein Arsenal »nach venezianischem Muster (à la façon de Venise)« errichten ließ, ist dann durchaus logisch.[24] Venedig war wieder einmal zum Lehrmeister im Mittelmeer geworden und exportierte nicht nur seine Güter, sondern auch seine Fachleute und deren Wissen.

In der alten Kontroverse zur alles in allem eher ambivalenten (um nicht zu sagen ablehnenden) Haltung islamischer Kultur gegenüber allem, was die Seefahrt, besonders aber die Hochseefahrt betrifft, hat es ja heute den Anschein, dass die Verfechter der »Kontinentalität« des Islam den Diskurs beherrschen. Umso mehr muss daher der unübersehbare und seriöserweise auch nicht zu leugnende Aufschwung islamischer Seefahrt im 16. Jahrhundert verwundern, worin die islamische Seite mit den christlichen Mächten jener Zeit (den Spaniern und Venezianern vor allem) durchaus gleichzuziehen scheint. Des Rätsels Lösung sind die veränderten Bedingungen – vor allem aber die enorme Vergrößerung der Basis, des, wie man es vielleicht nennen könnte: seefahrerischen Humankapitals, das dem Islam als unmittelbare Folge der siegreich abgeschlossenen Reconquista seit dem Ende des 15. Jahrhunderts kontinuierlich zugewachsen war. Mit dem Strom spanisch-islamischer Emigranten, die teils freiwillig, teils gezwungenermaßen ihre südwesteuropäische Heimat Richtung Nordafrika verließen, ergoss sich auch ein diesbezüglicher Wissensstrom in die »alten« Länder des Islam. Dieser Emigrantenzuzug bildete vor allem im Westen einen veritablen Pool von Seefahrtsexperten, die sich schon deshalb zum Krieg, zum Seekrieg besonders eigneten, weil sie auch persönlich jede Menge Gründe hatten, den christlichen Neusiedlern in ihrer ehemaligen Heimat das Leben schwer zu machen.

Den zweiten – und zunehmend wichtiger werdenden – Strang bildeten jene aus dem Mittelmeerraum selbst, aber auch von den Küsten West- und Nordeuropas stammenden christlichen Abenteurer, die in der Seefahrt vornehmlich eine persönliche Chance erblickten, mit verhältnismäßig geringem anfänglichem Aufwand rasch zu Reichtum, Einfluss und Macht zu gelangen. Diese beiden

---

[24] Planhol 2000, 204.

Stränge zusammengenommen – Emigranten-Kapital, politisch-ideologisches Interesse und Expertentum auf der einen und vazierende Abenteuerlust auf der anderen Seite – bilden den Hauptantrieb für jene neue islamische Präsenz zur See, die *Piraterie*. Getragen aber wird das Ganze vom *Renegatentum*.

Renegaten, also Männer (und Frauen), die es für gut befanden, sich von ihrer angestammten Religion »los-zusagen« *(re-negare)* und von denen in der Literatur oft berichtet wird (es gab viele bekannte historische Persönlichkeiten unter ihnen), waren das hervorragende Element der Akkulturation im Mittelmeerraum des 16. Jahrhunderts.[25] Die vielen Kriege führten ja nicht nur zu Eroberungen von Gebieten und Festungen sowie zur Anhäufung von Reichtümern, sondern auch dazu, dass in großer Zahl Gefangene gemacht wurden. Mit jedem gekaperten Schiff wurde eine ohnehin schon von Haus aus bunt zusammengewürfelte, multiethnische Mannschaft zusätzlich noch unter die Herrschaft einer religiös-politisch »fremden Macht« gestellt. Dabei hatten die Gefangenen der islamischen Korsaren im Allgemeinen die Wahl zwischen Sklaverei oder Konversion zum Islam. Den von den christlichen Mächten gefangenen Schiffsbesatzungen blieb dagegen zumeist nur das Los der Sklaverei.

Wenn wir die vielen Berichte und Erzählungen verfolgen, die über Einzelschicksale von Personen Auskunft geben, die das Los der Galeere ereilte, so erkennen wir leicht, welche Vermengung im Mittelmeer stattfand. Das berühmteste Beispiel unter ihnen ist wohl Miguel Cervantes und sein Bericht über seine Gefangenschaft in Algier.[26] Bekanntlich haben in einer historischen Abhandlung moralische Kategorien wie »verwerflich« und »traurig« keinen Ort – und so sei nur trocken festgestellt: Gefangennahme und Sklaverei waren ein wichtiger Wirtschaftszweig. Lösegelder flossen nach beiden Richtungen, je prominenter ein Gefangener war, desto höher fiel die Summe aus. Um bei Gefangennahme der Sklaverei zu entgehen, gab es für viele – zumindest, wenn sie Christen waren – nur eine Möglichkeit: das Überwechseln zum Feind und die Konvertierung zum Islam. Prominente Beispiele waren der geborene Italiener Cigalzade Yusuf Sinan Pasha, welcher Kapudan Pasha wurde oder der Kalabrese Kilic Ali Pasha, der Cervantes bei Lepanto gefangen nahm. Es gab eigene Agenten, welche das Vertrauen beider Seiten genossen und die Bedingungen für den Loskauf, insbesondere aber die Höhe des Lösegeldes vermittelten.

---

[25] Planhol 2000, 160.
[26] Goodwin 1998, 125.

Eine besondere Verstärkung erfuhr das Renegatentum, das vor allem im 16. Jahrhundert sehr ausgeprägt war, durch die Flüchtlingswelle der Morisken und Juden aus Spanien nach Italien und in den östlichen Mittelmeerraum – vor allem aber nach Nordafrika. Die spanisch-arabischen Emigranten, welche ab 1492 nach Rabat-Salé, Algier und Tunis auswanderten und zum Teil ihr Vermögen mitnehmen konnten, verstärkten das Piratentum der afrikanischen Küste beträchtlich. Ihr Motiv war nicht selten einfach Rache an den spanischen Eroberern. Die Osmanensultane versuchten, diese Bewegung politisch zu nützen. So unterstützte Sultan Selim III. 1568 und 1570 die Revolte der andalusischen Moriscos und riet ihnen, sich mit den Protestanten Europas zusammenzuschließen.[27] Im Osmanischen Reich selbst fanden viele der Flüchtlinge aus Andalusien eine neue Heimat und trugen mit ihrem Wissen und Kapital zum wirtschaftlichen Wohlstand der Küstenstädte des östlichen Mittelmeers bei.

Auch hier bildet das Mittelmeer eine – in diesem Fall sogar rein ideologische – Brücke zwischen der Süd- und der Nordhälfte dessen, was mit der landläufigen Bezeichnung als »Okzident« höchst unzulänglich bezeichnet ist (wie man gerade an diesem Phänomen sieht). So sahen die Vertriebenen Europas und die verfolgten Protestanten in den »Türken« gleichermaßen ihre Verbündeten. Große Teile der Armen, Schwachen und Unterdrückten Europas betrachteten auch die islamischen Barbaresken, welche als Seeräuber auftraten, als das kleinere Übel, zum Teil blickte man mit Hoffnung und Neid auf das Osmanische Reich als ein scheinbar perfektes System, in welchem die religiöse Toleranz gelebt wurde, während in Europa die Inquisition jede Regung von religiöser Abweichung mit Kerker und Scheiterhaufen ahndete.[28] Konversionen von Gefangenen zum Islam erfolgten schnell, oft weniger aus Überzeugung als in der Hoffnung, dadurch einem schlimmeren Schicksal zu entgehen. Anders – und vielleicht ein wenig pointiert gesagt: Noch mehr gefürchtet als die Konversion zum islamischen Glauben und die damit verbundene metaphysische Sanktion der ewigen Verdammnis war die ganz reale und handfeste Bedrohung durch die Inquisition. Auch ein fast klassenkämpferisches Element kam noch dazu – die Konversion stellte nicht bloß eine Flucht vor den Repressionen der Kirche, sondern generell ein Entweichen aus den Zwängen des europäischen Feudalsystems dar, es

---

[27] Cardini 2000, 208.
[28] Cardini 2000, 217.

war ein Eintreten in eine neue Welt, die zwar nicht minder grausam
sein konnte, aber in religiösen Belangen und – durchaus im Zusammenhang damit auch sozialpolitisch – ungleich toleranter war.

Zudem hatte der Korsar Haireddin in Algier einen neuen Staat
gegründet, der vom Nordrand des Mittelmeeres aus betrachtet
geradezu revolutionär gewirkt haben muss – gab es dort ja nichts,
was den feudalen Strukturen und der Herrschaft der Kirche ir-
gendwie vergleichbar gewesen wäre.[29] Es war ein reiner Renegaten-
staat, multiethnisch und multikulturell, der wie ein Magnet die
Verfolgten Europas anzog. Die politische Macht lag in den Händen einer Gruppe von Kaufleuten, die durch Piraterie und Handel
reich geworden waren. Dieser Staat war für so manchen Europäer
das lang gesuchte Tor zur Freiheit, eine konkrete Möglichkeit, dem
starren Feudalsystem mit seinen sozialen und ökonomischen Zwängen zu entkommen und in ein neues Land mit vielen Gefahren,
aber auch mit vielen Chancen zu emigrieren. Die Piraterie oder
das Korsarentum wurde für viele eine echte Existenzgrundlage, die
mit etwas Glück auch dem einfachen Mann Macht und Reichtum
erschließen konnte. All diese Möglichkeiten eröffneten sich ihm
über die Konversion zum Islam. Dass sich solches aber in einem
zutiefst *asymmetrischen* System abspielte, ersieht man aus dem Umstand, dass umgekehrt Konversionen vom Islam zum Christentum
nicht häufig waren. Dem lag wohl das einfache sozio-ökonomi-
sche Faktum zugrunde, dass das christlich-feudale System von frei-
gelassenen (das heißt ehemaligen) Moslems entschieden weniger
profitierte als von Moslems, die man als Sklaven (etwa für Ruderarbeit auf den Galeeren) einsetzen konnte.

Die Piraterie

Schon immer waren die Grenzen zwischen Piraterie, Handels-
schifffahrt und dem Bemühen mediterraner Staaten, ihre Hoheits-
ansprüche auf See zu wahren, fließend und diese drei Aktivitäts-
felder nicht wirklich trennbar. Es war schwer, zwischen einem Händler
aus Genua, der unterwegs ein kleineres islamisches Schiff aufbrachte
oder einem Piraten wie Hayreddin Barbarossa, der für sich in Anspruch nahm, im Auftrag der Pforte zu handeln, rechtliche Grenzen
zu ziehen. Staatliche Legitimierung zum Seeraub war zunächst – vom
14. bis ins 16. Jahrhundert – vage und nicht immer durch Dokumente belegbar, erst im Laufe des 17. Jahrhunderts kamen dann die

---

[29] Gabrieli 1983, 193.

Kaperbriefe bzw. so genannte »lettres de marque« auf, die eine Art Schutzbrief gegenüber den Behörden des Ausstellerstaates darstellten und auch später im internationalen Seerecht Anerkennung fanden. Überhaupt war die Seeräuberei ein altes Gewerbe des Mittelmeerraums. Die Produktionssysteme der Muslime wie auch der Christen beruhten vor allem auf der direkten Ausbeutung menschlicher Arbeitskraft, was bedingte, dass Unternehmer bei allen größeren Arbeiten möglichst billige Kräfte einsetzen mussten. Beide Systeme, das christliche wie das islamische, hielten die Einrichtung der Sklaverei für legitim. Haussklaven gab es nicht nur im Osmanischen Reich, sondern auch in Spanien und Italien. So wurde zum Beispiel nach der Übergabe von Málaga die gesamte muslimische Bevölkerung von den katholischen Königen versklavt.[30] 1549 gestattete Papst Pius II. die Verwendung von Sklavinnen und Sklaven, wenn sie eindeutig muslimischer Herkunft waren.

Neben den Sklaven wurden Verbrecher an die Ruderbänke der Galeeren gekettet, ebenso alle Gefangenen, die im Zuge der häufigen Auseinandersetzungen gemacht wurden. Verbrecher zum Galeerendienst zu verurteilen, war ein altes Strafsystem, das sich überdies sehr lange hielt, nämlich bis ins 18. Jahrhundert. Verdammung zu den Galeeren war eine gefürchtete Strafe der Justiz und eine Möglichkeit des Staates, zu kostenlosen Arbeitskräften zu gelangen. Diese Zwangssysteme führten aber auch zu großen Fluchtbewegungen, viele Ausgebeutete glaubten in der Freiheit zur See eine Möglichkeit zu finden, noch schlimmerem Schicksal an Land zu entrinnen. Allerdings muss erwähnt werden, dass besonders in frühen Phasen, also etwa zwischen dem 10. und 14. Jahrhundert, vor allem freie Männer an den Ruderbänken saßen, die sich sogar an kommerziellen Unternehmungen beteiligen konnten.[31]

Es war natürlich auch die Aussicht auf Beute, die als eine wenn auch nur vage Möglichkeit, zu Reichtum zu gelangen, die Zukurz-Gekommenen aller Herren und Länder aufs Meer hinaus lockte. Warum aber wurde gerade der Maghreb zur Heimat der Korsaren? Zum besseren Verständnis der Ursachen wird man hier wohl ein wenig ausholen und in der Geschichte zurückgehen müssen. Denn einerseits hatte Ifriquija schon im 11. Jahrhundert unter der Invasion »christlicher« Seefahrer – zum Beispiel seitens der Normannen – gelitten, was die staatlichen Strukturen beträchtlich geschwächt hatte. Wobei freilich anzumerken wäre, dass auch die

---

[30] Siehe dazu Ladero Quesada 1979, 198.
[31] Lane 1980, 93.

islamische Seite schon früh zu Formen einer – um es so zu sagen – »staatlichen Anerkennung piratenhafter Aktivitäten Einzelner« zu greifen pflegte (wie indirekt auch immer solche Unterstützung gewesen sein mochte). Für ein solches Oszillieren zwischen Piraterie als Folge staatlichen Machtvakuums und einer Staatsgewalt, die sich des Seeräubertums schlau bediente, gibt es seit den westlichen Dynastien der 'Umayyaden Spaniens bis hin zu den Nasriden von Granada, von den Almohaden in Nordafrika bis zu den Mariniden Marokkos eine Fülle von Zeugnissen.[32]

Andrerseits hatte die Pest von 1348 die Bevölkerung gewaltig dezimiert, sodass im 16. Jahrhundert in ganz Nordafrika schätzungsweise nicht mehr als zwei bis drei Millionen Menschen lebten. Für die Überlebenden verschlechterten sich zudem die Ressourcen noch weiter: die Verfügbarkeit ackerfähigen Bodens und damit die landwirtschaftliche Basis war stark zurückgegangen. Schließlich das Immigrantenproblem: Die nach 1492 aus Spanien geflüchteten Moriscos konnten sich nur schwer in die nordafrikanische Gesellschaft integrieren und bildeten ein isoliertes Element. Auch der früher so intensive Saharahandel, der einst ein wichtiger Wirtschaftszweig gewesen war und der Region zu Wohlstand verholfen hatte, war zum Erliegen gekommen.

Diese Umstände beschleunigten die Entwicklung des Korsarentums, denn die Eindringlinge stießen diesmal in ein staatliches Machtvakuum vor. Ohne staatliche Kontrolle konnten sich Abenteurer leicht Stützpunkte schaffen und Basen für Piratenzüge errichten. Zahllose Vertriebene, Abenteurer oder Unglückliche liefen ihnen zu und suchten als ihre Gefolgsleute eine Lösung ihrer wirtschaftlichen Probleme. Ein mytilenischer Grieche, ein Renegat mit Namen Arudsch bekam 1504 vom Hafsidenherrscher von Tunis die Erlaubnis, den Hafen von La Goulette anzulaufen und die Insel Djerba als seine Basis zu benutzen. Der Emir von Tunis erhielt zwanzig Prozent der Erträge des Korsaren. Der Bruder Arudschs war ein gewisser Chidir, der im Osten Chaireddin und im Westen Barbarossa genannt wurde. Dieser lieferte ein politisches Meisterstück, als er Istanbul die Oberhoheit über seine Eroberungen Algier, Ténès, Tlemcen, Djidjelli und Cherchel offerierte und 1518 technischen Beistand für den Ausbau der osmanischen Marine anbot. Zum Dank erhielt er von Sultan Selim I. den Titel eines *beylerbeyis*, also eines hochrangigen Provinzgouverneurs von Algier.

---

[32] Picard 1997, 126 f., 357-360.

Die Einstellung der Osmanen zum Seekrieg

Die Osmanen hatten zum Krieg auf dem Meer eine anderer Einstellung als zum Landkrieg.[33] Das von ihnen geführte Heer wies eine streng zentralistisch geordnete Struktur auf und hatte einen hierarchischen Aufbau. Die »Marine« oder besser die Seestreitkräfte wiesen eine losere Formation auf. Es gab keine Seestreitmacht im modernen Sinn, denn die Arbeitskräfte für den Bau der Schiffe und die Besatzung wurden immer für den jeweiligen Bedarf herbeigeholt und wenn erforderlich verstärkt. Das System der osmanischen »Flotte« beruhte eher auf Bündnissen mit Piraten oder anderen Partnern, die für den Kriegsfall mit militärischer Kommandogewalt und mit Ehrungen ausgestattet wurden. Sehr oft mussten Würdenträger des Reiches Schiffe und Bemannung aus der eigenen Tasche finanzieren und sie dem Sultan als ein Zeichen der Ergebenheit für den Anlassfall zur Verfügung stellen.

Auch hatte man keine fixe Ausbildungsstätte oder »Marineakademie« – im Gegensatz zum Heer, bei dem sich das Janitscharensystem schon sehr früh, etwa ab dem 14. Jahrhundert auf erzieherische Elemente stützte, die man sich analog zu dem vorstellen darf, was im Westen die »Kriegsakademien« darstellten – also die Ausbildung zum Soldaten ab dem Knabenalter, Drill, Kasernierung und unbedingte Ergebenheit gegenüber dem Sultan. Während die westlichen Seefahrerstaaten schon früh nautische Ausbildungssysteme, insbesondere im Rahmen von Schiffsbruderschaften kannten – das große Vorbild in diesem Zusammenhang ist Heinrich der Seefahrer mit seiner Akademie in Sagres – blieb im Osmanischen Reich die Heranbildung von meereskundigen Fachleuten auf die individuellen Schiffskapitäne beschränkt, die jeweils im Bedarfsfall angeheuert wurden.

Den höchsten Rang in der osmanischen Marine hatte der Kapudan Pasha inne, der dem westlichen Admiral entsprach, wenn auch das Wort *kapudan* vom italienischen *capitano* stammte. Dieser war in der militärischen Hierarchie allerdings höher gestellt als die vergleichbaren Kommandierenden des Landheeres.

Auf See dienten auch Janitscharen, welche als Eliteeinheiten im Nahkampf eingesetzt wurden. Darüber hinaus waren sie wahrscheinlich ein Instrument der internen Kontrolle der Pforte über die jeweiligen Befehlshaber, ob es nun der Schiffskapitän oder der Kommandant der Flotte war. Mit ihrer unbedingten Loyalität zum Sultan

---

[33] Goodwin 1998, 124.

waren sie ein gewisser Garant dafür, dass Verbündete nicht bei erster
Gelegenheit die Fronten wechselten – es gibt zahlreiche Beispiele
für Überläufer am Vorabend oder während der Schlacht. Darüber
hinaus repräsentierten sie die Zentralmacht des Sultans. Denn die
Pforte konnte viele Korsaren nur oberflächlich kontrollieren, weit
entfernte Seestädte wie Algier oder Tunis wurden zwar durch eine
formelle Loyalitätserklärung an den Sultan gebunden, mussten aber
in der Praxis durch Geschenke und durch eine geschickte Politik im
Verband des Osmanischen Reiches gehalten werden.

Die Auseinandersetzungen zur See im Mittelmeer des 15. bis
17. Jahrhunderts boten darüber hinaus so manches klassische Beispiel für die Durchlässigkeit der Gesellschaft dieser Zeit. Die Seeleute bildeten eine Art Bruderschaft, worin oft die Seiten gewechselt
wurden.[34] Die Mannschaft einer Galeere war zudem in den meisten
Fällen ein Spiegel der Nationen aller Staaten und Länder der damaligen Welt. Im Gegensatz zu Kriegsgefangenen und Sklaven gab es,
wie schon erwähnt, auf den Ruderbänken auch bezahlte Söldner
oder sogar Freiwillige, die im Osmanischen Reich *gönüllü* genannt
wurden, d.h. solche, die mit dem Herzen (türkisch *gönül* = Herz,
Seele, Mut) dabei waren: Junge Männer, die aus Kriegsbegeisterung
mitmachen wollten und die aus den Dörfern des Balkans und Anatoliens rekrutiert wurden.

Die Kampagnen der osmanischen Marine unterlagen nicht der
Regelmäßigkeit der Feldzüge des Landheeres. Letztere wurden jeweils im Herbst, der dem geplanten Heerzug voranging, geplant, es
wurden die Mittel zur Finanzierung bereitgestellt wie auch Pläne für
die Logistik ausgearbeitet und Vorräte angelegt. Diese Aktivitäten
erlaubten es den in Istanbul ansässigen italienischen Konsuln, Kriegs-
vorbereitungen des Sultans schon lange vorher nach Europa zu mel-
den. Da aber die europäischen Fürsten für einen Krieg noch viel
längere Vorlaufzeiten benötigten, blieb dieser strategische Vorteil ohne
Auswirkungen.

Seekriegsunternehmungen waren schwieriger zu organisieren.
Einerseits mussten neue Schiffe gebaut werden – Galeeren waren
zwar für die damalige Zeit technisch hochstehende Konstruktionen, hatten jedoch ohne dauernde Pflege nur eine kurze Lebens-

---

[34] Dem Vorhandensein solcher »Seemannsbruderschaften« entsprach ein
dem ganzen Mittelmeerraum eigener, trans-religiöser Code von Sitten
und Gebräuchen, ein gemeinsamer Fundus »abergläubischer« Vorstel-
lungen und »häretischer« Praktiken, die wohl zum Teil uralten, jedenfalls vorchristlichen und vorislamischen Ursprungs gewesen sein mochten: vgl. Planhol 2000, 182 f., 467.

zeit. Darüber hinaus war für die Ausrüstung zu sorgen und vor allem für die Bemannung, eines der größten Probleme. Denn wenn eine größere Galeere rund 250 Mann benötigte und bei bedeutenderen Operationen einige hundert Schiffe eingesetzt wurden, so kam man leicht auf einen Mannschaftsbedarf von über 10.000 Mann, die nicht nur als Ruderer, sondern auch als Soldaten, Matrosen und in den Werften eingesetzt wurden.[35] Die Flotte verschlang Mannschaften in großer Zahl – selbst wenn man genügend Menschen beisammen hatte, die hygienischen Zustände der Zeit brachten eine große Sterblichkeitsrate mit sich. Auch die Schwerstarbeit beim Rudern, die Entbehrungen und die unzulängliche Ernährung auf hoher See forderten Opfer. Das größte Problem war daher nicht der Schiffsbau selbst, sondern immer die Besetzung der Schiffe mit zahlenmäßig ausreichender und genügend ausgebildeter Mannschaft. Besonders letzteres war oft die eigentliche Hürde, die nicht immer glücklich überwunden wurde. War eine ausreichende Besatzung einmal vorhanden, begannen in vielen Fällen erst die eigentlichen Schwierigkeiten – mit den Unwägbarkeiten einer Ausbildung, die, um nur ein Beispiel zu nennen, bei einer Galeere mittlerer Größe das absolut synchrone Zusammenarbeiten von über hundert Ruderern zu gewährleisten hatte.[36]

Venezianische Galeeren hatten in der Standardversion etwa 164 Ruderer, sie galten als die schnellsten Modelle. Darüber hinaus wog die reiche Erfahrung und die maritime Tradition der Serenissima sehr stark, da man auf eine große Zahl von seeerfahrenen Ausbildnern zurückgreifen konnte. Als zusätzliches Erfordernis kam noch dazu, dass auf vielen Galeeren die Ruderer auch im Kampf eingesetzt wurden, somit durfte man ihnen in kritischen Situationen auch vor einer Auseinandersetzung nicht zu viel an Ruderarbeit zumuten.

Kultureller Austausch und technologische Durchdringung: Schiffsbau, Waffentechnik und Seemannswissen

Gerade bei der Produktion von Schiffen im Osmanischen Reich waren die Merkmale der kulturellen Durchdringung seit jeher besonders deutlich sichtbar.[37] Als reines Landheer hatte die Osmani-

---

[35] Guilmartin 1974, 108 ff. weist auf die komplexe Problematik der Mannschaftsaufstellung für Galeeren hin.
[36] Guilmartin 1974, 196.
[37] Grant 1999, 184.

sche Streitmacht zunächst wenig Bedarf an Schiffen, diese dienten
im 13. Jahrhundert lediglich zum Truppentransport in Küstennä-
he und vermochten keinerlei operative Aufgaben wahrzunehmen.
Das erste Arsenal wurde unter Bayezid I. (1389–1402) in Gallipoli
gebaut, weitere folgten im Marmarameer, in der Ägäis und im
Schwarzen Meer. Zur Zeit Mehmets II. (1451–1481) verfügte die
Flotte bereits über 30 Galeeren und Selim II. (1512–1520) besaß
eine bedeutende Flotte, die in über 110 Werften hergestellt worden war. Ende des 16. Jahrhunderts zählte man über 550 Schiffe,
die von ca. 60.000 Arbeitern produziert worden waren. Besonders
spektakulär war die Wiederherstellungsaktion nach der Schlacht
von Lepanto 1571, in welcher die verlorenen Galeeren, angeblich
über 300 an der Zahl, in wenigen Monaten erneuert wurden; ein
einzigartiges Beispiel an logistischer Leistung und eindrucksvoller
Beweis für die Stärke einer Großmacht.

Schiffsbaumeister waren vor allem Venezianer und Genuesen,
unabhängig davon, ob die Seerepubliken gerade kriegerische Konflikte mit der Pforte austrugen oder nicht. Dasselbe galt für die
Produktion von Kanonen und Musketen, bei welcher europäische
Geschützmeister im Dienst standen. Im Istanbuler Arsenal wurden Schiffe gebaut, repariert und ausgerüstet. Die Kanonen kamen von der zentralen Geschützgießerei, dem *tophane*, Segeltuch,
Tauwerk und andere Ausrüstungsteile wurden aus den Provinzen
angeliefert. Die Venezianer hingegen produzierten in ihrem *arsenale*
von der Kanone bis zum Segel sämtliche Teile ihrer Schiffe selbst.

Was die Kosten der Konstruktion und vor allem des Unterhal-
tes einer Flotte anlangt, so waren diese immens und lagen beim
Vier- bis Fünffachen der Ausgaben für vergleichbare Landeinheiten.[38]
Es sind uns die Ausgaben für Haireddin Barbarossa von 1534 bekannt, der als Verbündeter von Franz I. mit seiner gesamten Flotte
den Winter in Toulon verbrachte. Diese Kampagne kostete 1,2 Millionen Venezianische Dukaten oder 72 Millionen *akçe*. Damals be-
liefen sich die Einnahmen des osmanischen Staatsschatzes auf 198,9
Millionen *akçe* pro Jahr. Dabei handelte es sich übrigens um eine
einmalige und ausnahmsweise direkte Finanzierung der Marine.[39]

Die klassische Galeere, seit der Antike durch Ruderkraft bewegt, wurde zwar im Laufe der Zeit schlanker und etwas schneller,
die einzige Neuerung war aber ab dem 15. Jahrhundert die Kanone am Bug. Die Geschwindigkeiten betrugen etwa sechs bis sieben

---

[38] Murphey 1999, 23.
[39] Murphey 1999, 17-18.

Stundenkilometer, im Kampfeinsatz für kurze Zeiten etwa zwölf Stundenkilometer. Auch die Waffentechnik konnte kaum gesteigert werden. So schoss etwa 1571 in der Schlacht von Lepanto ein Galeerengeschütz ca. 1620 m weit, im 17. Jahrhundert nur wenig mehr, nämlich ca. 1800 m.[40]

Die Hauptauseinandersetzung auf See fand nicht durch Fernwaffen statt, sondern die Entscheidung fiel auf den Schiffen selbst, war also im Prinzip ein Landkampf. Die Galeeren besaßen am Bug eine Enterbrücke, welche über dem Rammsporn lag und bei Berührung mit dem Feind herabgelassen wurde, um die eigene Infanterie auf das gegnerische Schiff zu bringen und die Entscheidung herbeizuführen.[41] Allerdings wurde bei Lepanto auf christlicher Seite bereits eine Schiffsart eingesetzt, die den Galeeren in bestimmten Situationen überlegen war. Es war dies die Galeasse, ein großes Kriegsschiff mit erheblichem Tiefgang und viel breiterem Rumpf, das auch mit mehr Segeln ausgerüstet war. Hervorstechendes Merkmal und eine technologische Neuerung war die große Anzahl der Kanonen, die aus höheren Aufbauten feuerten und den niedrigen Galeeren sozusagen von oben gefährlich wurden.

Dieser Schiffstyp musste freilich für seine Vorteile mit geringerer Geschwindigkeit bezahlen. Größere Typen wurden sogar vor der Schlacht von kleineren Galeeren gezogen und begannen erst kurz vor dem Kampf mit ihren eigenen Kräften zu rudern. Die waffentechnischen Möglichkeiten der Galeasse waren jedoch evident – höhere Seetüchtigkeit, drehbare Geschütze am Bug, ein Rammsporn und die Möglichkeit, spanische Soldaten, die gepanzert waren, in größerer Anzahl mitzuführen. Damit waren die Galeassen den fragilen Galeeren artilleristisch durch bis zu 30 Geschütze an Bord weit voraus und brachten eine zeitweilige Überlegenheit der westlichen Allianz, besonders im Zuge von größeren Seeschlachten.[42] Die Konstruktion der Galeasse durch die Spanier und Italiener war sicherlich eine Folge der Erfahrungen, welche die Portugiesen im Zuge ihrer atlantischen Expansion mit ihren fester gebauten und besser bewaffneten Schiffstypen gemacht hatten. Übrigens war auch die sonst so ausgezeichnete Seemacht Venedig so wie die Osmanen lange Zeit nicht von den Vorteilen der Galeasse überzeugt und verließ sich auf die bewährte Taktik der Galeeren. Dies könnte auch als ein Beweis dafür dienen, dass der

---

[40] Warner 1963, 12-13.
[41] Meyer 1993, 185.
[42] Martinez 1987, 43.

osmanische mit dem venezianischen Schiffsbau lange Zeit parallel lief, d.h. dass der technologische Transfer der Osmanen hauptsächlich über die Venezianer lief – viele der Dockleiter in der osmanischen Marine waren schließlich Venezianer.

Als Antwort auf die Herausforderung der Galeasse konnte die osmanische Marine immerhin die so genannte *mahona* aufbieten – einen Typus von sehr großen Galeeren mit einer dementsprechend größeren Anzahl von Geschützen an Bord. Dennoch überstiegen die Geschützzahlen zumeist sieben bis zehn Stück nicht, womit dieser Schiffstyp der Galeasse natürlich weiterhin deutlich unterlegen blieb. Es dauerte bis 1682, bis Großwesir Kara Mustafa Pasha den Befehl gab, die Flotte auf Galeassen umzurüsten.[43]

Freilich ist festzuhalten, dass die Galeasse zumindest im Mittelmeer der Galeere nicht von vornherein überlegen war. Die Wetter- und Seeverhältnisse in diesem Binnenmeer sind anders als im Atlantik: viele Windstillen, Untiefen, Inseln und Landzungen – die Überlegenheit der kleinen, wendigen Galeere mit geringem Tiefgang gegenüber der schwerfälligen Galeasse liegt hier auf der Hand. Nur dass eben letztere in der Seeschlacht selbst eindeutig das stärkere Kriegsinstrument war.

Möglicherweise waren es aber auch nur Materialüberlegungen, welche die Osmanen die Galeerenkonstruktion bevorzugen ließen. Eine Galeasse oder ein großes Segelschiff benötigt eine Unmenge an Holz, während man eine Galeere auch mit beschränkteren Mitteln herstellen kann. Denken wir nur an die Tatsache, dass die Osmanische Flotte, die ja 1573 bei Lepanto über 300 Galeeren verloren hatte, nach einem halben Jahr wieder ihre ursprüngliche Zahl erreicht hatte.

Auf längere Sicht war die Einführung der Galeasse aber nicht mehr aufzuhalten. Zu oft hatten die atlantischen Mächte Portugal und Spanien die artilleristische Überlegenheit dieses Schiffstyps demonstriert, darüber hinaus drangen auch die Engländer und Holländer ins Mittelmeer ein. Im Laufe des 17. Jahrhunderts versuchten Venedig und die Osmanen ihr Defizit durch das Anheuern von Verbündeten, welche über Galeassen verfügten, auszugleichen. Venedig begann mit dem Bau dieser Schiffe ab 1667, die Osmanen folgten etwas später.[44] Da sich aber beide Mächte in diesem Bereich fast ausschließlich aneinander orientierten, blieben sie hinter den Entwicklungen, welche die atlantische Seefahrt mit sich brachte,

43 Murphey 1999, 186.
44 Murphey 1999, 187.

zurück. Denn seit der stärkeren Ausbildung des Handels ab dem 13. Jahrhundert waren die Schiffe immer größer und breiter geworden. Die Schiffsgröße stieg von 100 auf ca. 300 Tonnen. Die großen Segelschiffe erhielten bis zu vier Masten, zum Teil mit Rahsegel getakelt. Dies ist die eigentliche Vorgeschichte der späteren Überlegenheit englischer und französischer Seestreitkräfte im Mittelmeer, wenn auch die Osmanen die Umstellung von Ruder- auf Segelschiffe zu Beginn des 18. Jahrhunderts vollzogen hatten.

Für das Osmanische Reich machte sich das Fehlen einer eigenen Handelsmarine störend bemerkbar. Einerseits stand ihnen damit kein größeres Reservoir an Seeleuten mit Erfahrung zur Verfügung, andererseits waren sie im Technologietransfer sehr auf die Erfahrungen der Italiener angewiesen. Auch hatten sie im Arsenal von Galata keine feste Mannschaft an Handwerkern, welche die Erfahrung im Schiffsbau pflegen und tradieren konnten, die nötigen Hilfskräfte wurden vielmehr bei Bedarf an Schiffen jeweils frisch angeheuert und dann wieder entlassen. In der Organisation ihres Landheeres waren die Osmanen zweifellos brillant – die Janitscharen waren die ersten professionellen Soldaten der Neuzeit mit fixer Besoldung, systematischer Ausbildung und Kasernen. Aber wenn es um die Schaffung einer ähnlichen Institution im Bereich des Seekriegs ging, mangelte es der Pforte sehr oft an letzter Konsequenz.

Auch in der Waffentechnik gab es einige Unterschiede, welche besonders nach Lepanto, als man die Schlacht analysierte, stark hervortraten. Die Osmanen verwendeten meistenteils – trotz ihrer annähernd gleichwertigen Artillerie – noch Pfeil und Bogen, was ihnen zwar den Vorteil einer höheren Feuergeschwindigkeit bot, allerdings auch – vor allem was die Reichweite betraf – empfindliche Nachteile bescherte. Die christliche Seite stützte sich vor allem auf die Arkebuse. Allerdings war bei Lepanto nicht der Einsatz von Kleinfeuerwaffen ausschlaggebend, sondern die Taktik, die von den Galeeren Don Juans besser umgesetzt wurde.[45]

Im Schiffsbau hatte also die atlantische Expansion den europäischen Staaten einige Neuerungen gebracht, die den Osmanen mit der Zeit zum Nachteil gerieten. Die atlantischen Fahrten der Portugiesen waren ja nur durch die Entwicklung eines seetüchtigeren Schiffstyps, der Galleone (im Atlantik Karacke genannt)[46], möglich

---

[45]   Siehe Martinez 1987, in welchem sehr detailliert auf die nautischen und militärischen Aspekte der Seekriegsführung eingegangen wird.

[46]   Vgl. dazu aber oben, Anm. 23 (zum arabischen Terminus *kharidja* in einem granadinischen Dokument des 14. Jahrhunderts).

geworden. Alles in allem war somit der technische Vorsprung der atlantischen Seemächte England, Holland und Portugal uneinholbar und bildete die Basis für die – sich schon bald als endgültig erweisende – Überlegenheit des Segelschiffes über die Galeere.

Die Taktik zur See war zum Teil auch ein Ausdruck der grundlegenden Militärphilosophien beider Mächtegruppen. Da sich die Osmanen vor allem in ihren Landheeren verwirklichten, also von ihrer Überlegenheit als Reiter und Bogenschützen geprägt waren – worin die Elemente des schnellen Zuschlagens, Schießens und sich wieder Abwendens vorherrschend sind –, so suchten sie diese Methode auch auf die Seekriegsführung zu übertragen. Aus der Steppe kommend waren sie gewohnt, mit großen Räumen und Entfernungen zurechtzukommen und sich auf ihre gut organisierte Kavallerie zu verlassen. Daher spielte für sie das mobile Element im Seekrieg eine wichtige Rolle. Die Ideologie der Europäer war eher auf die Burg, auf die Verteidigung einer Stadt und somit auch auf die schwere Artillerie beziehungsweise allgemein auf die Feuerwaffe (als Handfeuerwaffe in Gestalt der Muskete) ausgerichtet. So ist es nicht erstaunlich, dass die Schiffskonstrukteure sehr bald auf den Schiffstyp der Galeasse kamen bzw. im Atlantik die Portugiesen auf den der Nau bzw. der größeren Karacke – alles Schiffstypen, die gut geeignet waren, viele Kanonen zu tragen. Sie sind als Entsprechung zur hanseatischen Kogge (dem bauchigen, voluminösen Handelsschiff) anzusehen. Darüber hinaus erkennt man bei der Betrachtung dieser Schiffstypen auf zeitgenössischen Darstellungen sehr gut, wie dabei die »Festungsidee« auch zur See verwirklicht wurde. Die hohen Bordwände, das hochgezogene Vorder- und Hinterkastell tragen Elemente des Burgenbaus in sich.

Eine direkte Folge der unterschiedlichen Schiffskonstruktionen und ihrer militärischen Einsatzmöglichkeiten ist nun aber die jeweilige Taktik, wie sie bei den Auseinandersetzungen auf dem Meer zur Entfaltung kommt. Hat die Standardgaleere aus Platznot die Kanonen nur im Bug, so muss sie zwangsläufig immer so gedreht werden, dass dieser auf den Feind gerichtet ist, ein Vorgang, der im Getümmel einer Seeschlacht nicht immer einfach ist. Die Galeasse kann hingegen Geschütze auf allen Seiten zum Einsatz bringen, ist zudem höher gebaut und kann sozusagen auf den Feind hinunterschießen, was ihr entscheidende taktische Vorteile bringt. Galeeren müssen in der Schlacht in Frontlinie angreifen, um ihre Bugartillerie zum Einsatz bringen zu können, Galeassen und ähnliche Schiffstypen können eher Manöver bewerkstelligen, die sie auf die ungeschützte Seite oder zum Heck des Gegners bringen.

In Lepanto tragen die Erfahrungen der spanischen Militär-
doktrin vom kombinierten Einsatz von Artillerie, Kavallerie und
Infanterie ihre Früchte. Die »Kavallerie« wird dabei von den schnellen Galeeren gebildet, die Artillerie befindet sich massiert auf den
Galeassen und die Infanterie mit ihren Arkebusen agiert von den
erhöhten Bug- und Heckteilen aus. Die Osmanen dagegen verlassen sich immer noch auf das Element Beweglichkeit – den mas-
sierten Einsatz von Galeeren in großer Zahl mit der großen Schussfolge der Pfeile ihrer Bogenschützen.

Bei Betrachtung der islamischen Seefahrt insgesamt – also unter
erweitertem Blickwinkel, der sich nicht nur mit der osmanischen
Flottenpolitik als solcher begnügt – ist freilich eine wichtige Diffe-
renzierung vorzunehmen. Der Vorsprung »westlicher« und »nordi-
scher« Hochseefahrer mit ihren Karacken, Galeassen und Galeonen
war nicht so »uneinholbar«, wie es dem heutigen Betrachter erscheinen mag – es ist nur eine Frage des genauen Blicks. Was man findet,
ist dann nicht nur ein »Aufholen«. Es gibt gerade im Zusammenhang mit der Frage des Eindringens »atlantischer« Hochbordschiffe
in den Mittelmeerraum die interessantesten Formen der Anpassung
an das Neue; Formen, die vielleicht nicht unbedingt spektakulär zu
nennen sind, die dafür aber von nachhaltigster Wirkung waren.
Militärische Formen, versteht sich. Die Rede ist von einem echten
Hot Spot, einer »Frontera des Meeres« – oder anders gesagt, vom
Meer als dem Schauplatz der Piraterie.

Die Piraten mit ihrem hohen Anteil an übergelaufenen Fremden waren die ersten, die auch im Mittelmeer die Vorzüge der
»atlantischen« Segelschiffe erkannten und zum Einsatz brachten.
Sie fanden aber auch als erste deren spezifische Nachteile heraus,
die sie – hierin echte Neuerer! – alsbald korrigierten. So entfern-
ten sie alle unnötigen Aufbauten (die das an sich sehr seetüchtige
Schiff für mediterrane Verhältnisse zu unhandlich, zu schwerfällig
gemacht hatten) und verbesserten beziehungsweise vereinfachten
auch die Takelage.[47] Es entstand der *sciabecco* – »ein schnelles und
manövrierfähiges Schiff, gleichsam ein Sinnbild für die Epoche
der Barbaresken. Ab dem 17. Jahrhundert wird es von den Seeräu-
bern der nordafrikanischen Küste für ihre Enterfahrten benutzt.«[48]
So erfolgreich war dieser Schiffstyp auf muslimischer Seite, dass er
nun seinerseits von den christlichen Seefahrern kopiert wurde. Noch
heute stellt er das eigentliche »Segelschiff des Mittelmeeres« dar.

---

[47] Lo Jacono 1983, 202 f. (Abb. 1-7); siehe dazu auch Planhol 2000, 206.
[48] Lo Jacono 1983, 202 (zu Abb. 1).

Im Seekrieg war die Aufklärung über die Absichten des Gegners, die Kenntnis des Meeres und seiner Küsten sowie der Häfen von großer Wichtigkeit. Wir betreten hier das Reich der *Kartographie* mit den von ihr produzierten *Seekarten,* die den Seefahrern eine noch im Spätmittelalter praktisch unbekannte Orientierungshilfe boten. Wie groß die Wertschätzung dieser neuen Hilfsmittel der Seefahrt war, kann man zum Beispiel daraus ersehen, dass es üblich war, nach der Kaperung eines Schiffes sofort die Karten zu suchen beziehungsweise dass umgekehrt die Kapitäne solcher eroberter Schiffe noch kurz vor der Niederlage versuchten, alle an Bord befindlichen Seekarten zu versenken, um sie nicht in Feindeshand fallen zu lassen.

Solche Kartenwerke waren Kostbarkeiten, wissenschaftliche Werke, die auf Vorlagen beruhten, die zum Teil aus der Antike stammten. Eines der berühmtesten Kartenwerke war die Seekarte des osmanischen Admirals Piri Reis, der diese in seiner Heimatstadt Gelibolu (Gallipoli) um 1513 zeichnete und sie dem Sultan Selim I. 1517 nach der Eroberung Ägyptens überreichte. Es war eine Weltkarte – jene Teile, die das Mittelmeer zeigen, sind gut erhalten. Interessant ist, dass sie in typischer Vermischung einerseits auf allerneuesten Informationen – nämlich den Karten von Christoph Kolumbus sowie auf portugiesischen Karten – beruht (so finden sich bereits die jüngst entdeckten Teile Amerikas auf ihr verzeichnet) – während andere Teile noch immer auf kartografische Überlieferungen aus der Zeit Alexanders des Großen zu verweisen scheinen.[49]

An dieser Stelle ist vielleicht ein Exkurs angebracht – ein kurzer Überblick zur Geschichte spätmittelalterlich-frühneuzeitlicher Kartographie (und zur Rolle, die der islamische Kulturkreis für deren Entwicklung gespielt haben dürfte). Insbesondere die Seekarte interessiert, ist sie ja sozusagen beides – Hilfsmittel und künstlerisch-ästhetischer Überbau der zivilen und militärischen Nautik. Entstanden ist sie als so genannter *portulan.* »Ein Portulant«, so lesen wir, »war ein Buch der Küstenkarten […] oder eine exakte Beschreibung der Küsten, Häfen, Reeden und Ankerplätze«.[50] Auf diesem verschriftlichten Seemannswissen bauten alle frühneuzeitlichen Seekarten auf – im Gegensatz etwa zu den mittelalterlichen »Weltkarten« arabischen Ursprungs, die auf »landgestützter Geographie« (und Astronomie) sowie auf »enzyklopädischem« (oft

---

49 Zum Kartenwerk des Piri Reis siehe Gabrieli 1983, 185 (Abbildung); dsgl. den Beitrag von Giacomo E. Caretto/Alberto Ventura: »Sindbad der Seefahrer«, in: Gabrieli 1983, 181-191.

50 Die Geographen P. de Chales (1670) bzw. Chazelles (1701) – zit. nach Kretschmer/Dörflinger/Wawrik 1986, 618.

bis in die Antike zurückreichendem) Gelehrtenwissen basierten.[51] *Portulankarten* sind somit erstmals keine »theorielastig-intellektuellen« Produkte, sondern haben einen durch und durch praktischen Ursprung und Wert. »Die Verwendung der Karte auf See ist durch Texte belegt«[52] – etwa schon um 1305 bei Raimundus Lullus.

Was die Portulankarten von allen Vorgängern – zum Beispiel auch von der berühmten »Weltkarte« des arabischen Geographen Idrisi (1100–1166)[53] – unterscheidet, ist ihre ungleich größere Exaktheit, besonders was Maßstabstreue und Detailreichtum der eingezeichneten Küstenlinien anlangt. Etwa die Darstellung der südspanischen Küste von Almería bis Gibraltar/Tarifa (heute bei Touristen als Costa del Sol bekannt und beliebt), wie sie auf zwei derartigen »Portulankarten« des 14. Jahrhunderts figuriert – auf der berühmten Weltkarte des Abraham Cresques (von ca. 1375) sowie auf der noch ein wenig älteren Karte spanisch-arabischen Ursprungs, der »Carta naútica Magrebina« (nach 1333 entstanden): diese Darstellung weicht auf einer Länge von 300 Kilometern lediglich um 5,8 Kilometer von der tatsächlichen Gestalt ab (bei einer durchschnittlichen Deviation von 2,91 Kilometern, gemessen an zwölf Punkten zwischen den Orten Marbella und Motril).[54] Aber nicht nur die verblüffende Maßstabstreue solcher erstmals auch in der Praxis anwendbaren und an den Erfordernissen des Seefahrers erprobten kartographischen Erzeugnisse[55] erregt die Aufmerksamkeit des modernen Betrachters. Mindestens ebenso frappierend ist die kulturelle Durchlässigkeit des dahinter stehenden Know-hows, worin sich ein internationales Expertentum in Form bringt!

Verweilen wir noch ein wenig bei den Karten des westlichen Randes der Méditerranée, und da vor allem bei jener arabischen Hervorbringung granadinischer Provenienz. Die formale Gestaltung der »Carta naútica Magrebina« ist klassisch italienisch; ihre Konstruktion beruht auf dem erstmals in Pisa dokumentierten Prinzip des so genannten *marteloío:* einer symbolistisch-symmetrischen

---

[51] Meissner o.J., 32 ff. (Abbildungen klassischer, sehr schematischer arabischer Karten), 69 ff., bes. 71 (Abbildung »Das Mittelmeer« sowie »Ägypten und das Rote Meer«).

[52] Kretschmer/Dörflinger/Wawrik 1986, 621.

[53] Kretschmer/Dörflinger/Wawrik 1986, 324 ff.; Reproduktion der Weltkarte von 1154 in: Meissner o.J., 32.

[54] Zum »Katalanischen Atlas« siehe Nebenzahl 1990, 6 f.; zur Darstellungsgenauigkeit dieser Karte: Liedl 1992, 22 (Anm. 15). – Zur »Carta naútica Magrebina«: Vernet 1992, 183 (Abb. 6), 185; ausführliche Beschreibung und Merkmalsanalyse: Liedl 1995, 24 ff., bes. 27 (Abb. 3).

[55] Vernet 1992, 185.

Anordnung von Rumbenlinien (zwei um 45 Grad gegeneinander gedrehte Gitternetze), in die zur Richtungsbestimmung »Windrosen« eingesetzt sind. In der Beschriftung wiederum zeigt sich das geographische System doppelt verortet: zwar ist die Karte durchgehend arabisch beschriftet – Ortsnamen des »christlichen« Europa sind jedoch eindeutig als Übersetzungen erkennbar. So heißt etwa Britannien *djazira inghiltira* (»Insel England«), wohinter sich natürlich das italienische *Inghilterra* verbirgt. Andrerseits ist Spanien, ist die Iberische Halbinsel immer noch »al-Andalus«, und Gibraltar figuriert als *djabal al-fat(a)h* (»Berg der Eroberung, des Sieges«) – in Würdigung der Tatsache, dass die Festung erst kürzlich aus den Händen der Christen zurückerobert worden war (1333).[56] Aber »umgekehrt ist auch gefahren«. Auch Karten eindeutig »christlicher« Herkunft sind sich – jedenfalls dann, wenn sie aus der südwestlichsten Ecke Europas stammen – für kulturelle Ambiguitäten nicht zu schade. Noch im ausgehenden 15. Jahrhundert scheint in der Kartographie die Zweisprachigkeit kein Problem gewesen zu sein. Die im Wesentlichen konventionelle, nämlich in lateinischer Schrift gehaltene »Carta naútica del Mediterráneo« des Jacobo Bertrán (von 1482) hat nichtsdestotrotz keine Hemmungen, neben bestimmten »lateinischen« Ortsnamen das lokale Äquivalent zu setzen: in arabischer Schrift, wohlgemerkt![57] Wenn also im 16. Jahrhundert der osmanische Kartograph ungeniert Karten eines christlichen Kollegen kopiert – Karten, die noch dazu von einer erfolgreichen Kaperfahrt stammen[58] – und wenn er dabei gleichsam *en passant* vom neuen, erweiterten Weltbild, von den modernen Errungenschaften einer Entdeckergeographie profitiert, so setzt er bloß eine lange christlich-jüdisch-muslimische Tradition fort; oder besser gesagt: eine altbewährte universell-mediterrane Übung …

Sprachliche Akkulturation
als Ergebnis kriegerischer Auseinandersetzungen

Das Mittelmeer am Beginn der Neuzeit ist wie kaum ein anderes Meer ein Ort des Austausches von Kulturen und technologischen Neuerungen. Diese starke Durchdringung äußert sich in der Form

---

[56] Siehe dazu das Schreiben des Granadiners Ibn Abd Allah an Alfons IV. von Aragón: Liedl 1993, 161 ff. (Dokument Nr. 16).
[57] Siehe die Abbildung in Vernet 1992, 184 (Abb. 7).
[58] Planhol 2000, 206 ff., bes. 207 (über die 1501 bei einem Überfall erbeutete Originalkarte des Kolumbus).

gegenseitiger Befruchtung, dem Austausch von Fachleuten und
dem Nachahmen von technischen Neuerungen. So waren zum
Beispiel die besondere Form der Galeere (niedrigbordig und grazil
mit einer relativ großen Anzahl von Ruderern) und das so genannte Lateinersegel seit der Antike ein gemeinsames Kulturerbe, das
den Gegebenheiten und der Küstenbeschaffenheit dieses reich gegliederten Binnenmeeres optimal Rechnung trug.

Durch den vielfältigen Austausch an Menschen und Wissen
ergaben sich unter anderem auch im Bereich der Sprache starke
Akkulturationseffekte.[59] Gerade dieses wichtigste Kommunika-
tionsmedium zeigt die ethnischen Vermengungen und den Austausch der Kulturen, welche die Seefahrt bewirkt, sehr deutlich.
Anders als die darstellende Kunst und anders auch als das äußere
Erscheinungsbild schriftlicher Urkunden – sofern man ja auch an
diesem die mannigfaltigen Spuren kultureller Vermengung wahrnimmt –, zeigen Sprachen aber im Allgemeinen einen eher all-
mählichen Entwicklungshabitus, was es bei der Suche nach besag-
ten Spuren zu bedenken gilt. Trotzdem oder gerade deshalb eignet
sich Sprache wie kaum ein zweites Medium als »Archiv« der Vermittlung, tragen die Sprachen (im Plural) als Denkmale kultureller Verschmelzungen sehr deutliche Spuren dieser Bewegung an
sich. Geben wir ein Beispiel.

Das Entstehen der bekannten *Lingua Franca des Mittelmeeres,*
vergleichbar mit einem mediterranen »Pidgin«, ist das bemerkens-
werteste Zeichen einer multikulturellen Gemeinschaft: wie beim
Esperanto tragen nicht nur eine oder zwei Nationen ihr Vokabular
bei, sondern gleich eine ganze Menge, ja praktisch alle Anrainernationen dieses Binnenmeeres. Es war ein Aneignungs-Vorgang
von Sprachelementen vieler seefahrender Menschen, deren Schiffe
in unzähligen Häfen anlegten. Auch die gemischten Schiffsmann-
schaften machten es notwendig, in vielen Zungen gewandt zu sein.

Als zum Beispiel die Spanier am Beginn des 16. Jahrhunderts
verschiedene Punkte am Mittelmeer und in Nordafrika zu besetzen
begannen, fanden sie dort bereits eine Vielzahl von Sprachen vor.[60]
Die Bevölkerung der nordafrikanischen Städte wurde aus einem
Konglomerat von andalusischen Mauren, lokalen Berbern, osmanischer Oberschicht und Renegaten aus vielen Nationalitäten gebildet. Dazu kamen noch Sklaven aus allen Teilen des Mittelmeeres
und Europas. Der folgende kurze Bericht über die Sprachen im Al-

---

[59] Goebl/Nelde/Stary/Wölk 1996, 554 -558.
[60] Goebl/Nelde/Stary/Wölk 1996, 557.

gier des 16. Jahrhunderts, das damals der größte Markt für christliche Sklaven im Mittelmeer war, macht dies sehr deutlich: Fray Diego des Haedo (1612) berichtet uns in seinem Werk »*Topographia e historia de Argel, repartida en cinco tratados, do se rezan casos extraños, muertes espantosas, y tormentos exquisitos, que conuiene se entiendan en la Christianidad*« Folgendes: »In Algier werden von Haus aus drei Sprachen gesprochen. Zuerst einmal natürlich Türkisch ... dann als zweites Idiom das Maurische ... und als dritte Sprache etwas, das Mauren und Türken *Lingua franca* oder *Hablar franca* (›freies Reden‹, ›allgemeine Verkehrssprache‹) nennen.«

Dieses Sprachenbabel hatte also seine eigene Mischsprache, die Lingua Franca hervorgebracht, ein Gebilde, welches italienisch-spanischen Basiswortschatz mit arabischen, vulgärgriechischen und französischen Elementen verband und sich durch den häufigen Gebrauch des Infinitivs sowie den Nichtgebrauch von Zeiten auszeichnete. Wenn man sich noch dazu vor Augen führt, dass das Osmanische (in der Quelle »Turco« genannt) selbst schon eine Mischsprache war, die sich aus arabischen, persischen und türkischen Elementen zusammensetzte, wird einem das ganze Ausmaß an Vermengung und wechselseitiger Assimilation klar. Ganz zu schweigen von der Tatsache, dass viele als Osmanen angesehene Personen sehr oft Renegaten griechischen oder italienischen Ursprungs waren, und dass viele Janitscharen als Muttersprache balkanslawische Idiome sprachen ...

Entstanden ist diese Lingua Franca, die als wichtiges Kommunikationsmittel diente, durch die besonderen Umstände der Seefahrt und durch die Unzahl von Renegaten, die durch Schicksalsschläge oder auch nur als Folge ihrer Abenteuerlust gezwungen waren, sich einer fremden Kultur anzupassen. Im Italienischen ist die Erinnerung an die Raubzüge der Korsaren durch Ausrücke und topographische Namen wie »Sarascecino« in Latium, »Saracena« in Kalabrien, im Sizilianischen »Porto dei Turchi«, »Il Turco Morto«, »La Punta Guardia dei Turchi« ... sowie dem in schöner Regelmäßigkeit wiederkehrenden »Monte« oder »Torre dei Turchi« lebendig geblieben. In idiomatischen Wendungen wie etwa »Mamma li Turchi!« oder »fumare come un Turco« werden heute scherzhaft Ausrufe tradiert, die damals, als die Feinde wirklich herannahten, das Gegenteil von Heiterkeit und guter Laune bedeuteten – nämlich Schrecken und Angst.[61]

---

[61] Gabrieli 1983, 197.

Eine Art Ausblick: Seekrieg und Politik in der frühen Neuzeit

Abschließende Gedanken zum Seekrieg ... Waren in der Antike und bis in die Neuzeit persönliche Tapferkeit und Ehrbegriffe wichtige Elemente der Kriegsführung beim Landheer, so dominierten in der Marine schon immer finanzielle, administrative und logistische Fähigkeiten. Sie war die *Waffengattung der technischen Disziplin schlechthin,* lange bevor sich beim Landheer *die Artillerie* als Domäne der Techniker herauskristallisierte. Nur ein Staatswesen, das über Geld, Erfahrung und gut ausgebildete Seeleute verfügte, konnte auf Dauer eine gute Marine aufrechterhalten.

Ironie der Geschichte. Denn obwohl die Marine eine der frühesten »Speerspitzen der Modernität« darstellt, waren – jedenfalls, soweit es die Méditerranée betraf – die großen Auseinandersetzungen auf dem Meer in ihrer politischen Bedeutung nicht entscheidend für dauerhafte große Veränderungen der europäischen Machtkonstellationen. Weder gelang es den Spaniern, sich bleibend in Nordafrika festzusetzen, noch konnten die Osmanen ihre Stützpunkte Algier und Tunis dazu benutzen, Europa von dieser Richtung her wirklich gefährlich zu werden. Es war zwar beeindruckend, dass auf der Landkarte das Reich der Hohen Pforte bis nach Algerien reichte, machtpolitisch war diese Konstruktion ein so fragiles Gebilde, dass es zu keinen großen Kriegsunternehmungen im Westen imstande war.

Militärisch fielen die wichtigen Entscheidungen ohnehin nicht im Mittelmeer, sondern auf den Schlachtfeldern Ungarns, Italiens und Deutschlands. Auch die Versuche Selims I. und Süleymans II., nach der Eroberung von Ägypten und des Jemen das Handelsimperium der Portugiesen in Indien und im Persischen Golf zu verhindern und den ertragreichen Ostasienhandel, insbesondere den Gewürzhandel – einst eine Domäne der arabischen Khalifen – wieder unter islamische Kontrolle zu bringen, scheiterten letztlich an der Schiffstechnik. Die fragilen Galeeren des Mittelmeers, welche die Osmanen einsetzten und die noch im Roten Meer so erfolgreich gewesen waren, konnten gegen die kanonenbestückten Karacken der Portugiesen im Indischen Ozean wenig ausrichten. Die Schifffahrt auf den Weltmeeren wurde zur europäischen Angelegenheit, wenn auch die Osmanen im Mittelmeer noch lange eine Rolle spielten.

Überall sonst werden die jeweiligen Vorsprünge der westlichen Militärtechnologie immer wieder von den Osmanen ausgeglichen, die Artillerie des Westens liegt dem Vorstoß der Christen gegen die

Araber in Granada und Nordafrika genau so zugrunde wie den
Siegen der Osmanen auf dem Balkan und gegen die Perser.[62] Und
doch: das Meer, jene heroische Einschreibfläche einer künftigen
Weltgeltung *par excellence,* überlässt dieses größte Reich des islamischen Kulturkreises – und, symbolisch gesprochen, mit ihm der
ganze »nicht-europäische« Teil der Menschheit – einer kleinen asiatischen Halbinsel namens Europa.

---

[62] Braudel 1990, Bd. 2, 658.

Zur Ideologie – Söldner und Renegaten

GOTTFRIED LIEDL

> »Das geschwächte Griechentum, romanisiert,
> vergröbert, dekorativ geworden, dann als dekorative
> Kultur vom geschwächten Christentum als Bundes-
> genosse akzeptiert, mit Gewalt verbreitet unter
> unzivilisierten Völkern – das ist die Geschichte
> der abendländischen Kultur.«
> *Friedrich Nietzsche*

Als die Amerikaner im November des Jahres 2001 mit Hilfe ein-
heimischer Verbündeter die ersten Gefangenen ihres Straffeldzugs
gegen die so genannte Taliban-(»Studenten«-) Regierung von Af-
ghanistan machten, war das eigentliche Objekt ihrer Begierde, der
islamische Fundamentalist und moderne *condottiere* Bin Laden,
nicht darunter. Wohl aber ein gewisser John Walker, seines Zei-
chens US-Amerikaner und – Taliban. Ein vom amerikanischen
Präsidenten Bush persönlich unternommener Versuch, seinen bisher völlig bedeutungslosen, nun aber durch die Zeitläufte zu zwei-
felhaftem Ruhm gelangten Kompatrioten Walker als »Opfer einer
Verführung« darzustellen und damit von der Schmach, die Ehre
einer fundamental christlichen Nation befleckt zu haben, reinzu-
waschen, scheiterte kläglich. Er scheiterte und musste mit Notwendigkeit scheitern, da sich rasch herausstellte, dass Walker (und
mit ihm eine ganze Reihe anderer Amerikaner, Briten, Australier
und Franzosen) nicht nur keineswegs bloß »kleine Rädchen« in
der – wie es hieß – radikalislamischen Bewegung waren (sie gehörten, zumindest im weiteren Sinn, zur militärisch-logistischen Führung), sondern dass sie, wie man so sagt, aus freien Stücken und
innerer Überzeugung den Kampf gegen den »amerikanischen Satan« aufgenommen hatten. Dabei, so behaupten wir, hatte der
amerikanische Präsident bei seinem linkischen Vertuschungs- und
Rettungsversuch mit der Verwendung des Wortes »Verführung« in

einem Ausmaß Recht, wie man es einem Mann von seiner Herkunft und Bildung nie zugetraut haben würde.

Rückblende – Unter dem Schutt eines hochmütigen Orientalismus à la 18. und 19. Jahrhundert liegt die Erkenntnis und Anerkennung des Faktums begraben, dass bis weit in die frühe Neuzeit hinein »abendländisches Bewusstsein« angesichts seines orien-
talisch-islamischen Konterparts nicht unbedingt auf Rosen gebet-
tet war. Vielmehr stellte der Orient (wenn man ihn denn so nennen
will) für den Geist des Abendlandes eine Heimsuchung dar –, eine
Heimsuchung (und wir bleiben bewusst in der religiösen Dikti-
on), die vor dem Hintergrund eigener häretischer Anwandlungen
gegen päpstlichen Herrschaftsanspruch und römische Orthodoxie
zugleich eine echte Versuchung war. »Zu guten Muselmanen fehlt
den Engländern nichts,« hieß es zu Königin Elisabeths Zeiten. »Sie
brauchen nur noch einen Finger zu rühren, um mit den Türken
eins zu sein – so sehr gleichen sie ihnen bereits in Erscheinung,
Glaube und Charakter.«[1] Auf unterster und somit »wahrhaftigster«
weil banalster Ebene hat das Renegatentum (latein. *re-negare* =
»verneinen«, »abschwören«) den Eintritt Europas in die Moderne
(also seinen späteren so genannten »Sonderweg«) nicht nur begleitet, sondern geradezu eingeleitet.[2]

Für moderne Orientalisten sind christliche Renegaten immer –
und besonders am Beginn der Neuzeit – »nur wenige« und dann
bloß »Abenteurer«, religiöse Amokläufer[3] oder Flüchtlinge gewesen. Aber immerhin – ein »islamisches Aufregungspotenzial« gilt
es festzuhalten, dem »die Stabilität des Christentums« nicht viel
entgegenzusetzen hatte.[4] Befragt man die Zeitgenossen, ergibt sich
ein interessantes Bild.

---

[1]   Klarwill 1926, 164.
[2]   Die »Neuzeit« ist auch insofern eine neue Zeit, als sie nicht bloß Säku-
      larisierung der Theologie, sondern als Areligiosität etwas durch und
      durch Eigenes darstellt. Das ist, mit den Worten Hans Blumenbergs,
      ihre »Legitimität«. Wissenschaft als Antwort auf eine Frage – vielleicht
      sogar auf eine ausgesprochen »dumme« Frage – erschafft ein Ereignis
      sui generis. Renegaten werden nicht bekehrt – sie bekehren sich. Re-
      negaten nehmen sich die Freiheit, einfach den Staub von den Füßen
      zu schütteln und nicht nur Kultur, sondern auch Religion zu »wech-
      seln« – was im Grunde immer heißt, areligiös zu werden: Blumenberg
      1974, 112 ff.
[3]   Clark 1945, 35.
[4]   Diesbezügliche Blütenlese bei Lewis 1993, 14, 25; Schwoebel 1967,
      212.

Für Sir Walter Raleigh sind »Renegados« eine Klasse für sich – *weder* Christen *noch* »Türken«; was eine erstaunliche Übereinstimmung mit dem Genus des *uomo nuovo,* des »Renaissance-Menschen« ergibt (zu welcher Gattung Mensch sich der Autor selbst wohl ebenfalls zählte).[5] Ein anderer Befahrer der Meere, Francis Knight, versteigt sich gar zum pathetischen Ausruf: »Wer sind denn die Höflinge im Serail des Großtürken? Wer seine Ratgeber, Wezire und Paschahs? Woher nähme er seine treuesten Diener, gäbe es nicht all diese Apostaten und verlorenen Söhne des Christentums!«[6] Angefügt ist diesem Lamento eine lange Liste von Würdenträgern europäisch-christlichen Ursprungs, womit aber erst ein Bruchteil jener 200.000 christlichen »Renegados und Apostaten« erfasst war, von denen Algier im 16. und 17. Jahrhundert wimmelte.[7] Vergleichbare Zahlen für andere Teile des Osmanischen Reichs gibt der österreichische Baron Wenceslas Wratislaw.[8]

Übrigens hatte es dieses erstaunliche Phänomen schon früher einmal gegeben – im spanisch-arabischen Granada. In dieser Stadt, so berichtet der aragonesische Gesandte am päpstlichen Hof zu Avignon im Jahre 1311, sind von 200.000 Einwohnern 50.000 Renegaten, darunter »viele Juden, viele Genuesen und sogar Kastilier«.[9] Die alte Zentripetalkraft der Macht. Aber als durchaus neuzeitliches Phänomen zu lesen. Denn für jene Tausende ehemaliger Christen Syriens, Ägyptens, Nordafrikas oder Spaniens, die im Mittelalter unter islamischer Herrschaft lebten und als *muwalladûn,* als »adoptierte« Muslime bezeichnet wurden, wäre der Ausdruck *Renegaten* ganz unangemessen. »Renegado« zu sein, setzt ein Bewusstsein von Wahlfreiheit voraus – mithin ein Maß an Subjektivität, wie wir es jenen massenhaft Konvertierten aus eben diesem Grund absprechen müssen. So ist und bleibt die Apostasie – wir wiederholen es – ein »modernes« Phänomen, ein Charakteristikum der Neuzeit. Aber auch (um hier das Problem sozusagen von

---

[5]   Sir Walter Raleigh, The Life and Death of Mahomet, The Conquest of Spaine Together with the Rysing and Ruine of the Sarazen Empire (1637), zit. nach: Matar 1999, 17.

[6]   Francis Knight, A Relation of Seaven Yeares Slaverie Vnder the Turkes of Argeire, suffered by an English Captive Merchant (1640), zit. nach: Matar 1999, 15.

[7]   J. B. Gramaye, Relations of the Christianitie of Africa, and especially of Barbarie, and Algier (1619). In: Purchas 1965, Bd.IX, 268, 272 ff.

[8]   Wratislaw 1862, 53.

[9]   Zurita, IV, Kap.93, und Lafuente Alcántara: El viajero en Granada, zitiert bei: Bosque Maurel 1988, 79.

der anderen Seite zu formulieren) Ausdruck dafür, dass nun zum
ersten Mal die »Grenze« als etwas erkannt ist, das in seiner Durchlässigkeit *in beiden Richtungen* durchschritten werden kann.

Dass aus einem »John« ein »Ramadan« wird, wie eine nicht
unwitzige Formulierung lautet,[10] kann natürlich auch umgekehrt
bedeuten, dass Muslime sich taufen lassen (und in der Christenheit ist auch gebührend viel Wind darum gemacht worden).[11] Die
Freiwilligkeit dieses zuletzt genannten Vorgangs scheint aber in
den meisten Fällen zumindest fraglich, wie die Geschichte der spanisch-arabischen *conversos* lehrt – sie endete bekanntlich mit deren
Vertreibung. Trotz dieser Bekehrungs-Asymmetrie ist die »Grenze« jedoch in einem höheren Sinn symmetrisch: dann nämlich,
wenn man sie als einen religiös nur verbrämten, in Wahrheit aber
kulturellen Prozess sieht – als einen Austausch.

Phänomene der Grenze

Eine Feststellung: Das meistgelesene und -übersetzte Buch neben
der Bibel ist Cäsars »Bellum Gallicum«. Und eine Behauptung: Nicht,
weil Cäsar es schrieb, ist dieses Buch ein ewiger Bestseller, sondern
weil sein Autor darin einen Krieg (*bellum*) beschrieb; und nicht einfach einen Krieg (so wie Homer den Trojanischen Krieg beschrieb
oder Simplizius Simplizissimus den Dreißigjährigen), sondern einen – seinen – Krieg im Gewand einer völkerkundlichen Reporta-
ge, einer Kulturgeschichte: Cäsars »Bellum Gallicum« ist die ethno-
graphische Beschreibung Galliens und seiner Bewohner. Mit anderen Worten: Zum ersten Mal wird »Krieg« als das erkannt, was er (in
moderner Denkweise) ist, eine Art Anerkennung des Anderen.

»Eine Art …« Meisterdenker großer Politik bis herauf zu Napoleon III. wissen das: »Die Arverner (die den Römern den stärks-
ten Widerstand bereiteten) betrachteten sich als Nachkommen der
Trojaner und rühmten sich des gleichen Ursprungs«.[12] 500 Jahre,
bevor der zweite Kaiser der Franzosen diese Apologie seiner ver-
meintlichen Ahnen schrieb – aber *ex negativo,* als Apologie Julius
Cäsars –, brachte ein anderer Europäer ein ähnliches Kunststück
zuwege. In seinem »Wettkampf der Städte Málaga und Salé« ver-
weist der granadinische Wesir Ibn al-Khatib auf die römischen
Geschlechter, welche der südspanischen Stadt ein für alle Mal das

---

[10] Matar 1999, 15.
[11] Matar 1999, 120 ff.
[12] Napoleon 1866, 4.

Erstgeburtsrecht, den Nimbus der Überlegenheit über alle nord-afrikanischen (oder sonstwie »barbarischen«) Konkurrenten verliehen hat. So redet ein Araber Spaniens mit seinem arabischen Visavis jenseits des Meeres.[13]

Von der europäischen Renaissance gilt, dass sie eine Zeit der Grenzen war, doch waren dies Grenzen besonderer Art, sozusagen Hot Spots der Geschichte, an denen sich die Identitäten »Europas« bildeten und bewährten. Sie boten alles in allem ein Bild, wie es auch einem Kaiser der Franzosen konveniert, wenn er sich als Historiker gefällt: dass es Völker und Kulturen gibt, »deren Dasein in der Vergangenheit aus dem Dunkel, welches ihre übrige Geschichte verhüllt, nur in bestimmten glänzenden Erscheinungen, den Zeichen einer bis dahin unbekannten Thatkraft, hervortritt«. Einer derart affirmativen Auffassung vom »abenteuernden Charakter«[14] geschichtlicher Bewegung können andere, die sich hier offenbar an einem weniger mehrdeutigen Modell von »Grenze« orientieren, nichts abgewinnen: »Wie billig, erscheint eine Zivilisation (z.B. die europäische) am hässlichsten an ihren Grenzen, dort wo ordnungsfeindliche Elemente (*disorderly elements*) außer Kontrolle geraten«.[15] Solches Denken duldet in Wahrheit den Begriff von »Grenzen« nicht; und das aus einem einfachen Grund: es verträgt keine Ambiguitäten.

Die Grenze, wie sie hier interessiert, war ein weit gespannter christlich-islamischer Bogen. Und dieser Bogen … hat auch noch Julius Cäsar umfasst. Der Sultan der Osmanen ist nicht nur dafür bekannt, auf der Gegenseite jeder Zeit jede Menge Kapitäne, Kanonengießer und Soldaten rekrutieren zu können –, auch bei der Überwindung von Kulturschwellen andrer Art plagen ihn keine Skrupel. Süleyman I. hat sich seinen Zeitgenossen Karl V. darin, wie es heißt, »zum Muster genommen«, dass er »in ganz Europa so viele Exemplare der cäsarischen Commentare suchen ließ, als aufzufinden waren. Er verordnete ihre Vergleichung und ließ für seine tägliche Lektüre eine türkische Übersetzung davon machen.«[16] Die Hohe Pforte liest Julius Cäsar. Täglich ein Kapitel aus dem *Bellum Gallicum.* Man weiß, was man seiner imperialen, also römischen Sendung schuldig ist.

---

[13] Ibn al-Khatib, Muffâkharât Mâlaqa wa-Salâ. Deutsche Übersetzung: »Vergleich zwischen Málaga und Salé – ein spanisch-afrikanischer Streit«, in: Liedl 1993, 230 ff.

[14] Napoleon 1866, 1.

[15] Clark 1945, 35.

[16] Napoleon 1866, VII (Anmerkung des Verlegers).

Der Krieg ist die Anerkennung des Anderen ex negativo. Im geschichtlichen Kontext wird der Krieg als eine solche »Anerkennung« aber nicht sofort wahrgenommen. Dazu muss es erst ein individuelles Wissen davon geben oder – von der praktischen Seite her betrachtet: es muss erst jemand da sein, der die Freiheit besitzt, sich seinen Feind »auszusuchen« – selbst gegen die Interessen eigener Herkunft, Kultur oder Religion. Das Renegatentum ist ein solcher kriegerischer Typus individueller Wahl. Für Europa in der beginnenden Neuzeit bedeutet das ein unbedingtes Gleichgewicht beider Hälften der immer noch geschichtsmächtigen Méditerranée. Was nämlich deren Rolle und Funktion im Spiel antagonistischer Kräfte anlangt, so hat buchstäblich keiner der Beteiligten das Gesetz des Handelns ausschließlich auf seiner Seite (oder, wie man sagt, die Wahrheit gepachtet). Auf jede Frage des einen erfolgt alsbald die Antwort des anderen – inklusive Gegenfrage; jedenfalls dann, wenn man einen genügend langen Zeitraum betrachtet.

Das »Abendland-Syndrom« – und seine beiden Zeithorizonte

Geht man in früheste Zeit zurück – in die Epoche der spanisch-arabischen *frontera* (13.–15. Jahrhundert) – so kann vom »Renegaten« im Sinne eines Individuums, das sein Seelenheil gegen alle Drohungen der Gesellschaft und Kultur aufs Spiel setzt, zwar genau genommen noch gar nicht gesprochen werden. Aber immerhin gibt sich die Epoche dadurch, dass das Individuum – wie naiv auch immer – Gebrauch von Umständen und Institutionen macht, die laut Urteil des Fachmannes schon alle Anzeichen einer *religiösen Indifferenz* tragen,[17] als Inkubationszeit dessen zu erkennen, was in anderem Zusammenhang problemlos als abendländische Moderne dechiffriert zu werden pflegt. Nur – wenn es sich beim Subjekt dieser Bewegung zum Beispiel um den »Mauren«, den spanischen Araber handelt, da tut sich das europäische Bewusstsein mit einer solchen Anerkennung immer ein wenig schwer …

Wie dem auch sei – bemerkenswert ist, wie früh schon das Individuum »unbewusst« für eine Denkungsart zu haben war, die man dann später, beim Renegatentum der Renaissancezeit, mit vollem Bewusstsein am Werk sieht; und bemerkenswert ist auch die – man kann es nicht anders sagen – »Massenhaftigkeit« besagter religiöser Indifferenz, worin sich ganze Familien und Sippen durch den

---

[17] Castro 1990, Bd. I, 34.

Glaubensabfall ihrer Angehörigen in christliche und muslimische Fraktionen verdoppelten.[18] Aber wiederum äußerst wichtig für das Verständnis dessen, was nachkam: im Gegensatz zur »Renegatenfrage« der Renaissancezeit – und schon gar im Gegensatz zur »Orientfrage« des 18., 19. Jahrhunderts – erwächst der spanischen Gesellschaft des Spätmittelalters aus der Existenz jener christlich-islamischen Venegas, Zegrí, Fez Muley, León, Castillo, Albotodo, Palacios, Belvís, Fustero und wie sie alle heißen, noch kein Ressentiment, kein Drang, sich ihrer – etwa unter der Chiffre einer *pureza de sangre,* einer »Rasse reinen Blutes« (und rechten Glaubens) – zu entledigen. Aber auch jenes stimmt: kein Teil der islamischen Ökumene war derart »abendländisch«, derart mit seiner Gegenkultur verquickt und verwachsen wie deren westlichster Ausläufer – womit natürlich vor allem (aber nicht nur) die spanisch-arabische Kultur gemeint ist.

Ein Kapitel für sich bildeten die christlichen Söldner im Dienst muslimischer Herrscher. Hier muss man wieder eine Unterscheidung treffen. Während jene Christen, die in den Dienst der Araber Spaniens traten, in den allermeisten Fällen sogleich die Religion wechselten (das heißt – zumindest offiziell – den Islam annahmen), ist das bei den in Nordafrika tätigen Söldnermilizen kastilischer oder portugiesischer, später auch katalanischer Herkunft nicht der Fall. Den Kastiliern und Portugiesen in almohadischen Diensten stand in Marokko sogar eine eigene Kirche zur Verfügung.[19] Auch die Katalanen, die ab 1286 den ʿAbd al-Wadiden von Tlemcen (im heutigen Algerien) dienten, waren ein autonomes Korps von bestbezahlten und hochprivilegierten Freiwilligen, wenngleich das den Autoritäten in Barcelona oder Valencia bisweilen nicht leicht klarzumachen war. Ein interessantes Dokument aus dem Archiv der Krone Aragón (Barcelona) – das Schreiben aus der Kanzlei des Emirs von Tlemcen vom 11.12.1362 an Pedro IV. – erörtert ausführlich das diplomatisch heikle Problem solcher freiwillig in nordafrikanischen Diensten weilenden Untertanen des aragonesischen Königs: »Sie verlangten von sich aus und aus freien Stücken,« heißt es dort, »daß Wir sie in unsre Dienste nähmen. Dabei wurde nicht der geringste Druck, nicht die mindeste Gewalt auf sie ausgeübt. Angesichts dessen gaben Wir ihnen Pferde und ließen sie einrücken. Wir setzten ihnen einen Sold aus und versorgten sie gemäß ihrem Rang.«[20]

---

[18] Ladero Quesada 1979, 220; siehe dazu auch Harvey 1956, 297-302.
[19] Zu den christlichen Milizen der Almohaden siehe Dufourcq 1966, 456 ff.
[20] Liedl 1993, 219 (Dokument Nr. 32).

Hier zeigt sich ein Prinzip, das mit großer Leichtigkeit sämtliche politischen und kulturellen Grenzen transzendiert.[21] Durch die Geldwirtschaft war schon im Mittelalter ein neues, exklusives Verhältnis zwischen Fürst und Krieger entstanden. »Geld war das beinahe obligatorische Bindeglied zwischen der Befehlshaberschaft und den Soldaten« und wies den Weg zu einem »Proto-Söldnertum«, das im Endeffekt »die Verwandlung des Militärdienstes in eine Dienstleistung gegen Geld«[22] bedeutete. Der Wandel vom Lehenskriegertum zum freien Söldnertum lief über die Zwischenstufe eines versöldneten Lehenskriegertums,[23] worunter noch kein bezahltes Dienstverhältnis im vollen Wortsinn zu verstehen ist, sondern ein Arrangement, bei dem nur die Unkosten für die Teilnahme am Feldzug abgegolten wurden. Auch war der unterstützende *arrière-ban* von einer Truppenaushebung im üblichen Sinn noch weit entfernt, stellte vielmehr lediglich eine Mobilisierung auf breiterer Ebene dar – eine Mobilisierung von »gewöhnlichem« Volk (im Unterschied zu Kriegsspezialisten). Sie bedeutete den Aufruf an alle Waffenfähigen eines bestimmten Gebietes auf der Grundlage von Lehnspflicht und/oder Kompensationszahlung und war jeweils für eine spezielle Kriegsaktion gedacht. Daneben gab es aber auch schon einen »Markt« für professionelle Kriegshandwerker, deren Leitbild nicht von Vasallenpflicht, politischer Zugehörigkeit oder Mitgliedschaft in einer sozialen Teilgruppe bestimmt war, sondern vom persönlichen Gewinnstreben.

Drei Qualitäten weisen den Söldner aus: Bezahlung der Dienstleistung, Spezialistentum und »Vaterlandslosigkeit«. Etwa ab dem 13. Jahrhundert häufen sich die Beispiele für den (wie Contamine

---

[21] Die folgende, geraffte Zusammenfassung des frühen europäischen bzw. mittelmeerischen Söldnertums – und insbesondere das interessante Beispiel des Wilhelm von Katalonien – ist mit freundlicher Genehmigung des Autors Thomas Kolnberger an dieser Stelle eingefügt. An weiterführender Lektüre seien aus der Fülle des Spezialschrifttums nur einige wenige genannt, etwa Schmidtchen 1990, 44 f., wo sehr schön die ökonomischen Grenzwerte für das Rittertum herausgearbeitet sind – Wert der Rüstung, Gegenwert aus zu erwartendem Lösegeld und Plünderungsbonus sowie die ersten Rationalisierungstendenzen im Kriegswesen; oder zur Rolle der »Brotgemeinschaften« (ital. *con pane*), der »Großen Kompanien« zwischen 1342 und 1354: Schmidtchen 1990, 46; Allmand 2000, 94; oder am Beispiel Sienas die neuen Abhängigkeiten expandierender Stadtstaaten vom »Söldnernachschub«: Caferro 1998, 103 ff., bes.156 ff.

[22] Contamine 1984, 90 f.

[23] Begriffe nach Schmitthenner 1934.

ihn nennt) »vollkommenen Söldner«. Ein charakteristischer Vertreter dieses Typs war etwa Wilhelm von Katalonien. Dieser hatte zuerst (nämlich von 1277–1285) in Siena gedient, um sich dann nach einem kurzen Zwischenspiel in Bologna (von 1288–1289) Florenz zur Verfügung zu stellen (1290–1292). Die Herkunft seiner Mannschaft ist aufschlussreich: von den 53 Reitern, deren Geburtsort man aufgrund ihrer Namen eruieren kann, kamen 28 aus Okzitanien, acht aus Nordfrankreich (davon sechs aus der Pikardie), zwei stammten aus Flandern, sieben aus Italien, weitere sieben von der Iberischen Halbinsel (darunter erstaunlicherweise lediglich drei aus Katalonien, was umso mehr verwundert, als ja ihr Capo von dort stammte) sowie, last not least ein Mann aus England.[24]

Söldner sind »Wanderarbeiter im Lohnverhältnis«. Sie finden sich dort, wo Geld und Beute zu machen ist.[25] Darum tauchen sie auch dort zuerst auf, wo beides reichlich vorhanden ist – in Venedig zum Beispiel schon im 10. Jahrhundert. Und aus dem 11. Jahrhundert kennt man Kriegsunternehmer, *condottieri* genannt[26], die solche Söldner bereits mit vordefinierten Verträgen an sich binden.[27] Voll ausgebildet ist dieses italienische System im 15. Jahrhundert mit Condottiere-Dynastien wie den Colonna, Sforza, Orsini oder Gonzaga, die nicht umsonst zu Stadt-/Staatsherren aufsteigen. Geld und Militär hatten ihnen den Weg auf dem festen Land geebnet, während andere Familien wie die Doria, Centurione, Zaccaria oder Grimaldi mit Geld und Schiffen die See beherrschten.

Mit Hilfe solchen Grenzgängertums gewinnen »Verstaatlichung« und »Höfisch-Werden« des Kriegertums beträchtlich an Dynamik. Es ist der Fremde, der Ausländer, der den Fürsten gegen dessen eigenes mehr oder weniger renitentes Volk immunisiert, indem er sich scheinbar mühelos anpasst. In seiner jeweiligen Funktion, das heißt vermittels der guten (und teuer genug erkauften) Dienste, die er seinem Auftraggeber leistet, gliedert er sich in das jeweilige kulturelle oder soziale Umfeld ein – aber natürlich bloß für die Dauer seiner Verpflichtung. So wird er zum Wegbereiter

---

[24] Contamine 1984, 100.

[25] »Menschen, Waffen, Geld und Brot sind der Nerv des Krieges, aber von diesen vier sind die beiden ersten am wichtigsten, denn die Männer und die Waffen finden Geld und Brot, aber Geld und Brot finden keine Menschen und Waffen« (Niccolò Machiavelli [1469–1527] in: Dell'Arte della Guerra)

[26] von ital. *condotta* (Vertrag)

[27] Verbruggen 1997, 127 f. und 140 f.

eines neuartigen Expertentums, dessen weitere sozialhistorische
Entwicklung – bis hin zum Typus des unnahbaren, sozial »kalten«
Staatsdieners – logisch vorgezeichnet scheint …

Auch so besehen war das spanisch-arabische Emirat von Granada im 14. und 15. Jahrhundert ein fester Bestandteil des »Abendlandes«. Fraglos hatten die christlichen Renegaten die Rolle von
Wachhunden zu spielen. Sie waren das Gegengewicht zum – sagen wir »orientalischen« – Einfluss Nordafrikas, in einem für die
muslimische Staatsmacht nicht ganz ungefährlichen, militär-poli-
tisch aber äußerst zweckmäßigen Spiel. Denn in Wahrheit geht die
Sache wesentlich tiefer; in Wahrheit repräsentieren die »christlichen« Renegaten eine stillschweigende Übereinkunft der Feinde,
sich auszutauschen. Eine Übereinkunft *unterhalb* des Niveaus der
offiziellen Politik, versteht sich. Eine sozusagen unbewusste Übereinkunft, eine Verständigung hinter dem Rücken der beteiligten
Völker. Die Fakten sprechen für sich. Die spanisch-arabischen
Renegaten bildeten regelrechte Dynastien, die von ihren hohen
militärischen und politischen Rängen aus über die nötige Weit-
sicht verfügten, weniger die kurzfristig-taktischen als vielmehr die
langfristig-strategischen Ziele ihrer selbstgewählten Heimatländer
zu verfolgen.

Die »Dynastien«, von denen hier die Rede ist, sind, um es so
zu sagen, Dynastien eines Verdienst-, nicht Erbadels. Und mit dieser neuartigen Prüfung an der Praxis behält das funktionalistische
Auswahlkriterium persönlicher Tüchtigkeit gegenüber der traditionellen Präpotenz familialer Beziehungen das letzte Wort. Anders gesagt: Fähigen politischen Persönlichkeiten wird es jetzt möglich, das Auf und Ab wechselhafter Konjunkturen unbeschadet zu
überdauern – auf der soliden Basis ihrer fachlichen Kompetenz
und nicht mehr dazu verdammt, zusammen mit dem jeweiligen
Souverän zu steigen und zu fallen. Denn selbst in ihrer Rolle als
Fürstenberater sind sie nun weniger dem einzelnen Repräsentan-
ten verpflichtet als vielmehr der ganzen Dynastie. So diente der
Renegat Ridwan, zwar durch Hofintrigen nicht ganz unangefoch-
ten aber immerhin doch gleich drei Regenten hintereinander:
Muhammad IV., Yusuf I. und dessen Sohn Muhammad V. Dass so
etwas damals bereits gute Tradition war, zeigt die Karriere eines
früheren, des Wezirs Ad-Dani (Muhammad II. und Muhammad
III.), und eines späteren »Höchsten Dieners des Staates«, Ibn
Zamrak (Muhammad V., Muhammad VII.).[28]

---

[28] García Gómez 1944, 171 ff.

Die, wohlgemerkt, trotz allem in erster Linie militärisch zu lesende Frontera-Ideologie macht auch in ihrer Verrechtlichung mit dem Prinzip der Durchlässigkeit ernst. Nirgends hat sich das Römische Recht (mit seinen »völkerrechtlichen« Derivaten wie Konsular-, Kriegs- und Seerecht) so stark mit dem Islamischen Recht, mit der *shari'a* verschränkt wie hier im Westen.[29] In jener »Inkubationszeit der Moderne« (13. bis 15. Jahrhundert) sieht man diesbezüglich nicht nur gemischte Familien-, sondern auch gemischte Eigentumsverhältnisse rechtlich übergreifend (sprich »transkulturell« und »religionsunabhängig«) sanktioniert und abgesichert – was zum Beispiel einem Pisaner und einem Mann aus Tunis den gemeinsamen Besitz eines Handelsschiffes ermöglichte.[30] Fragt sich nur, wieso dann jener Riss entstehen konnte, der die beiden Hälften der Méditerranée im Laufe der Neuzeit immer weiter auseinander driften ließ, jene *Intransingenz,* die letztlich in den Phänomenen Orientalismus und Fundamentalismus gipfeln würde (um hier einmal beide Kontrahenten gleichermaßen anzusprechen). Wie, nochmals gefragt, ist der abendländische »Sonderweg« aus diesen seinen Wurzeln im 12., 13. Jahrhundert heraus zu erklären, die ja ganz anderes zu versprechen schienen? Man denke nur an Braudels vielbeschworene »Einheit« der Méditerranée![31]

An diesem Punkt ist man also, wie es scheint, an den Grenzen der Leistungsfähigkeit historisch-empirischer Methoden und Modelle angelangt – ein philosophisch-ideologiekritischer Exkurs mag da nicht schaden. Es gilt, das Ähnliche, Allzuähnliche auseinander zu halten. Unter dem Glanz der glatten Oberfläche stromlinienförmiger Erscheinungen die Verwerfungen in der Tiefe zu erahnen. Anders gesagt: »Krieg« ist nicht gleich »Krieg«, Gewalt hat mehr als nur eine Dimension. Am Beispiel der späteren »Kriegs-

---

[29] Zum Römischen Recht im westlichen Islam vgl. Hoenerbach 1961, Hoenerbach 1965; zu ersten Ansätzen eines Internationalen Seerechts, den *tavole amalfitane,* siehe Bragadin 1989, 20.

[30] Siehe den Vertrag über Hälfteeigentum an einem Schiff, abgeschlossen am 11./21.8.1277 zwischen Shams ad-Din abu Abd Allah aus Tunis und Pietro Longuera aus Pisa: Liedl 1993, 251 f. (Dokument Nr. 42).

[31] Fernand Braudel erkennt noch an der »heutige[n] mediterrane[n] Welt« ein »ersichtliches Gleichgewicht« und dahinter »die Gleichgewichte ihrer Vergangenheit.« Ein dreiteiliges Schema (der Westen, der Osten, der Islam), eine »Konfiguration dreier kultureller Gemeinschaften, dreier großer und dauerhafter Zivilisationen, dreier grundlegender Lebensstile« bilden den »langen Atem des Schicksals«, worin »sich die mediterrane Geschichte durch sämtliche Wechsel- und Zufälle hindurch vernehmen [läßt]«: Braudel 1987, 95 f.

ordnungen« (etwa der Schweizerischen)[32] sieht man ja, wie wenig
die brutale Kompromisslosigkeit einer militärischen Denkungsart
(zentral)europäischen Zuschnitts mit der Biegsamkeit und Eleganz
des älteren, spanisch-arabischen Kriegsrechts nach Art des *Juez de
la Frontera* zu tun hat.[33] Aus diesen »Kriegsordnungen«, die im
Prinzip nichts anderes sind als Anweisungen zum effizienteren
Töten, konnte sich niemals ein internationales Kriegs-, geschweige denn ein Völkerrecht entwickeln: Beides musste in der Tat ganz
neu geschaffen werden – wobei der Landkriegsordnung noch am
ehesten das Seerecht zu Hilfe kam, das übrigens im Kern wiederum eine mediterrane Erfindung ist[34] und bei dem die Vorstellung
einer *Hegung des Krieges* im Sinne Carl Schmitts am weitesten ge-
diehen war.[35] Wenn überhaupt, so findet man ein schwaches Echo
jener Vernunft der Grenze, worin eine Erinnerung an die prinzipielle »Ruchlosigkeit« des Krieges, an seinen Status als absolute Ausnahme bewahrt ist, im spanischen Naturrecht des 16. und 17. Jahrhunderts.[36] Es gibt offenbar im Zusammenhang mit der militärischen Denkungsart auch einen *gekappten* Entwicklungsstrang. Oder
anders gesagt: es gibt offenbar noch ein Dahinter, welches eine
ganze Zukunft – zum Beispiel die Weiterentwicklung des spanisch-
arabischen Rechts der Grenze – vereitelt hat.

Dieses Dahinter hat sich bisher zweimal, in zwei historischen
Horizonten, offenbart. Seinen ersten Zeithorizont, den *religiösen,* hatte es in der Ära der Kreuzzüge; als seinen zweiten und vorläufig letzten
muss man wohl das so genannte Zeitalter der Aufklärung, das freilich nicht erst mit den französischen Enzyklopädisten begann, nennen. Den klassischen Übergang zu diesem buchstäblich modernen,
nämlich *säkularen* Horizont des militärisch-wissenschaftlichen Kom-
plexes bildet das feindliche Brüderpaar der Renaissance, bilden Häresie und Inquisition. Darin liegt, gleichsam zum Knoten geschürzt,
die ganze Gewalt des modernen Denkens, seine innere Logik (die
man auch seine sinistre Evidenz nennen mag) beschlossen.

Die Frage lautet, warum denn überhaupt in einer solch allum-
fassenden Kultur der Kriege und des Kriegers es einem Einzigen –
dem »Westen« nämlich – gelungen sein soll, den Krieg beziehungs-

---

32 Vgl. Schmidtchen 1990, 71 ff.
33 Der *Juez de la Frontera,* wörtlich »Richter der Grenze«, war eine christ-
    lich-muslimische Institution zur Schlichtung von Grenzstreitigkeiten
    bzw. zur Ahndung von Verstößen gegen aufrechte Friedensverträge.
34 vgl. oben, Anm. 28.
35 Siehe dazu Münkler 1992, 54 ff.
36 Kohler 1916, 235-263.

weise dessen politisch-historische Seinsweisen (militärische Entwicklungen, Technologien etc.) zu monopolisieren, die mannigfaltigen *res militares* für sich und das eigene Selbstbewusstsein aufzubereiten, sie ideologisch nutzbar zu machen? Die Vorstellung zweier kriegerischer »Zeithorizonte« hilft da weiter. Im religiösen Horizont – für den, wie gesagt, die Epoche der Kreuzzüge steht – versammeln sich vor allem die *rechtlich-ideologischen,* auf der später hinzu gekommenen säkularen (areligiösen) Ebene – zeitlich gesprochen: in der Renaissancezeit – alle *technisch-wissenschaftlichen* Aspekte des Krieges. Im Zusammenführen dieser beiden Ebenen liegt die Brisanz, ergibt sich jener absolute Vernichtungswille, wie man ihn in den »Kriegsordnungen« der frühen Neuzeit sozusagen »scham- und reuelos« ausgedrückt findet.

Natürlich stimmt auch dies: Der ganze Komplex eines Kriegs- und Völkerrechts ist in letzter Instanz immer noch im Religiösen verankert – man denke nur an den ungemein zählebigen Naturrechtsgedanken, wie er sich vor allem in der spanischen Rechtstradition vertreten findet; jedoch ergibt sich alsbald – im Zusammenspiel mit der technisch-wissenschaftlichen Seite des, wie wir ihn nannten, »säkularen« Horizonts – eine immer stärkere Kontaminierung dieses Kriegs- und Völkerrechts mit den in jeder Hinsicht skrupelloseren Kriegsordnungen. Ein anderes Beispiel (aus der philosophischen Sphäre): »Militärisch« ist sowohl das Denkmuster des Ideologen der Orthodoxie, also des Inquisitors, des Fanatikers, des Puritaners, als auch das Handeln seines scheinbaren Widerparts, des Renegaten. Denn so wie der Inquisitor den Anderen leugnet, indem er ihn von sich *entfernt* (von daher die Notwendigkeit der Ausforschung, Inquisition, und Vertreibung/Vernichtung der Ketzer), hält auch der Renegat den Anderen nicht aus, nur dass er ihn statt dessen in einer Art »Überidentifikation« total in sich *aufnimmt* (logisch gesehen bedeutet der Drang oder Zwang, sich mit dem Anderen zu identifizieren, nur eine weitere – wiewohl vielleicht »sympathischere« Form, den Anderen in seiner Andersheit zu leugnen). Was in dieser »Symmetrie« von Inquisitor und Renegat freilich unterschlagen bleibt, ist die grundsätzlich verschiedene Auffassung von Freiheit (sofern diese, um überhaupt zu sein, immer *Wahlfreiheit* sein muss) und der unendlich größere Grad ihres Genusses auf Seiten des Renegaten.

Den Abschluss unserer assoziativ-logischen Gedankenkette zur Ideologie des modernen Krieges möge ein weiteres Begriffspaar bilden – eines, dessen Bedeutung für die Geschichtsmächtigkeit moderner militärischer Denkungsart gar nicht hoch genug veranschlagt werden kann: das Begriffspaar »Menschenführung-Kriegsmaschinen«. Und wieder ist man mit Entwicklungen konfrontiert, die einander zwar äußerlich gleichen, auf längere Sicht aber von ganz unterschiedlicher Bedeutung sind (also zum Beispiel auf der einen Seite deutliche Folgen zeitigen, auf der anderen gänzlich folgenlos bleiben). So ist die spanisch-arabische Frontera des 13., 14. und 15. Jahrhunderts bezüglich militärischer Neuerungen eine wahre Ideen- und Kaderschmiede – und zwar auf beiden Seiten. Aber nur eine Seite hat sich, wie man so sagt, durchgesetzt. Und das, obwohl gerade auf dem Gebiet der Menschenführung und der Kriegsmaschinen Granada (der später zum Verschwinden gebrachte »andere Teil«) schon früh viel geleistet hat. Offensichtlich muss man die Phänomene nicht nur an ihren Oberflächen erkunden, um sie bewerten zu können.

Menschenführung – Kriegsmaschinen

Zurück zur Peripherie, zurück zum Krieg. Als Gegengewicht zu den Adelsgeschlechtern Granadas, zu den Stammesverbänden des Maghreb, zu den fanatischen Glaubenskriegern, kämpfenden Mystikern und Asketen (Symbol dafür: der *ribat,* das Wehrkloster der Frontera[37]) sieht sich das Zentrum, die politische Führung nach verlässlichen Kräften um, die noch nicht so stark ins heimische Macht- und Intrigenspiel involviert sind. Das ist die Stunde der Ausländer, der Renegaten und »Christen«. Unter denen, die im Emirat von Granada hohe Ämter innehatten, ragen ein freigelassener christlicher Sklave, Abu l-Nu'aym Ridwan, und ein übergelaufener Christ, Abu l-Surur Mufarridj, heraus; nicht zu vergessen die erratische Gestalt des Don Pedro Venegas, der sich in Granada Bannigash nannte und für die Verteidigung des Landes große Anstrengungen unternahm – Erfolge, die ihm mit der Würde eines Groß-Wezirs gelohnt wurden. Während etwa die eingewanderten Berberkrieger mit der Verteidigung andalusischen Territoriums vor allem ihrer religiösen Pflicht als Muslime nachkamen und nur gleichsam im Nebeneffekt auch noch gute Soldaten wurden, ging es bei den christlichen Renegaten von Anfang an um die perfekte Ausübung eines Berufs. Sie dienten einzig dem Staat, also dem Fürsten, der sie geholt hatte – und das »right or wrong«. So brauchten sie persönlich auch nicht irgendwelche familiären Bande zu

---

[37]　Ibn Hudayl 1939, 120.

kappen, um ihrem Berufsethos gerecht zu werden; im Vergleich zu ihren Neigungen, d.h. zur Frage ihrer Karriere, ihrer »Sendung«, wenn man so will, war die Frage ihrer Herkunft ganz nebensächlich.

Die Bannigash (Venegas) exerzierten das ein ganzes Jahrhundert lang perfekt vor. Nicht nur, dass der Clan etwa seit der Wende vom 14. zum 15. Jahrhundert sowohl diesseits wie jenseits der Grenze saß und dort seinem jeweiligen christlichen oder muslimischen – Fürsten loyal diente, pflegten die beiden Hälften auch weiterhin regen Kontakt miteinander. Was aber am meisten erstaunt: auch nachdem der eine Staat, das muslimische Emirat schon verschwunden war, blieb dieses bemerkenswerte Phänomen – der religiöse Dualismus einer ganzen Sippe – erhalten. Im Jahre 1492, nach dem Fall von Granada, wurde innerhalb des muslimischen Zweiges der Venegas ein Teil wieder christlich – sein Oberhaupt, Sidi Yahya Alnayar, nannte sich von nun an Don Pedro de Granada, während sein Verwandter, Yuce Venegas Muslim blieb und auch unter christlicher Herrschaft seinen Glaubensgenossen weiterhin als lokaler Würdenträger vorstand.[38] Am Schicksal führender granadinischer Familien lässt sich zeigen, wie der Renegat – in diesem Fall der christlich gewordene Muslim – in der Wahl seiner Präferenzen in der Tat nach Maßgabe einer profanen »Nützlichkeit«, einer politischen Opportunität (und somit gerade nicht nach »ideologischen« Beweggründen) vorgeht. »Die Sippen, die mit den Kastiliern seit 1492 bzw. 1500 zusammenarbeiteten – die Venegas von Granada, die Zegrí, Fez Muley, León, Castillo, Albotodo, Palacios, Belvís, Fustero – waren stets loyal. So haben diese Familien während der Revolte von 1569 ihre ganze integrative Kraft (im Interesse der christlichen Besatzungsmacht) spielen lassen, was zu erheblichen inneren Spannungen in der Moriskengemeinde führte«.[39]

Kehren wir aber wieder zum Eigentlichen zurück. Der Krieg, seine große Ökonomie der Verschwendung, seine auf Gewohnheit und religiöser Überlieferung beruhende Abhängigkeit vom Raub, vom Beutemachen, dieser Bodensatz aus Unzufriedenheit und Unrast ist für jedes Machtzentrum, jede Regierung eine ständige Bedrohung. Deshalb bekommt im militärischen Bereich die Frage des Gehorsams, der Disziplin, der Verlässlichkeit gegenüber den anderen Notwendigkeiten wie Kühnheit und Mut, Rücksichtslosigkeit und Opferwillen ein immer größeres Gewicht. Das gilt für islami-

---

[38] Harvey 1956, 297-302.
[39] Ladero Quesada 1979, 220.

sche wie christliche Mächte gleichermaßen, weshalb sich hier auch
die größte Spiegelbildlichkeit findet. Prototypische Trägerin jener
Soldatentugenden (die sich hier als das Gegenteil von »Kriegertu-
genden« verstehen) ist deshalb die Garde, die Leibgarde, zugleich har-
ter Kern im Ringen um ein neues militärisches Ordnungsprinzip.

Söldner sind ihrem Wesen nach Renegaten: Wer seine »na-
turwüchsigen« Bindungen zugunsten »künstlicher« Bindungen auf-
gibt, indem er sich gegen Geld oder andere persönliche Vorteile
zur Verfügung stellt, macht sich auch fähig und bereit, als oberste
Maxime seines Handelns nur mehr das anzuerkennen, was man
später »Berufsethos« nennen wird. Der Beruf mit seinen spezifischen Regeln und Anforderungen ersetzt alle anderen Bindungen
und Verpflichtungen. Dass sich dieses Gesetz dann in einem Anführer oder »Herrn« personalisiert, ist für das Funktionieren solchen Korpsgeistes insofern sogar bedeutungslos, als prinzipiell jeder Beliebige diese Oberste-Stelle-im-System besetzen kann. Der
Gehorsam, die Treue gilt der Position des Anführers und erst in
zweiter Linie dem Anführer selbst. Das Prinzip der Austauschbar-
keit und Gleichgültigkeit gegenüber dem konkreten Anwendungs-
fall angesichts der allgemein gültigen, abstrakten und nur insofern
»ehernen Regel« ist nicht nur die Grundlage des guten Gewissens,
sondern auch aller militärischen Disziplin …

Nicht weil diese tapferer oder fähiger im Kampfe wären, tau-
schen die Fürsten ihre Elitetruppen untereinander aus – sondern
weil sie wissen, dass diese »Eliten« fähiger im Gehorsam sind und so
tatsächlich etwas Neues, etwas speziell auf die Bedürfnisse der Staatsmacht Zugeschnittenes darstellen. So braucht es nicht zu verwundern, dass zur selben Zeit, da die Sultane von Granada ihre »christlichen« Prätorianergarden einrichten – *ma'ludjun* (so die Bezeichnung, die Ibn Khaldun überliefert)[40] oder *mamalik* (wie Ibn al-Khatib
sie nennt)[41] –, die Könige von Kastilien und Aragón sich mit *zenetes,*
granadinischen oder nordafrikanischen Reitertruppen umgeben.[42]
Zur Verlässlichkeit und Brauchbarkeit der Zanata-Söldner unter dem
Kommando des berühmten kastilischen Condottiere Guzmán el
Bueno ergeht sich der Berichterstatter in den höchsten Tönen.[43] Eine
Generation später erwähnt ein anderes Dokument wiederum

---

[40] Ibn Khaldun 1284 H., Bd.VII, 379.
[41] Ibn al-Khatib: Nufadat al-djirab. Bibl.d.Escorial, Ms.Nr.1750, Fol.117
       verso; zitiert nach Arié 1973, 244.
[42] Alarcón y Santón/Linares 1940, 7 ff.
[43] Brief des Bernat de Sarria an Jakob II. von Aragón (vom 10.9.1303):
       Giménez Soler 1905(b), 306.

muslimische Söldner, diesmal sind es die afrikanischen Reitertruppen des Sheikh ul-ghuzat Uthman ibn Abi l-'Ula, die sich in der Entscheidungsschlacht am Rio Salado (1340) auf Seiten des kastilischen Königs Alfons XI. bewähren.[44] Andrerseits wurde der granadinische Sultan Muhammad V., als er 1359 zur Abdankung gezwungen war, von 200 »christlichen«, also übergelaufenen, Leibgardisten, die ihm, wie es heißt »unwandelbar treu ergeben waren«, ins marokkanische Exil begleitet; als der Sultan seinen Thron wieder zurückerobert hatte, war eine seiner ersten Maßnahmen die Rekrutierung weiterer christlicher Söldner.[45]

Renegaten und Ressentiment

Die Renegaten des Christentums sind der Schlüssel. Sie plaudern sozusagen das Geheimnis des europäischen Sonderwegs aus, das darin besteht, während all der Zeit immer in die Schule des Feindes gegangen zu sein. Das sind die anderen auch – die Araber Spaniens ohnehin, aber auch die Osmanen, die sich den militärischen Künsten ihrer Gegner zu Wasser und zu Lande mit einer Neugierde näherten, welche dem wissenschaftlichen Interesse ihrer arabisch-islamischen Vorgänger keineswegs nachstand.[46]

Ihre Versuche, das drohende Schicksal durch vermehrte Anstrengungen abzuwenden oder sich doch wenigstens eine Galgenfrist auszuhandeln, die Modernisierungs- und Anpassungsschübe, denen sie sich im Verlauf der letzten Phase der Reconquista aussetzten, erlauben hier geradezu von Renaissance-Mentalität zu sprechen und lassen sie bisweilen »europäischer« erscheinen (so man darunter die Lust auf Neues und den Hang zum Risiko – bis hin zur Häresie – versteht) als ihre christlichen Gegner.[47]

Was aber alle diese »Modernismen« von der Moderne nach Art des Hauses Europa unterscheiden dürfte, ist auch das, was sie von

---

[44] Huici Miranda 1956, 367.
[45] Al-Maqqari 1949, Bd.10, 44; sowie Al-Maqqari 1939, Bd.2, 55 f. Zur Frage christlicher Söldner in islamischen Diensten und vice versa siehe auch A. Giménez Soler 1905(a), 363 ff.
[46] Besonders seit der Wende vom 15. zum 16. Jahrhundert zeichnet sich die osmanische Führung durch eine forcierte Hereinnahme ausländischer Spezialisten, vor allem von Italienern, aus: Pepper 2000, 282-316; man könnte geradezu von einer »humanistisch-renaissancistischen« Haltung der muslimisch-osmanischen Eliten dieser Zeit sprechen – vgl. Schulze 1999, 117-126 und Schulze 2002, 261-277.
[47] Liedl 1997, 22 ff.; Liedl 1999, 30 f., 92 ff.

den christlichen Renegaten (mögen sich diese noch so islamisch gebärden) trennt – das geringere Ausmaß an »Hassenergie«[48], über welche im Gegensatz dazu »das christliche Abendland« reichlich verfügt. »Das Renegatentum ist nur die andere Seite christlichen Ressentiments.« Dieser Satz ist dann wahr, wenn die Überlegung stimmt, dass der Renegat die Kränkung seiner Kultur (durch den Anderen) insofern *negiert,* als er sich mit der Ursache dieser Kränkung *identifiziert* (das Phänomen ist aus der Psychoanalyse bekannt und heißt dort »Überidentifikation des Opfers mit dem Aggressor«). Der Renegat gibt sich dadurch erst recht als Spross seiner Kultur zu erkennen.

Man kann eine solche Haltung natürlich auch einfacher ausdrücken – und man hat sie tatsächlich so einfach ausgedrückt, nämlich als das Fasziniertsein von Macht: »Die Türkei ist das größte und vollkommenste Imperium, das die Sonne jemals sah – einschließlich des Römischen Weltreichs zur Zeit seiner Hochblüte«, stellt der Zeitgenosse fest. »Nehmt Meere und Länder zusammen (wie Knochen und Fleisch einen Körper bilden), und von Buda im Westen bis Tauris im Osten erstreckt es sich über dreitausend Meilen; nur wenig schmäler ist seine Ausdehnung von Norden nach Süden. Im Herzen der Welt gelegen, ein kühner Herausforderer all seiner Nachbarn, herrscht es über die fruchtbarsten Länder Europas, Asiens und Afrikas. Nur das entlegene Amerika vermag ihm seinen Reichtum glücklich vorzuenthalten und entzieht sich seinem Einfluss.«[49] Daraus zieht der moderne Kommentator seine Schlüsse. »Im Vergleich zur christlichen Welt repräsentierte das Osmanische Reich im sechzehnten und siebzehnten Jahrhundert ganz einfach die höhere Zivilisation und bot zahlreichen Christen Lebensunterhalt und gesellschaftlichen Aufstieg.« Vor allem für die Armen und Ungebildeten unter ihnen »bedeutete der Übertritt zum Islam keinen traumatischen Wechsel« – versah er sie doch »mit dem Hochgefühl der Macht und mit vielversprechenden Zukunftsaussichten.«[50] Denn im muslimischen Herrschaftsgebiet war die soziale Mobilität wesentlich größer. »Nirgends wurden über eines Mannes Vergangenheit weniger Fragen gestellt. Und nirgends waren die Chancen auf ein ersprießliches und abenteuerliches Leben größer.«[51] Der springende Punkt bei dieser Form »angewandten Kulturvergleichs« ist somit die

[48] Zu diesem Begriff von Edward Glover siehe Scholz-Strasser 1994, 120.
[49] Thomas Fuller, The Historie of the Holy Warre (1639), zit. nach Matar 1999, 14.
[50] Matar 1999, 15 f.
[51] Earle 1970, 92 f.

Motivation: Wer über genügend reale Macht verfügt, hat wenig Grund, seinem Drang nach Selbstverleugnung nachzugeben – jedenfalls nicht *à corps perdu.* Deswegen gibt es auch so wenige Renegaten *islamischer* Herkunft: Wer Karriere im eigenen Haus machen kann, muss nicht beim Gegner vorstellig werden.

Großreiche und ihre reale Macht, die jedes Ressentiment erübrigt

Gerne wüsste man die Gedanken des Sultans Süleyman des Prächtigen bei der Lektüre von Cäsars *Bellum Gallicum.* Wer war dieser *rumi* Julius Cäsar für den Herrn über ein gutes Drittel der damals bekannten Welt? Dass dessen Name zum Synonym für das höchste Herrscheramt geworden war – und dass ihn seine eigene Herrschaft am Bosporus zum Haupterben bestimmt zu haben schien –, dürfte jenem *amîr ul-muslimîn,* jenem Anführer der Gläubigen genauso wenig gleichgültig gewesen sein wie die Tatsache, dass es außer seinem eigenen Konstantinopel noch dieses Rom im Westen gab, wo ein anderer Anführer der Gläubigen sich ebenfalls auf die Cäsaren berief. Was den Ausdruck »Gallier« betraf – wahrscheinlich nahm er ihn wie sein Bündnispartner, der französische König und dessen später Nachfahre im Geiste, Napoleon III., als Synonym für die ihm wohlbekannten *Franken* (im Gegensatz zu französischen Herrschern blieb ihm aber das »völkerpsychologische« Dilemma, sich mehr mit den *Galliern* oder doch eher mit *Cäsar* und dessen famosem Krieg identifizieren zu sollen, erspart).

Ein Engländer oder sonst irgendein unvoreingenommener Christenmensch seiner Zeit hätte bei der Frage, wie denn er die Zukunft des christlichen Abendlandes angesichts jenes Cäsarenerben am Bosporus einschätze, ein bedenkliches Gesicht gemacht. In der Tat hat man sich in der frühen Neuzeit alles Mögliche in Bezug auf diesen Widerpart zusammengereimt – dass er aber jemals aufhören würde, der Gigant in der Mitte der Welt, eine Prüfung (manche sagten auch Geißel Gottes) und »Europas« Zuchtmeister zu sein, war jenseits aller Vorstellung.[52] Das Osmanische Reich – und mit ihm die ganze Kultur des Islam – gehörte zur Welt der Renaissance (und damit zu Europa, wie präziserweise hinzuzufügen wäre) und bildete einen Teil der Geschichte dieses Raumes und dieser Zeit und war genauso eng mit diesem Kontinent und dessen Schicksal verflochten wie etwa das protestantische Deutschland oder das Frank-

---

[52] Siehe dazu Matar 1999, 13 f.; sowie: Schwoebel 1967, 91.

reich der Hugenotten. Da gab es keine Zweiteilung der materiellen
Kultur (wie gerade der militärische Komplex sehr schön zeigt) – und
was das Geistesleben betrifft, so mag bezweifelt werden, dass ein
durchschnittlicher Franzose oder Engländer von Deutschland oder
Spanien mehr wusste als vom Orient.

Das höchste Zeugnis für diese Einheit der Gegensätze legte aber
eine Institution ab, die den schicksalhaften Zwang zum gemeinsamen Weg auf ärgerliche, ja skandalöse Weise gerade von christlicher
Seite zu unterstreichen schien: das Renegatentum. In ihm schien
sich zu bestätigen, dass der Austausch mit dem Anderen nicht nur
möglich, sondern – vermittels der Faszination des Erfolges und der
Macht – geradezu unwiderstehlich war. Ein Skandalon ersten Grades
für eine Kultur, nein: eine Religion, die seit ihrem Bestehen das
eschatologische Monopol besaß. Dass nun massenhaft (und dieser
Ausdruck ist wahrlich keine Übertreibung) Individuen – in der Sprache ihrer Zeit zu reden: »die ewige Verdammnis auf sich nahmen«,
um das Paradies schon hier und jetzt zu besitzen, war ein derartiger
Einbruch ins Innerste dieses christlichen Selbstbewusstseins, dass
man seine Schockwellen noch in den »Haremsbildern« des roman-
tischen 19. Jahrhunderts spüren kann.

Am Beginn des europäischen Sonderwegs steht die Militarisierung der Welt. Offenbar gilt es immer noch das hartnäckigste Rät-
sel der Geschichte zu lösen: Warum das »christliche« Abendland,
was noch in der Renaissancezeit durchaus nicht ausgemacht schien,
bei diesem Wettlauf nach Nirgendwo seine nichtchristliche Konkurrenz derart rasant hinter sich lassen würde? Schließlich denkt
man heute selbst beim Wort *Globalisierung* nicht an den Erdball
(Globus), sondern zuerst an dessen so genannt »westliche Hälfte«.

Und doch steht dem am Beginn dieses Weges so viel, ja beinahe
alles entgegen. Von den beiden Eckpfeilern der frühneuzeitlichen
Geschichte Europas und der Méditerranée – den christlichen See-
mächten und den islamischen Staaten und Reichen – gibt es allerlei
Skandalöses zu berichten, wie etwa unzählige Bündnisse quer über
die ideologische Demarkationslinie hinweg. Exemplarisch wird das
an den beiden notorischen Fluchtpunkten von »Geschichte« – Aufstieg und Untergang: Wenn etwa im Osten die junge Macht der
Osmanen als Bündnispartner eines moribunden Byzantinischen
Reichs in Erscheinung tritt und sich sogleich in ersten, tastenden
Versuchen auf ihre künftige Rolle zur See vorbereitet;[53] oder wenn
im Westen eines der stabilsten Bündnissysteme zwischen einer christ-

---

[53] Planhol 2000, 188, 190 ff.

lichen und einer islamischen Macht entsteht, fast schon eine Symbiose: nämlich die Kette von Beistandspakten und Handelsverträgen zwischen dem spanisch-arabischen Emirat von Granada und der Seemacht Genua, die von 1279 praktisch bis 1492, dem Ende Granadas Bestand hatte.[54] Dabei sind das nur die welthistorischen *Highlights* auf einer Bühne, die tatsächlich ohne Unterlass von dergleichen *Mésalliancen* (wir reden hier sozusagen orthodox-politisch korrekt) wimmelte: angefangen von den berühmten sizilianisch-arabischen Bogenschützen Friedrichs II., denen eine eigene Stadt, komplett mit Moschee und Muezzin, zur Verfügung gestellt wird (pikanterweise in Sichtweise des Kirchenstaats);[55] über die zwischen christlichen Königen und muslimischen Fürsten ständig hin und her getauschten und verliehenen »maurischen« Elitetruppen, die *zenetes;* bis hin zu ganzen Kriegsflotten der Genuesen, die von diesen geschäftstüchtigen Seehändlern auch schon einmal (das heisst, wenn der Pachtpreis stimmt) dem ideologischen Gegenpart angedient werden – samt kampferprobter Mannschaft, versteht sich.

Der einzelne Angehörige seiner jeweiligen Kultur hat mannigfaltige Möglichkeiten, deren Grenzen zu überschreiten. Möglichkeiten, von denen er auch Gebrauch macht. Und in dieser frühen Phase des europäischen Selbstbewusstseins muss er deswegen auch nicht einmal gleich zum Renegaten werden. Eine wichtige Beobachtung. Zeigt sie doch die »Moderne« (mit der wir den vielberufenen »Sonderweg« Europas so gern assoziieren) – noch – in einem Licht, das man nur als mild bezeichnen kann. In solch mildem Licht erglänzt zum Beispiel »Spanien« (das es zu jener Zeit

54 Ladero Quesada 1979, 56 ff.
55 Wir teilen keineswegs die Meinung derer (vgl. Abulafia 1990, 128 f. und besonders Powell 1990, 193 ff.), die den Schachzug einer solchen Ansiedlungspolitik neuerdings mehr oder weniger bagatellisieren zu sollen glauben, wobei sie den beträchtlichen Symbolwert der Kolonie von Lucera überhaupt nicht bemerken – ganz zu schweigen vom strategischen Nutzen, den eine muslimische Wehrbauernstadt an der Grenze zum Kirchenstaat für einen von eben jener Kirchenmacht beinahe sein ganzes Leben lang feindseligst behandelten Fürsten haben musste. Freilich kämpft ja die rezente Staufer-und-Italienforschung auch ihrerseits gegen einen übermächtigen Vater (sehr aufschlussreich dazu: Abulafia 1991)! Ernst Kantorowicz, in seinem herrlichen Friedrichbuch, hat so rigoros auf die Geschichte der Macht mit ihrer kulturübergreifend-machiavellistischen Wirkung gesetzt – und dabei *nolens volens* den Finger auf alle möglichen Wunden des »christlichen Abendlandes« gelegt –, dass seinen Nachfolgern nur mehr das undankbare Geschäft des Beschwichtigens bleibt: Kantorowicz 1991, bes. 121 ff., 154-194 und 550 ff.

des 13., 14. Jahrhunderts im Übrigen noch gar nicht gibt) und man vermeint zu erkennen, dass es – auch und gerade dort, wo christliche Könige herrschten – in der Tat das »islamischeste« Gebiet war, über welches Europa je verfügte. – Was heißt das?

Das heißt zum Beispiel, dass ein kastilischer König, den man darum zu Recht *el Sabio,* den Weisen nennt, nachdem dem Reich seines Vaters durch glückliche Kriegsfügung Tausende neuer Untertanen zugewachsen sind, diese Andersreligiösen nicht aus seinem Reich entfernt, sondern sie geradezu darin einbaut. In seinem epochalen Gesetzeswerk, den *Siete Partidas,* schafft Alfons X. (1221–1284) »Platz für das Andere«; ein Platz, an dem zumindest die Staatsmacht – sozusagen als objektive Institution – dieses Andere und diese Anderen, eben weil sie in ihr verortet sind, aushalten kann. Als Untertanen des Königs mögen sie in Ruhe *secundum sunnam* leben (gemäß der Sunna, ihrer islamischen Überlieferung); und niemand möge sie gewaltsam zu bekehren suchen, »denn der Herr hat mit denen, die ihm nur aus Angst dienen, keine Freude.«[56] Islamische Reminiszenzen in einer geglückten christlichen Herrschaft? Wohl eher erste kräftige Lebenszeichen eines säkularen und pragmatischen Machtbegriffs, einer Staatsraison, die sich zwar religiöser Formen (auch solcher der Religion des Gegners) gern bedient: aber nur dann, wenn sie ihr nützen.[57] Wenn Alfons (und die anderen zeitgenössischen Herrscher im christlichen Teil Spaniens) die Muslime zu ihren Schutzbefohlenen erklären, dann haben sie scheinbar ganz harmlos nur das Rechtsprinzip des *dhimmi* (des »unterworfenen Schutzbefohlenen«, das sich im islamischen Raum auf die Christen bezieht) umgedreht, in Wahrheit aber dadurch ein Recht *usurpiert,* das in ihrer eigenen Sphäre, der christlichen, jemandem anderen zustünde: der Kirche. Hier wird keiner zivilen, sondern einer militärischen Faktizität Tribut gezollt – dem Recht des Eroberers.

Weiters könnte damit bewiesen sein, dass die »Geringen«, die *menudos,* in den Augen der Herrschenden ihren Herdencharakter noch gar nicht abgelegt hatten … Sozusagen: Was liegt schon am Seelenheil dieses Mauren, dieses Juden (und logischer Weise auch: dieses Christen), solange nur die Ordnung unter den Fürsten geregelt ist – diesseits und jenseits der Grenze. So wenig interessiert dieses Seelenheil nach Art der jeweils »eigenen« Religion, dass mit dem *juez de la frontera* (»Richter der Grenze«) eine christlich-islamische Doppel-Instanz geschaffen und anerkannt wird, bei der es weder

---

[56] *Siete Partidas,* VII, 25, 2 – siehe dazu O'Callaghan 1975, 462 ff.
[57] Liedl 1998, 51.

um Recht noch um Gerechtigkeit geht, sondern um Parameter einer Kriegs- und Friedensordnung – um polizeiliche Verfolgung und Wiederherstellung der Ordnung (wird doch der Delinquent dem Richter der jeweils anderen Religion zur Aburteilung vorgeführt: der Christ dem *kadi,* der Muslim dem *juez).*[58] Eine Verständigung der Fürsten nicht nur über die Köpfe ihrer Völker sondern, was viel schwerer wiegt, über die Grenzen ihrer Religionen hinweg ...

Der nietzscheanischen Rede von der Herrenmentalität sekundiert sehr schön ein anderer Diskurs: die politische Geographie. Gemeint ist die Feststellung, dass sich Europa stets in einem heillosen Zustand befand – ein Kontinent als Flickenteppich der Domänen, Herrschaften und »Reiche«. Es war ja gerade die im Sinne der Geopolitik so »glückliche«, nämlich machtvolle Einheitlichkeit des islamischen Kulturraumes, die dort immer wieder echte Reichsbildung ermöglichte, ein Umstand, den – und hier sind wir schon wieder auf die Ebene der Mentalitätsgeschichte verwiesen – die Christenheit so attraktiv fand, dass sie Heerscharen von Renegaten hervorbrachte. Nochmals anders gesagt: Bis weit über die Renaissancezeit hinaus war der Raum namens »Europa« trotz seiner Spaltung in eine christliche und eine islamische Hälfte insofern eine intellektuell-geistige Einheit, als diese »Einheit« einem alten christlichen Ideal perfekt entsprach, dessen Realisierung allerdings immer nur der islamischen Seite zu gelingen schien.

Ironie des »Herrenmenschen« (rein fachterminologisch, also ganz unpathetisch gesprochen): durch eigenes »Glück« das Ressentiment beim anderen permanent anzufachen, zugleich aber durch eben dieses »Glück« daran gehindert zu sein, die Tiefe und Entschlossenheit jenes Rachegefühls auch nur im Entferntesten zu ahnen! In machtpolitischer beziehungsweise realpolitischer Hinsicht tobt sich dieses Ressentiment europäischen Christentums buchstäblich an allen Fronten aus – von den inneren Krämpfen und Kämpfen der Häresie über die halb innen-, halb außenpolitisch motivierten Kriege von »Nationen« *in statu nascendi* bis hin zum immer deutlicher artikulierten Willen zur »Flucht nach vorn«, einer Flucht über unbekannte Ozeane in Neue Welten ...

Wer die frühneuzeitlichen Mächte Europas und des Mittelmeerraumes mit dem Instrument einer Mikrologie der Macht seziert, wird unweigerlich bemerken, dass sämtliche Ingredienzien einer militärischen Denkungsart von jedem dieser Gladiatoren auch tatsächlich irgendwann einmal selbst erfunden, angewandt und

---

[58] Liedl 1997, 47 ff.

erprobt worden ist – und das gilt gerade auch für die islamische
Seite.[59] Nur dass im islamischen Raum diese Methoden des Nihi-
lismus und der Häresie, der Kult der Vernichtung, sozusagen ver-
nünftig, das heißt adäquat angewandt und somit gerade nicht »als
Kult« betrieben wurden: von den Granadinern im 14., 15. Jahrhundert zur Abwehr einer tödlichen Gefahr; von der Soldaten-
kaste der Mamluken Ägyptens zur selben Zeit als Teil ihres Standes-
ethos; von der jungen, aufstrebenden »Nation« der osmanischen
Türken als selbstverständliches Attribut ihrer stürmischen Jugend
(und, realpolitisch gesprochen: aus der Notwendigkeit heraus, einen zersplitterten Raum gegen den Willen zahlreicher nicht gerade zimperlicher Konkurrenten machtvoll zu einen). Kurz: Es ist
gerade nicht »das Römische«, was an jenem Willen zur Grausamkeit nach Art des militärischen Denkens die *differentia specifica*
abgibt; sondern – wir sagen es nochmals »nietzscheanisch«: dessen
»christliche« Vergiftung mit dem Gedanken totaler Vernichtung.
Auch aus dem Unterscheidungskriterium der unbedingten Rache
heraus wird klar, warum den Osmanen zwar ein Weltreich gelang,
den christlichen Europäern aber die Globalisierung.

Bleiben wir noch einen Augenblick bei den Osmanen. Kein
Staat der damaligen Welt verfügte über eine schlagkräftigere Armee, eine imposantere Flotte. Seine Janitscharen standen vor Istri-
en und am Plattensee, seine Korsaren kreuzten im Ärmelkanal und
in der Irischen See.[60] Und wenn der oberste Kriegsherr am Bosporus Julius Cäsar las, dann las er ihn höchstwahrscheinlich vor allem als den ersten »modernen« Militärschriftsteller. Genauso darf
man annehmen, dass der Sultan und seine Heerführer auch die
gängigen zeitgenössischen Militärhandbücher, die in Europa zir-
kulierten, kannten, ganz zu schweigen vom hundertmal übersetz-
ten und kompilierten Klassiker Vergetius. Diese kulturelle Durchlässigkeit war – was auch immer Militärhistoriker aus ihrer euro-
zentristischen Froschperspektive heraus wahrzunehmen meinen[61] –
über Jahrhunderte der Garant für ein Gleichgewicht des Schre-
ckens, in welchem die Osmanen »mit allen militärtechnologischen

---

[59] Liedl 1999, 23 f., 61, 82 ff.; Liedl 1997, 31/80 (Anm.44); Arié 1973,
    261 (Anm.4); Harvey 1990, 199; Müller/Ludwig 1982, 156; Hall 1997,
    67 ff., 78.
[60] Zum atlantischen Streifgebiet der muslimischen Korsaren (vom Är-
    melkanal bis nach Island, von Neufundland bis in die Karibik): Plan-
    hol 2000, 169 f.; zur osmanisch-algerischen Piraterie in englischen
    Gewässern zwischen 1580 und 1670: Matar 1999, 6-11.
[61] Zum Beispiel Parker 1990, 157.

Neuerungen Schritt hielten, ja auf manchen Gebieten (etwa in den Belagerungstechniken ihrer Sappeure und Mineure) der Gegenseite Standards vorgaben.«[62]

Dass sich trotz einer langen Periode, in der »beide Seiten, sowohl das Osmanische Reich als auch der Westen eine ausgeprägte Kontinuität in ihrer militärischen Praxis aufwiesen, mit kaum wahrnehmbaren und wenn doch, so jedenfalls alles andere als raschen Änderungen«[63], die Kluft letztlich dennoch unübersehbar breit auftat und nicht mehr schloss, wird nicht dadurch schon logisch, dass man es sich leicht macht und »Stolz, Faulheit oder Dummheit« bemüht (Graf Moritz von Sachsen, 1732, wiederum dankbar zitiert vom wackeren Militärhistoriker des 20. Jahrhunderts).[64] Vielmehr gälte es gerade hier philosophisch abzuschweifen und zu bedenken, dass die vielberufene militärische Revolution (West-)Europas nicht unbedingt wegen ihres *technologischen* Gehalts »revolutionär« zu nennen ist, sondern aufgrund der Geisteshaltung ihrer Verfechter, der sie ihre brutale Durchschlagskraft in letzter Instanz verdankt. Nicht schon dem Willen zur Macht verdankt sie ihren Erfolg als vielmehr einem Willen zur Macht, der mit absolutem Vernichtungswillen und einer theoretischen Neugierde nach Art der *tabula rasa* gepaart ist ...

Die militärische Denkungsart hatte in ihrer Inkubationszeit – im 13., 14. Jahrhundert – ganz selbstverständlich alle Spieler des circum-mediterranen Raumes, unbeschadet deren religiös-kultureller Zugehörigkeit, in ihren Bann gezogen. Während nämlich der »gewalttätige Charakter« nach Art des europäischen Adels kulturelle Einheit symbolisiert (was neuerdings wieder gerne betont wird)[65], gedeiht er in Wahrheit – also in der geschichtlichen Wirklichkeit – am besten in der *fragmentierten* Geographie. Genau eine solche aber war bis zum Erstarken der Spanischen Monarchie am einen und des Osmanischen Reichs am anderen Ende der Méditerranée vorherrschend und genau in diese Zeit fallen auch die ersten untrüglichen Anzeichen einer militärischen Revolution.

Für die Zukunft dieses kriegerischen Raumes (der zuerst einen Kontinent, dann die ganze Welt umfasste) musste dies aber bedeuten, dass nicht die reale Macht großer Reiche die militärisch-techno-

---

[62] Murphey 1999, 15; siehe auch das Kapitel von Pittioni: Die neue Feldarmee. Das Beispiel der Osmanen, 84-122.

[63] Murphey 1999, 15.

[64] Parker 1990, 157.

[65] Siehe zum Beispiel das Konzept einer »adligen Diaspora« bei Bartlett 1996, 37 ff.

logische Spirale in Bewegung hielt – wie modern und hoch gerüstet, wie ökonomisch stark und stabil diese Imperien auch immer sein mochten. Im Gegenteil: Die Dynamik kam von der (mehr oder weniger vergeblich) angestrebten Macht auf Seiten aller möglichen kleinen bis mittelgroßen Mächte, die bereit waren, dafür auch einen entsprechend hohen Einsatz ihrer Ressourcen und Kräfte zu riskieren. Diese hochaggressive, brandgefährliche Agglomeration von Mächten – und nicht »der« Macht – zeichnet die ganze neuere Geschichte des Kontinents aus. Dieser Cluster widerstreitender, einander aber kräftemäßig mehr oder weniger ebenbürtiger Kontrahenten, die alle gemeinsam und jeder für sich über dieselbe – nennen wir sie »christliche« – Hassenergie verfügen, ergab für die Kultur, die diese »Kampfnationen« hervorgebracht hatte – nennen wir sie »Europa« – beinahe zwangsläufig einen ungleich größeren materiellen und ideellen Energieumsatz, somit eine in Summe bessere Bilanz der Macht als dies in einem einheitlichen Reich je der Fall gewesen wäre. Soviel zur technisch-praktischen beziehungsweise historisch-politischen Seite des »europäischen Sonderweges«, soviel zu seiner Tagseite. Seine dunkle Seite freilich lässt sich, wie man gesehen hat, nicht in historischen, sondern nur in philosophischen (um nicht zu sagen psychologischen) Kategorien ausdrücken.

Braudel hat einmal gesagt, die Zukunft gehöre jenen Völkern, die besser zu hassen verstünden. Eine solche »Zukunft« scheint denn auch – zumindest in der Vergangenheit – der Kultur gehört zu haben, die als geheime Kraftquelle das größte *Ressentiment* besaß. Aus der nie verwundenen Kränkung und Zurücksetzung durch eine in vieler Hinsicht glücklichere Rivalin hat die christliche Religion gelernt, auch noch ihre eigene Negation zu negieren. Gedemütigt zuerst durch Häresie, dann durch ihre Säkularisierung in der Wissenschaft, hat sie ihren ungehorsamen Kindern ein folgenschweres Erbe hinterlassen. Nietzsche, der große Pathologe des christlichen Abendlandes, nennt es den Geist der Rache. Mit dem Hinweis auf die denkwürdige Verwandlung des Kriegers zum »Soldaten« hat man bloß einen bescheideneren und etwas pragmatischeren Begriff gewählt; in jener »Inkubationszeit«, am Beginn dessen, was sich selbst die *neue* Zeit zu nennen pflegt, geschah die subtile oder vielmehr gar nicht subtile Verschiebung des Interesses – weg von der Faszination der *Macht* hin zur Faszination der *Vernichtung*. Ersteres ist, wie man so sagt, allen Völkern und Kulturen gemeinsam – letzteres aber dürfte in der Tat das sinistre Vorrecht einer einzigen Kultur sein. Die im Übrigen perfekt dafür gesorgt hat, dass das mittlerweile auch alle anderen wissen.

Literatur

Abulafia 1990 = David S. H. Abulafia, The End of Muslim Sicily, in: James M. Powell (Hg.), Muslims under Latin Rule, 1100–1300, Oxford 1990, 103-133.

Abulafia 1991 = David Abulafia, Herrscher zwischen den Kulturen. Friedrich II. von Hohenstaufen, Berlin 1991.

Ahlers 2001 = Ingolf Ahlers, Die Kreuzzüge: Feudale Kolonialexpansion als kriegerische Pilgerschaft, in: Peter Feldbauer/Gottfried Liedl/John Morrissey (Hg.), Vom Mittelmeer zum Atlantik: Die mittelalterlichen Anfänge der europäischen Expansion, Wien-München ²2001 (2., veränderte Aufl. v. ¹1999), 37-60.

Aksan 1999 = Virginia Aksan, Ottoman war and warfare. 1453–1812, in: Jeremy Black (Hg.), War in the Early Modern World. 1450–1815, London 1999, 147-176.

Alarcón y Santón 1930 = M. Alarcón y Santón, Lámpara de los príncipes por Abubéquer de Tortosa, 2 Bände, Madrid 1930-31.

Alarcón y Santón/Linares 1940 = M. Alarcón y Santón/García de Linares, Los Documentos árabes diplomáticos del Archivo de la Corona de Aragón, Madrid-Granada 1940.

Allmand 2000 = Christopher Allmand: New Weapons, New Tactics 1300–1500, in: Geoffrey Parker (Hg.), The Cambridge Illustrated History of Warfare: The Triumph of the West, Cambridge-New York 2000 (¹1995), 92-105.

Al-Maqqari 1939 = Al-Maqqari, Azhar ar-riyad fi akhbar al-qadi Iyad. 3 Bände. Edition: Kairo 1939–42.

Al-Maqqari 1949 = Al-Maqqari, Nafh at-tib min ghusn al-Andalus ar-ratib. 10 Bände. Edition: Kairo 1949.

Al-Maqrizi 1970 = Al-Maqrizi, Kitab as-suluk. Edition: Kairo 1970.

Al-Qalqashandi 1975 = Al-Qalqashandi, Subh al-a'sha fi Kitabat al-insha'. Edition: Luis Seco de Lucena Paredes, Valencia 1975.

Appadurai 2000 = Arjun Appadurai, Modernity at Large. Cultural Dimensions of Globalization, Minneapolis-London 2000 (5. Aufl. v. ¹1996)

Arié 1973 = Rachel Arié, L'Espagne musulmane au temps des Nasrides (1232–1492), Paris 1973.

Arié 1988 = Rachel Arié: España musulmana (siglos VIII-XV), in: Manuel Tuñón de Lara (Hg.), Historia de España, Band 3, Barcelona 1988.

Attiya 1954 = A. S. Attiya, The Crusades, Old Ideas and New Concepts, in: Cahiers d'Histoire Mondiale/Journal of World History, II/2 (1954), 469-475.

Auer 1997 = Leopold Auer: Zum spätmittelalterlichen Kriegswesen in den Ostalpenländern, in: Von Crécy bis Mohács. Kriegswesen im späten Mittelalter (1346–1526), XXII. Kongress der Internationalen Kommission für Militärgeschichte. ACTA 22/1997, hg. vom Heeresgeschichtlichen Museum/Militärhistorisches Institut, Wien 1997, 15-27.

Ayalon 1996 = David Ayalon, Le phénomène mamelouk dans l'orient islamique, Paris 1996.

Ayton/Price 1998 = Andrew Ayton/J. L. Price (Hg.), The Medieval Military Revolution. State, Society and Military Change in Medieval and Early Modern Europe, London-New York 1998.

Babinger 1957 = Franz Babinger, Die Aufzeichnungen des Genuesen Iacopo de Promontorio de Campis über den Osmanenstaat 1475, München 1957.

Barth 1994(a) = Fredrik Barth (ed.), Ethnic Groups and Boundaries. The Social Organization of Cultural Difference. Oslo 1994 (4. Aufl. v. [1]1969).

Barth 1994(b) = Fredrik Barth, Introduction, in: Fredrik Barth (Hg.), Ethnic Groups and Boundaries. The Social Organization of Cultural Difference, Oslo 1994 (4. Aufl. v. [1]1969), 9-38.

Bartlett 1996 = Robert Bartlett, Die Geburt Europas aus dem Geist der Gewalt. Eroberung, Kolonisierung und kultureller Wandel von 950 bis 1350, München 1996.

Baud/van Schendel 1997 = Michiel Baud/Willem van Schendel, Towards a Comparative History of Borderlands, in: Journal of World History, Honolulu 1997/8/2, 211-242.

Baumann 1994 = Reinhard Baumann, Landsknechte. Ihre Geschichte und Kultur vom späten Mittelalter bis zum Dreißigjährigen Krieg, München 1994.

Beck/Giddens/Lash 1996 = Ulrich Beck/Anthony Giddens/Scott Lash, Reflexive Modernisierung – Eine Kontroverse, Frankfurt am Main 1996.

Beldiceanu 1960 = N. Beldiceanu, La Campagne ottomane de 1484, in: Revue des Études Roumaines Paris 1960.

Bendix 1970 = Reinhard Bendix, Modernisierung in internationaler Perspektive, in: Wolfgang Zapf (Hg.), Theorien des sozialen Wandels, Köln-Berlin [2]1970, 505-512.

Benoît/Micheau 1998 = Paul Benoît/ Françoise Micheau, Die Araber als Vermittler? in: Michel Serres (Hg.), Elemente einer Geschichte der Wissenschaften, Frankfurt am Main 1998 (Paris [1]1989), 269-313.

Berger 1996(a) = Johannes Berger, Modernisierung und Modernisierungstheorie (Editorial), in: Leviathan 1/1996, 8-12.

Berger 1996(b) = Johannes Berger, Was behauptet die Modernisierungstheorie wirklich – und was wird ihr bloß unterstellt, in: Leviathan 1/1996, 45-62.

Berktay/Faroqui 1992 = Halil Berktay/Suraiya Faroqui (Hg.), New Approaches to State and Peasant in Ottoman History, London 1992.

Black 1994 = Jeremy Black, European Warfare. 1660–1815, New Haven-London 1994.

Black 1999 = Jeremy Black (Hg.), War in the Early Modern World. 1450–1815, London 1999.

Blomström/Hettne 1984 = Magnus Blomström/Björn Hettne, Development Theory in Transition. The Dependency Debate and Beyond, London 1984.

Blumenberg 1974 = Hans Blumenberg, Säkularisierung und Selbstbehauptung. Erweiterte und überarbeitete Neuausgabe von »Die Legitimität der Neuzeit«, erster und zweiter Teil, Frankfurt am Main 1974 ff.

Bosque Maurel 1988 = Joaquín Bosque Maurel, Geografía urbana de Granada, Granada 1988 (Erstausg. Zaragoza 1962).

Braudel 1990 = Fernand Braudel, Das Mittelmeer und die mediterrane Welt in der Epoche Philipps II. 3 Bde, Frankfurt am Main 1990 ff. (Paris [1]1949/1966).

Braudel 1987 = Fernand Braudel, Die Geschichte, in: Fernand Braudel/Georges Duby/Maurice Aymard, Die Welt des Mittelmeers. Zur Geschichte und Geographie kultureller Lebensformen, Frankfurt am Main 1987 (Paris [1]1985 f.), 93-117.

Braudel/Duby/Aymard 1987 = Fernand Braudel/Georges Duby/Maurice Aymard, Die Welt des Mittelmeers. Zur Geschichte und Geographie kultureller Lebensformen, Frankfurt am Main 1987 (Paris [1]1985 f.).

Bragadin 1989 = Marc'Antonio Bragadin, Le repubbliche marinare, La Spezia 1989.

Brockhaus 1893 = Brockhaus Konversations-Lexikon (14. Auflage), Leipzig-Berlin-Wien 1893.

Brummett 1994 = Palmira Brummett, Ottoman Seapower and Levantine Diplomacy in the Age of Discovery, New York 1994.

Brusten 1953 = Charles Brusten, L'armée bourguignonne de 1465 à 1468, Bruxelles 1953.

Caferro 1998 = William Caferro, Mercenary Companies and the Decline of Siena, Baltimore-London 1998,

Calero Secall/Martínez Enamorado 1995 = María Isabel Calero Secall/Virgilio Martínez Enamorado, Málaga, ciudad de al-Andalus, Málaga 1995.

Cardini 2000 = Franco Cardini, Europa und der Islam. Geschichte eines Missverständnisses, München 2000.

Carneiro 1990 = Robert L. Carneiro, Chiefdom-level warfare as exemplified in Fiji and the Cauca Valley, in: Jonathan Haas (Hg.), The Anthropolgy of War, Cambridge 1990, 190-211.

Carneiro 1994 = Robert L. Carneiro, War and Peace: Alternating Realities in Human History, in: S.P. Reyna/R.E. Downs (Hg.), Studying war: anthropological perspectives, Amsterdam 1994, 3-28.

Carretto 1983 = Giacomo E. Carretto, Vom Amselfeld bis vor die Tore Wiens, in: Francesco Gabrieli (Hg.), Mohammed in Europa. 1300 Jahre Geschichte, Kunst, Kultur, München 1983 (Milano [1]1982), 111-151.

Castro 1990 = Américo Castro, De la España que aún no conocía (2 Bände), Barcelona 1990.

Cherif 1996 = Mohammed Cherif, Ceuta aux époques almohade et mérinide, Paris 1996.

Cipolla 1998 = Carlo M. Cipolla, Segel und Kanonen: Die europäische Expansion zur See, Berlin 1998.

Clark 1945 = G. N. Clark, Barbary Corsairs in the Seventeenth Century, in: Cambridge Historical Journal, 8/1945-46.

Clausewitz 1994 = Carl von Clausewitz, Vom Kriege (Auswahl), Stuttgart 1994.

Cleland 1607 = John Cleland, The Institution of a Young Noble Man, Oxford 1607.

Collins 1975 = L.J. Collins, The Military Organisation and Tactics of the Crimean Tartars during the 16th and 17th Century, London 1975.

Conrad 1979 = Philippe Conrad: Los Jenízaros, in: Jean-Jacques Mourreau
u.a.: Los grandes cuerpos militares del pasado, Barcelona 1979, 87-163.

Contamine 1972 = Philippe Contamine, Guerre, état et société à la fin du
moyen âge: Études sur les armées des rois de France, Paris 1972.

Contamine 1984 = Philippe Contamine, War in the Middle Ages, Oxford 1984 (Paris 1980).

Contamine 1997 = Philippe Contamine, La musique militaire dans le
fonctionnement des armées: L'exemple français (v.1300–v.1550), in:
Von Crécy bis Mohács. Kriegswesen im späten Mittelalter (1346–1526),
Wien 1997, 93-106.

Cook 1994 = Weston F. Cook, Jr., The Hundred Years War for Morocco:
Gunpowder and the Military Revolution in the Early Modern Muslim
World, Boulder-San Francisco-Oxford 1994.

Creveld 1991 = Martin van Creveld, Technology and War, New York
1991.

Daston 2001 = Lorraine Daston, Wunder, Beweise und Tatsachen. Zur
Geschichte der Rationalität, Frankfurt am Main 2001.

De la Cierva 1981 = Ricardo de la Cierva (et alii), Historia General de
España, Band 4: Baja Edad Media: Predominio Cristiano, Madrid 1981.

Delbrück 2000 = Hans Delbrück, Geschichte der Kriegskunst im Rahmen der politischen Geschichte. Nachdruck der Originalausgabe der
1. Auflage, Berlin [1]1920, Berlin-New York 2000.

Dodds 1992 = Jerrilyn D. Dodds (Hg.), Al-Andalus. Las artes islámicas
en España, Madrid 1992.

Dörflinger 2002 = Johannes Dörflinger, Europäisches Weltbild und poli-
tische Allegorie im ausgehenden 16. Jahrhundert: Die »Christian
Knight«-Karte des Jodocus Hondius, in: Friedrich Edelmayer/Peter
Feldbauer/Marija Wakounig (Hg.), Globalgeschichte 1450–1620:
Anfänge und Perspektiven (Edition Weltregionen, Band 4), Wien 2002,
11-21.

Dozy 1927 = Reinhart Pieter A. Dozy, Supplément aux dictionnaires arabes
(2 Bände), Leiden-Paris 1927.

Dufourcq 1966 = Ch.-E.Dufourcq, L'Espagne catalane et le Maghrib aux
XIIIe et XIVe siècles, Paris 1966.

Dupuy 1980 = Trevor N. Dupuy, The Evolution of Weapons and Warfare,
Indianapolis-New York 1980.

Earle 1970 = Peter Earle, Corsairs of Malta and Barbary, London 1970.

Edelmayer/Feldbauer/Wakounig 2002 = Friedrich Edelmayer/Peter Feld-
bauer/Marija Wakounig (Hg.), Globalgeschichte 1450–1620: Anfänge und Perspektiven (Edition Weltregionen, Band 4), Wien 2002.

Eibl-Eibesfeldt 1986 = Irenäus Eibl-Eibesfeldt, Krieg und Frieden aus der
Sicht der Verhaltensforschung, München [3]1986.

Eibl-Eibesfeldt 1987 = Irenäus Eibl-Eibesfeldt, Liebe und Haß – Zur Na-
turgeschichte elementarer Verhaltensweisen, München 1987 (13. Aufl.).

Faroqhi 1995 = Surajya Faroqhi, Kultur und Alltag im Osmanischen Reich,
München 1995.

Feldbauer 1995 = Peter Feldbauer, Die islamische Welt 600–1250. Ein
Frühfall von Unterentwicklung? Wien 1995.

Feldbauer 1998 = Peter Feldbauer, Die islamische Welt im Mittelalter, in:
Beiträge zur historischen Sozialkunde, 1/98, Wien 1998, 14-35.

Feldbauer 2002 = Peter Feldbauer, Globalgeschichte 1450–1620: Von der Expansions- zur Interaktionsgeschichte, in: Friedrich Edelmayer/ Peter Feldbauer/Marija Wakounig (Hg.), Globalgeschichte 1450–1620: Anfänge und Perspektiven (Edition Weltregionen, Band 4), Wien 2002, 23-32.

Feldbauer/Liedl/Morrissey 2001 = Peter Feldbauer/Gottfried Liedl/John Morrissey (Hg.), Vom Mittelmeer zum Atlantik: Die mittelalterlichen Anfänge der europäischen Expansion, Wien-München ²2001 (2., veränderte Aufl. v. ¹1999).

Ferguson 1990 = Brian R. Ferguson, Explaining war, in: Jonathan Haas (Hg.), The Anthropolgy of War, Cambridge 1990, 26-55.

Fernández-Armesto 1987 = Felipe Fernández-Armesto, Before Columbus. Exploration and Colonisation from the Mediterranean to the Atlantic 1229–1492, Houndsmills-Basingstoke-Hampshire-London 1987.

Fernández y Gonzáles 1866 = Francisco Fernández y Gonzáles, Estado social y político de los mudéjares de Castilla, Madrid 1866.

Fiedler 1985 = Siegfried Fiedler, Kriegswesen und Kriegsführung im Zeitalter der Landsknechte, in: Ortenburg Georg (Hg.), Heerwesen der Neuzeit. Band 2, Koblenz 1985.

Finkel 1988 = Caroline Finkel, The Administration of Warfare. The Ottoman Military Campaigns in Hungary 1593–1606, in: Beiheft zur Wiener Zeitschrift für die Kunde des Morgenlandes, Band 14, Wien 1988.

Fleckenstein 1985 = J. Fleckenstein (Hg.), Das ritterliche Turnier im Mittelalter. Beiträge zu einer vergleichenden Form- und Verhaltensgeschichte des Rittertums, Göttingen 1985.

Fleet 1999 = Kate Fleet, European and Islamic Trade in the Early Ottoman State, Cambridge 1999.

Foerster 1993 = Heinz von Foerster, KybernEthik, Berlin 1993.

Foerster 1997 = Heinz von Foerster, Wissen und Gewissen – Versuch einer Brücke. Hg. von Siegfried J. Schmidt, Frankfurt am Main 1997 (¹1993).

Foucault 1986 = Michel Foucault, Vom Licht des Krieges zur Geburt der Geschichte. Hg. von Walter Seitter, Berlin 1986.

Fris 1902 = V. Fris, De Slag bij Kortrijk, Gent 1902.

Funck-Brentano 1893 = Frantz Funck-Brentano, Mémoire sur la bataille de Courtrai (1302, 11.juillet) et les chroniqueurs qui en ont traité, pour servir à l'historiographie du regne de Philippe le Bel, in: Mémoire à l'Académie des Inscriptions et Belles-Lettres de l'Institut de France, 10 (1893), 235-326.

Funcken/Funcken 1979 = Liliane Funcken/Fred Funcken, Rüstungen und Kriegsgerät im Mittelalter (8.- 15.Jahrhundert), München 1979.

Gabrieli 1983 = Francesco Gabrieli (Hg.), Mohammed in Europa. 1300 Jahre Geschichte, Kunst, Kultur, München 1983 (Milano ¹1982).

García-Arenal 1984 = Mercedes García-Arenal, Los moros de Navarra en la Baja Edad Media, in: Mercedes García-Arenal/Béatrice Leroy, Moros y Judíos en Navarra en la Baja Edad Media, Madrid 1984.

García Gómez 1944 = Emilio García Gómez, Ibn Zamrak, el poeta de la Alhambra (siglo XIV), in: Cinco poetas musulmanas, Madrid 1944.

Geary 2002 = Patrick J. Geary, Europäische Völker im frühen Mittelalter. Zur Legende vom Werden der Nationen,. Frankfurt am Main 2002.

Giménez Soler 1905(a) = A. Giménez Soler, Caballeros españoles en Africa y Africanos en España, in: Revue Hispanique. Band XII (1905).

Giménez Soler 1905(b) = A. Giménez Soler (Hg.), Boletín de la Real Academia de Buenas Letras, Band 3, Barcelona 1905/6.

Giménez Soler 1908 = A. Giménez Soler, La Corona de Aragón y Granada, Barcelona 1908.

Glassé 1991 = Cyril Glassé: The Concise Encyclopaedia of Islam, London ²1991 (¹1989).

Glover 1933 = Edward Glover, War, Sadism and Pacifism, London 1933.

Goebl/Nelde/Stary/Wölk 1996 = Hans Goebl/Peter Nelde/Zdenek Stary/ Wolfgang Wölk (Hg.), Kontaktlinguistik. Ein internationales Handbuch zeitgenössischer Forschung. 1. Halbband, Berlin-New York 1996.

Gökbilkin o.J. = Tayyib Gökbilkin, »Süleyman I.« in: Islam Enziklopedesi XI, 99-155.

Goldstone 1991 = Jack A. Goldstone, Revolution and Rebellion in the Early Modern World, Berkely-Los Angeles 1991,

Goodwin 1998 = John Goodwin, Lords of the Horizons. A History of the Ottoman Empire, London 1998.

Grant 1999 = Jonathan Grant, Rethinking the Ottoman ›Decline‹: Military Technology Diffusion in the Ottoman Empire, Fifteenth to Eighteenth Centuries, in: Journal of World History, Honolulu 1999/ 10/1, 179-201.

Greenblatt 1994 = Stephen Greenblatt, Wunderbare Besitztümer. Die Erfindung des Fremden: Reisende und Entdecker, Berlin 1994.

Grunebaum 1984 = Gustave E. von Grunebaum (Hg.), Der Islam II – Die islamischen Reiche nach dem Fall von Konstantinopel (= Fischer Weltgeschichte Bd. 15), Frankfurt am Main 1984 (¹1971).

Guilmartin 1974 = John Francis Guilmartin, Gunpowder and Galleys. warfare at Sea in the 16th Century, London-N.Y. 1974.

Haarmann 1987 = Ulrich Haarmann (Hg.), Geschichte der arabischen Welt, München 1987.

Haas 1990(a) = Jonathan Haas (Hg.), The Anthropology of War, Cambridge 1990.

Haas 1990(b) = Jonathan Haas, Warfare and the Evolution of Tribal Polities in the Prehistoric Southwest, in: Jonathan Haas (Hg.), The Anthropolgy of War, Cambridge 1990, 171-190.

Hale 1983 = John Rigby Hale, Renaissance War Studies, London 1983.

Hall 1997 = Bert S. Hall, Weapons and Warfare in Renaissance Europe. Gunpowder, Technology, and Tactics, Baltimore-London 1997.

Hammer Purgstall 1827–35 = Josef v. Hammer Purgstall, Geschichte des Osmanischen Reiches, Wien 1827–35, Bd. VI.

Handel 1994 = Michael I. Handel, The Evolution of Israeli Strategy: The Psychology of Insecurity and the Quest for Absolute Security, in: Williamson Murray/MacGregor Knox/Alvin Bernstein (Hg.), The Making of Strategy. Rulers, States, and War, Cambridge-New York-Melbourne 1994 (²1995), 534-578.

Harmuth 1975 = Egon Harmuth, Die Armbrust, Graz 1975.

Harvey 1956 = Leonard Patrick Harvey, Yuse Banegas: un moro noble en Granada bajo los Reyes Católicos, in: Al-Andalus, 21/1956, 297-302.

Harvey 1990 = Leonard Patrick Harvey, Islamic Spain, 1250 to 1500, Chicago-London 1990,

Hoenerbach 1961 = Wilhelm Hoenerbach, Some Notes on the Legal Language of Christian and Islamic Deeds, in: Journal of the American Oriental Society, Bd. 81, New Haven 1961.

Hoenerbach 1965 = Wilhelm Hoenerbach, Spanisch-islamische Urkunden aus der Zeit der Nasriden und Moriscos, Bonn 1965.

Hondrich 1996 = Karl O. Hondrich, Lassen sich soziale Beziehungen modernisieren? Die Zukunft von Herkunftsbindungen, in: Leviathan 1/1996, 28-44.

Hourani 1992 = Albert Hourani, Die Geschichte der arabischen Völker, Frankfurt am Main [1]1992 ff. (London 1991).

Huici Miranda 1956 = Ambrosio Huici Miranda, Las Grandes batallas de la Reconquista durante las invasiones africanas, Madrid 1956.

Huntington 1997 = Samuel P. Huntington, Kampf der Kulturen. Die Neugestaltung der Weltpolitik im 21. Jahrhundert, München-Wien 1997 (6. Aufl.).

Ibn al-Khatib 1347 H. = Ibn al-Khatib, Al-Lamha al-badriya fi-l-dawla an-nasriya (Chronik der Nasriden von Granada). Editionen: Kairo 1347 H; A.'Asi, Beirut 1978.

Ibn al-Khatib 1375 H. = Ibn al-Khatib, Kitab (Markaz) al-Ihata (»Buch der Kenntnis«). Editionen: Mohamed Abdulla Inan, Kairo 1375 H/ 1955, 1973–78 (4 Bände), Kairo 1347 H (2 Bände); Edition (Collection) Codera Nr.34 sowie Gayangos Nr.142 = Bibl.Escorial Ms.Nr.1673 -1674; Nat.Bibl.Madrid Ms.4891-4892.

Ibn Hudayl 1939 = Ibn Hudayl, Kitab Tuhfat al-anfus wa-shi'ar sukkan al-Andalus (»Buch der Tüchtigkeit des Volkes von al-Andalus«). Edition: Mercier, Paris 1939.

Ibn Idjas 1974 = Ibn Idjas, Bada'i' az-zuhur. Edition: M.Mustafa, Wiesbaden 1974.

Ibn Khaldun 1284 H. = Ibn Khaldun, Kitab al-'ibar (Geschichte der Berber). Edition: Bulaq (1284 H.; 7 Bände).

Ibn Sasra 1963 = Ibn Sasra, Ad-Durra al-mudi'a. Edition: William M.Brinner [»A Chronicle of Damascus 1389–1397«], Berkeley 1963.

Inalcik o.J. = Halil Inalcik, »The Heyday and the Decline of the Ottoman Empire« in: Cambridge History of Islam, Band 1, 324-353.

Jähns 1889 = Max Jähns, Geschichte der Kriegswissenschaften, München-Leipzig 1889.

Joas 1996 = Hans Joas, Die Modernität des Krieges – Die Modernisierungstheorie und das Problem der Gewalt, in: Leviathan 1/1996, 13-27.

Jorga 1908 = Nicolae Jorga, Geschichte des Osmanischen Reiches, Band I – III, Gotha 1908–1913.

Kaegi 1992 = Walter E. Kaegi, Byzantium and the Early Islamic Conquests, Cambridge 1992.

Kantorowicz 1991 = Ernst Kantorowicz, Kaiser Friedrich der Zweite, Stuttgart 1991 (nach der Ausgabe 1985).

Keegan 1981 = John Keegan, Die Schlacht, München 1981.

Keegan 1993 = John Keegan, A History of Warfare, London 1993 (1994).

Khawam 1976 = René R. Khawam (Hg.), Le Livre des Ruses. La stratgie politiques des Arabes, Paris 1976.

Klarwill 1926 = Victor von Klarwill (Hg.), The Fugger News-Letters, Second Series, New York-London 1926.

Kohler 1916 = Josef Kohler, Die spanischen Naturrechtslehrer des 16. und 17.Jahrhunderts, in: Archiv für Rechts- und Wirtschaftsphilosophie. Band X , Berlin 1916/17, 235-263.

König 1997 = Wolfgang König (Hg.), Propyläen Technikgeschichte, 5 Bände, Berlin 1997 ([1]1990).

Kretschmer/Dörflinger/Wawrik 1986 = Ingrid Kretschmer/Johannes Dörflinger/Franz Wawrik (Hg.), Lexikon zur Geschichte der Kartographie. Von den Anfängen bis zum Ersten Weltkrieg, Wien 1986.

Kurz 1962 = Hans Rudolf Kurz, Schweizer Schlachten, Bern 1962.

Lacoste 1990 = Yves Lacoste, Geographie und politisches Handeln. Perspektiven einer neuen Geopolitik, Berlin 1990.

Lagardère 1979 = Vincent Lagardère: Esquisse de l'organisation militaire des Murabitun à l'époque de Yusuf b.Tashfin, 430 H/1039 à 500 H/1106, in: Revue de l'Occident Musulman et de la Méditerranée 27 (1979), p.107 ff.

Ladero Quesada 1979 = Miguel Ángel Ladero Quesada, Granada. Historia de un país Islámico (1232–1571), Madrid 1979 ([1]1969).

Lane 1980 = Frederic C. Lane, Seerepublik Venedig, München 1980.

Le Goff 1994 = Jacques Le Goff, Das alte Europa und die Welt der Moderne, München 1994.

Lewis 1993 = Bernard Lewis, Islam and the West, Oxford 1993.

Lewis 1998 = Bernard Lewis, Der Atem Allahs. Die islamische Welt und der Westen – Kampf der Kulturen? München 1998.

Lewis 1999 = Bernard Lewis, Race and Slavery in the Middle East. An Historical Enquiry, New York 1999.

Lewis 2001 = Bernard Lewis, Kultur und Modernisierung im Nahen Osten, Wien 2001.

Liedl 1992 = Gottfried Liedl, Confrontation and Interchange. The Spanish-Arab ›Frontera‹ at the Beginning of the Modern Age (1232–1492), in: Virginia Guedea/Jaime E. Rodriguez (Hg.), Five Centuries of Mexican History (Proceedings of the VIII Conference of Mexican and North American Historians), Mexico-Irvine (Calif.) 1992, 15-26.

Liedl 1993 = Gottfried Liedl, Dokumente der Araber in Spanien. Zur Geschichte der spanisch-arabischen Renaissance in Granada, Band 2, Wien 1993.

Liedl 1995 = Gottfried Liedl, Der Palast, der ein Land ist. Überlegungen zum Grundriß der Alhambra, in: Alfons Hug/Haus der Kulturen der Welt (Hg.), Die Rote Burg. Zehn künstlerische Positionen zur Alhambra, Berlin-Milano 1995, 21-37.

Liedl 1997 = Gottfried Liedl, Al-Farantira: Die Schule des Feindes. Zur spanisch-islamischen Kultur der Grenze. Band 1: Recht, Wien 1997.

Liedl 1998 = Gottfried Liedl, Die Geburt der Moderne aus dem Geist der Gewalt: Kulturphilosophische Überlegungen zur Reconquista, in: Beiträge zur historischen Sozialkunde, 1/98, Wien 1998, 49-55.

Liedl 1999 = Gottfried Liedl, Krieg als Intrige. Kulturelle Aspekte der Grenze und die militärische Revolution der frühen Neuzeit, Wien 1999.

Lo Jacono 1983 = Claudio Lo Jacono, Piraten und Korsaren im Mittelmeer, in: Francesco Gabrieli (Hg.), Mohammed in Europa. 1300 Jahre Geschichte, Kunst, Kultur, München 1983 (Milano [1]1982), 193-207.

Lombard 1971 = Maurice Lombard, L'Islam dans sa première grandeur (VIIIe–XIe siècle), Paris 1971.

Lourie 1990 = Elena Lourie, Crusade and Colonisation. Muslims, Christians and Jews in Medieval Aragon, Aldershot, Vermont 1990.

Luft 1994 = Paul Luft, Gottesstaat und höfische Gesellschaft – Iran im Zeitalter der Safawiden (16.-17.Jahrhundert), in: Jürgen Osterhammel (Hg.), Asien in der Neuzeit 1500–1950. Sieben historische Stationen, Frankfurt am Main 1994, 26-46.

Majoros/Rill 1999 = Ferenc Majoros/Bernd Rill, Das Osmanische Reich 1300–1922. Die Geschichte einer Großmacht, Augsburg 1999.

Marsigli 1732 = Luigi Marsigli, L'Etat militaire de l'empire ottoman, 2 Bände, Den Haag-Paris 1732.

Martín 1976 = J.L. Martín, La Península en la Edad Media, Barcelona 1976.

Martinez 1987 = Ricardo Cerezo Martinez, Años cruciales en la historia del Mediterraneo 1570–1574, Madrid 1987.

Mata Carriazo Arroquía 1940 = Juan de Mata Carriazo Arroquía (Hg.), Colección de Crónicas españoles (1940 ff.).

Mata Carriazo Arroquía 1968 = Juan de Mata Carriazo Arroquía, [Artikel über Militärwesen] in: Diccionario de Historia de España (Band II), Madrid 1968, 516 ff.

Matar 1999 = Nabil Matar, Islam in Britain 1558–1685, Cambridge [2]1999.

Maturana 2000 = Humberto R. Maturana, Biologie der Realität, Frankfurt am Main 2000 ([1]1970ff.).

Matuz 1985 = Joseph Matuz, Das Osmanische Reich, Grundlinien seiner Geschichte, Darmstadt 1985.

McGraw-Donner 1981 = Fred McGraw-Donner, The Early Islamic Conquests, Princeton 1981.

McJoynt 1995 = Albert D. McJoynt, »Military Aspects of the War for the Conquest of Granada« (= »Introduction, Part 1«), in: William H. Prescott, The Art of War in Spain. The Conquest of Granada 1481–1492. Hg. von Albert D. McJoynt (Neuausg. der Ausgabe von 1841), London 1995, 13-92.

Meissner o.J. = Marek Meissner, Das goldene Zeitalter Arabiens unter den Abbasiden, Leipzig-Weimar o.J.

Melichar 1992 = Peter Melichar, Im Labyrinth des Krieges. Eine lakonische Collage, in: Merkur 12/1992/46. Jahrgang, 1086–1096.

Meyer 1993 = Frank Meyer, Andrea Doria und Hayreddin Barbarossa. Die Osmanisch-Christlichen Seekriege 1532–1547 (Diplomarbeit Universität Wien), Wien 1993.

Miek 1982 = Ilja Miek, Die Entstehung des modernen Frankreichs 1450–1610: Strukturen, Institutionen, Entwicklungen, in: Geschichte Frankreichs, Stuttgart 1982–1987.

Montgomery o.J. = Bernard Law Montgomery, Viscount Montgomery of Alamein: Kriegsgeschichte – Weltgeschichte der Schlachten und Kriegszüge, Frechen o.J. (London 1968).

Morillo 1995 = Stephen Morillo, Guns and Government: A Comparative Study of Europe and Japan, in: Journal of World History, Honolulu 1995/6/1, 75-106

Morrissey 2001 = John Morrissey, Die italienischen Seerepubliken, in: Peter Feldbauer/Gottfried Liedl/John Morrissey (Hg.), Vom Mittelmeer zum Atlantik: Die mittelalterlichen Anfänge der europäischen Expansion, Wien-München ²2001 (2., veränderte Aufl. v. ¹1999), 61-82.

Mourreau 1979 = Jean-Jacques Mourreau u.a., Los grandes cuerpos militares del pasado, Barcelona 1979.

Müller/Ludwig 1982 = Achatz von Müller/K.-H. Ludwig, Die Technik des Mittelalters, in: Ulrich Troitzsch/Wolfgang Weber (Hg.), Die Technik – von den Anfängen bis zur Gegenwart, Braunschweig 1982, 120-179.

Münkler 1992 = Herfried Münkler, Gewalt und Ordnung. Das Bild des Krieges im politischen Denken, Frankfurt am Main 1992.

Murphey 1999 = Rhoads Murphey: Ottoman Warfare 1550–1700, London 1999.

Murray/Knox/Bernstein 1994 = Williamson Murray/MacGregor Knox/ Alvin Bernstein (Hg.), The Making of Strategy. Rulers, States, and War, Cambridge-New York-Melbourne 1994 (²1995).

Nagel 1993 = Tilman Nagel, Timur der Eroberer und die islamische Welt des späten Mittelalters, München 1993.

Nagel 1994 = Tilman Nagel, Geschichte der islamischen Theologie. Von Mohammed bis zur Gegenwart, München 1994.

Napoleon 1866 = Napoleon III., Geschichte Julius Cäsars. Vom Verfasser autorisierte Übersetzung. Zweiter Band: Der gallische Krieg, Wien 1866.

Nebenzahl 1990 = Kenneth Nebenzahl, Der Kolumbusatlas: Karten aus der Frühzeit der Entdeckungsreisen, Braunschweig 1990.

Niederer 1881 = F. Niederer: Das deutsche Turnierwesen im XII. und XIII.Jahrhundert, Berlin 1881.

Niederkorn 1993 = Jean Paul Niederkorn, Die Europäischen Mächte und der »Lange Türkenkrieg« Kaiser Rudolfs II. (1593–1606), Wien 1993.

O'Callaghan 1975 = J. F. O'Callaghan, A History of medieval Spain, London/Ithaca 1975.

Ohler 1997 = Norbert Ohler, Krieg und Frieden im Mittelalter, München 1997.

Origo 1985 = Iris Origo, ›Im Namen Gottes und des Geschäfts‹. Lebensbild eines toskanischen Kaufmanns der Frührenaissance, München 1985 (²1986).

Ortenburg 1985 = Georg Ortenburg (Hg.), Heerwesen der Neuzeit, Band 2, Koblenz 1985.

Orywal 1996 = Erwin Orywal, Krieg als Konfliktaustragungsstrategie – Zur Plausibilität von Kriegsursachentheorien aus kognitionsethnologischer Sicht, in: Zeitschrift für Ethnologie 121/1996, 1-48.

Osterhammel 1994 = Jürgen Osterhammel (Hg.), Asien in der Neuzeit 1500–1950. Sieben historische Stationen, Frankfurt am Main 1994.

Osterhammel 1995 = Jürgen Osterhammel, Kulturelle Grenzen in der Expansion Europas, in: Saeculum. Jahrbuch für Universalgeschichte 46/1 (1995), 101-138.

Osterhammel 1996 = Jürgen Osterhammel, Sozialgeschichte im Zivilisationsvergleich. Zu künftigen Möglichkeiten komparativer Geschichtswissenschaft, in: Geschichte und Gesellschaft 22/2 (1996), 143-164.

Osterhammel 1998 = Jürgen Osterhammel, Die Entzauberung Asiens – Europa und die asiatischen Reiche im 18. Jahrhundert, München 1998.

Osterhammel 1998a = Jürgen Osterhammel, Zivilisationen im Verglech: Möglichkeiten und Probleme, in: Beiträge zur historischen Sozialkunde, Sondernummer 1998, Wien 1998, 34-40.

Ozaki 1986 = Ikio Ozaki, El régimen tributario y la vida económica de los mudéjares de Navarra, in: Anuario de estudios medievales, 16/1986, 319-368.

Pacey 1992 = Arnold Pacey, Technology in World Civilization. A housand-Year History, Cambridge 1992 ([1]1990).

Paravicini 1976 = Werner Paravicini, Karl der Kühne. Das Ende des Hauses Burgund, Göttingen-Zürich-Frankfurt am Main 1976.

Parker 1976 = Geoffrey Parker, The »Military Revolution«, 1560–1660-a Myth? in: Journal of Modern History, 48/June 1976, 195-214.

Parker 1988 = Geoffrey Parker, The Military Revolution – Military Innovation and the Rise of the West, 1500–1800, Cambridge 1988.

Parker 1990 = Geoffrey Parker, Die militärische Revolution. Die Kriegskunst und der Aufstieg des Westens 1500–1800, Frankfurt am Main-New York 1990.

Parker 1997 = Geoffrey Parker (Hg.), The Thirty Years' War, London 1997 ([1]1984).

Parker 2000 = Geoffrey Parker (Hg.), The Cambridge Illustrated History of Warfare: The Triumph of the West, Cambridge-New York 2000 ([1]1995).

Parry 1958 = V.J. Parry, »The Ottoman Empire 1520–1566« in: New Cambridge History 2, 1958, 510-533.

Pepper 2000 = Simon Pepper, Ottoman Military Architecture in the Early gunpowder Era: A Reassessment, in: James D.Tracy (Hg.), City Walls: The Urban Enceinte in Global Perspective, Cambridge-New York 2000, 282-316.

Pernot 1991 = J.F. Pernot, Guerre de sièges et places fortes, in: V.L. Barrie-Curen: Guerre et pouvoir en Europe au XVIIe siècle, Paris 1991.

Picard 1997 = Christophe Picard, L'océan Atlantique musulman. De la conquête arabe à l'époque almohade. Navigation et mise en valeur des côtes d'al-Andalus et du Maghreb occidental (Portugal-Espagne-Maroc), Paris 1997.

Piper 1993 = Otto Piper, Burgenkunde. Bauwesen und Geschichte der Burgen. Verbesserter und erweiterter Nachdruck der dritten Auflage von 1912, Würzburg-Augsburg 1993,

Pittioni 1998 = Manfred Pittioni, Die Türken. Von der nomadischen Frühzeit bis zum Großreich Süleymans I, in: Beiträge zur historischen Sozialkunde, 1/98, Wien 1998, 40-49.

Planhol 2000 = Xavier de Planhol, L'Islam et la mer – La mosquée et le matelot, VIIe–XX siècle, Paris 2000.

Powell 1990 = James M. Powell, The Papacy and the Muslim Frontier, in: James M. Powell (Hg.), Muslims under Latin Rule, 1100–1300, Oxford 1990, 175-203.

Prescott 1995 = William H. Prescott, The Art of War in Spain. The Conquest of Granada 1481–1492. Hg. von Albert D. McJoynt (Neuausg. der Ausgabe von 1841), London 1995.

Prestwich 1980 = Michael Prestwich, The Three Edwards. War and State in England 1272–1377, London 1980.

Purchas 1965 = Samuel Purchas, Purchas His Pilgrimes (20 Bde.), repr. New York 1965.

Rázsó 1997 = Gyula Rázsó, Hungarian strategy against the Ottomans (1365–1526), in: Von Crécy bis Mohács. Kriegswesen im späten Mittelalter (1346–1526), XXII. Kongress der Internationalen Kommission für Militärgeschichte. ACTA 22/1997, hg. vom Heeresgeschichtlichen Museum/Militärhistorisches Institut, Wien 1997, 226-237.

Reder Gadow 1988 = Marion Reder Gadow, Calidad de la pólvora malagueña con destino a las Indias. Siglos XVI y XVII, in: Temas de Historia Militar (= Publikation zum 2.Militärhistoriker-Kongreß, Zaragoza 1988), Madrid 1988, Band II, 89-100.

Reid 1979 = William Reid, Das Buch der Waffen, Düsseldorf-Wien 1979.

Reinaud 1848 = Joseph Toussaint Reinaud, De l'art militaire chez les Arabes au Moyen Age, in: Journal Asiatique, 4. Serie, Nr.12 (Sep. 1848), 193-237.

Reinaud/Favé 1849 = Joseph Toussaint Reinaud/J. Favé, Du feu gregois, des feux de guerre et des origines de la poudre à canon chez les Arabes et les Chinois, in: Journal Asiatique XIV (1849), 257-327.

Reintges 1963 = Theo Reintges, Ursprung und Wesen der spätmittelalterlichen Schützengilden, Bonn 1963.

Reyna/Downs 1994 = S.P. Reyna/R.E. Downs (Hg.), Studying War: Anthropological Perspectives, Amsterdam 1994.

Ritter 1929 = Helmut Ritter, La Parure de Cavaliers und die Literatur über die ritterlichen Künste, in: Der Islam XVIII (1929).

Rogers 1995 = Clifford J. Rogers (Hg.), The Military Revolution Debate: Readings on the Military Transformation of Early Modern Europe, Boulder [Col] 1995.

Rosell 1953 = Crónicas de los Reyes de Castilla desde Alfonso X hasta los Reyes Católicos. Edition: Rosell, Bibliotéca de autores españoles, Madrid 1953 (Neuausg. v. ¹1846 ff.).

Rothermund 1998 = Dietmar Rothermund, Globalgeschichte, Weltgeschichte, Universalgeschichte, in: Beiträge zur historischen Sozialkunde, Sondernummer 1998, Wien 1998, 4-10.

Rothermund 2002 = Dietmar Rothermund, Das »Schießpulverreich« der Großmoguln und die europäischen Seemächte, in: Friedrich Edelmayer/Peter Feldbauer/Marija Wakounig (Hg.), Globalgeschichte 1450–1620: Anfänge und Perspektiven (Edition Weltregionen, Band 4), Wien 2002, 249-260.

Sagarminaga 1932 = Fidel de Sagarminaga, El gobierno y regimen foral de señorio de Viscaya. 2 Bände, Bilbao 1932 u.1934 (Neuausgabe).

Schilling 2000(a) = Heinz Schilling (Hg.), Peripherie – Lokale Identitäten und räumliche Orientierung an der Grenze (Kulturanthropologie-Notizen; Bd. 65), Frankfurt am Main 2000.

Schilling 2000(b) = Heinz Schilling, Eine Welt von Grenzen. Nachbarschaften und Identitäten in der hessischen Peripherie, in: Heinz Schil-

ling (Hg.), Peripherie – Lokale Identitäten und räumliche Orientierung an der Grenze (Kulturanthropologie-Notizen; Bd. 65), Frankfurt
am Main 2000, 9-56.

Schmale 2000 = Wolfgang Schmale, Geschichte Frankreichs, Stuttgart 2000.

Schmidtchen 1990 = Volker Schmidtchen, Kriegswesen im späten Mittelalter. Technik, Taktik, Theorie, Weinheim 1990.

Schmidtchen 1997 = Volker Schmidtchen, Technik im Übergang vom
Mittelalter zur Neuzeit zwischen 1350 und 1600, in: Karl-Heinz Lud-
wig/Volker Schmidtchen, Metalle und Macht – 1000 bis 1600 (Propyläen Technikgeschichte, hg. von Wolfgang König, Zweiter Band),
Berlin 1997 ([1]1990), 207-598.

Schmitthenner 1934 = P. Schmitthenner, Das freie Söldnertum im abendländischen Imperium des Mittelalters, München 1934.

Schölch 1987 = Alexander Schölch, Der arabische Osten im neunzehnten
Jahrhundert 1800–1914, in: Ulrich Haarmann (Hg.), Geschichte der
arabischen Welt, München 1987, 365-431.

Scholz-Strasser 1994 = Inge Scholz-Strasser (Hg.), Aggression und Krieg,
Wien 1994.

Schulze 1999 = Reinhard Schulze, »Neuzeit« in »Außereuropa«, in: Peri-
plus, Jahrbuch für außereuropäische Geschichte, 9.Jg./1999, 117-126.

Schulze 2002 = Reinhard Schulze, Die frühe Neuzeit in der islamischen
Welt, in: Friedrich Edelmayer/Peter Feldbauer/Marija Wakounig (Hg.),
Globalgeschichte 1450–1620: Anfänge und Perspektiven, Wien 2002,
261-277.

Schwoebel 1967 = Robert Schwoebel, The Shadow of the Crescent: The
Renaissance Image of the Turk (1453–1517), New York 1967.

Sepúlveda 1941 = J. Ginés de Sepúlveda, Tratado sobre las justas causas de
la Guerra contra los Indios. Edition: México 1941.

Serres 1998 = Michel Serres (Hg.), Elemente einer Geschichte der Wissenschaften, Frankfurt am Main 1998 (Paris [1]1989).

Shatzmiller 1982 = Maya Shatzmiller, L'historiographie mérinide. Ibn
Khaldun et ses contemporains, Leiden 1982.

Shatzmiller 1988 = Maya Shatzmiller, The Legacy of the Andalusian Ber-
bers in the 14th century Maghreb: Its Role in the Formation of
Maghrebi Historical Identity and Historiography, in: Mercedes García
Arenal/M.J.Viguera (Hg.), Relaciones de la Peninsula Ibérica con el
Maghreb (siglos XIII–XVI), Madrid 1988, 205-236.

Shatzmiller 1992 = Maya Shatzmiller, The Crusades and Islamic Warfare –
a Re-evaluation, in: Der Islam. Zeitschrift für Geschichte und Kultur
des islamischen Orients, Band 69, Heft 2, Berlin-New York 1992.

Shaw 1976 = Stanford J. Shaw, History of the Ottoman Empire and
Modern Turkey, Bd. l. Empire of the Ghazis – The Rise and Decline of
the Ottoman Empire 1280–1808, Cambridge 1976.

Steele 1994 = Ian K. Steele, Warpaths – Invasions of North America, New
York-Oxford 1994.

Stephan 1998 = Cora Stephan, Das Handwerk des Krieges, Berlin 1998.

Steriotou 1998 = Ioanna Steriotou, Le fortezze del regno di Candia.
L'organizzazione, i progetti, la costruzione, in: Gherardo Ortalli (Hg.),
Venezia e Creta. Atti del convegno internazionale di studi, Iraklion-
Chanià, 30 settembre–5 ottobre 1997, Venezia 1998, 283-302.

Stern 1529 = Peter Stern von Las, Kriegstagebuch, »Belegerung der statt wienn im jar Als man zollt nach Christi geburt tausent fünffhundert unnd newn unt zwainzigsten Beschtehn kürtzlich angetzaigt«, Wien 1529.

Stökl 1997 = Günther Stökl, Russische Geschichte – Von den Anfängen bis zur Gegenwart, Stuttgart 1997 (6., erweiterte Auflage).

Tallett 1992 = Frank Tallett, War and Society in Early-Modern Europe, 1495–1715, London-New York 1992,

Tapia y Salzedo 1641 = Tapia y Salzedo: Exercicios de la gineta, Madrid 1641.

Taskiran 1997 = Cemalettin Taskiran, L'art de guerre dans l'Empire Otto-man et la bataille de Mohács (jusqu'au XVIe siècle), in: Von Crécy bis Mohács. Kriegswesen im späten Mittelalter (1346–1526), XXII. Kongress der Internationalen Kommission für Militärgeschichte. ACTA 22/1997, hg. vom Heeresgeschichtlichen Museum/Militärhistorisches Institut, Wien 1997, 207-217.

Thompson 1999 = William R. Thompson, The Military Superiority The-sis and the Ascendancy of Western Eurasia in the World System, in: Journal of World History, Honolulu 1999/10/1, 143-178.

Torres Balbás 1942 = Leopoldo Torres Balbás, Las torres albarranas, in: Al-Andalus, Band VII (1942).

Torres Delgado 1974 = Cristóbal Torres Delgado, El antiguo reino nazarí de Granada (1232–1340), Granada 1974.

Tracy 2000 = James D. Tracy (Hg.), City walls: The Urban Enceinte in Global Perspective, Cambridge-New York 2000,

Troso 1988 = Mario Troso, Le Armi in Asta delle Fanterie Europee (1000–1500). Milano-Novara 1988,

Turner 1986 = Frederick Jackson Turner, The Significance of the Frontier in American History (1893), in: The Frontier in American History (Neuausg.), London 1986.

Verbruggen 1977 = J.F. Verbruggen, [1]The Art of Warfare in Western Europe during the Middle Ages from the Eighth Century to 1340, Amster-dam-New York-Oxford 1977 (Brüssel 1954).

Verbruggen 1997 = J.F. Verbruggen, [2]The Art of Warfare in Western Europe during the Middle Ages, Woodbridge 1997.

Vernet 1992 = Juan Vernet, El legado del Islam ein España, in: Jerrilyn D.Dodds (Hg.), Al-Andalus. Las artes islámicas en España, Madrid 1992,173-187.

Virilio 1993 = Paul Virilio, Revolutionen der Geschwindigkeit, Berlin 1993 (Paris [1]1991).

Virilio/Lotringer 1984 = Paul Virilio/Sylvère Lotringer, Der reine Krieg, Berlin 1984.

Waldron 1997 = Arthur Waldron, The Great Wall of China – From History to Myth, Cambridge 1997 ([1]1990).

Warner 1963 = Oliver Warner, Große Seeschlachten, London 1963.

Watson 1983 = Andrew M. Watson, Agricultural Innovation in the Early Islamic World. The Diffusion of Crops and Farming Techniques 700–1100, Cambridge 1983.

Watt 2001 = Montgomery Watt, Der Einfluß des Islam auf das europäi-sche Mittelalter, Berlin [3]2001.

Weissmann 1987 = Nahoum Weissmann: Les Janissaires - étude de l'organisation militaire ottomane. Paris 1987.

Wheatcroft 1995 = Andrew Wheatcroft, The Ottomans – Dissolving Images, London 1995.

Wiener 1992 = Norbert Wiener, Kybernetik – Regelung und Nachrichtenübertragung im Lebewesen und in der Maschine, Düsseldorf -Wien-New York-Moskau 1992 (Massachusetts [1]1948).

Wilkins/Wilkins 1985 = Constance L. Wilkins/Heanon M. Wilkins (Hg.), Pero López de Ayala: Coronica del rey don Pedro, Madison 1985.

Wittek 1952 = Paul Wittek, Le rôle des tribus turques dans l'empire ottoman, in: Georges Smets, Extrait des melanges Georges Smets, Bruxelles 1952.

Wodsak 1905 = Felix Wodsak, Die Schlacht bei Kortryk, 11.Juli 1302. Diss., Berlin 1905.

Wratislaw 1862 = A. H. Wratislaw (Hg.), Adventures of Baron Wenceslas Wratislaw of Mitrowitz, London 1862.

Zapf 1970 = Wolfgang Zapf (Hg.), Theorien des sozialen Wandels, Köln-Berlin [2]1970.

Zapf 1996 = Wolfgang Zapf, Die Modernisierungstheorie und unterschiedliche Pfade der gesellschaftlichen Entwicklung, in: Leviathan 1/1996, 63-75.

Zozaya 1992 = Juan Zozaya, Las fortificaciones de al-Andalus, in: Jerrilyn D. Dodds (Hg.), Al-Andalus. Las artes islámicas en España, Madrid 1992, 63-73.

Autoren

THOMAS KOLNBERGER, Student der Geschichte und Politikwissenschaft. Tourismusfachmann. Schwerpunkte der Forschungstätigkeit: Militärtechnologie, der Europäische Sonderweg, kulturelle und technische Tranfers.

GOTTFRIED LIEDL, Dr., Philosoph und Historiker, Universitätslektor. Tätigkeit im Immobiliengeschäft. Schwerpunkte der Forschungs- und Publikationstätigkeit: spanisch-arabische Geschichte und Geschichte des Mittelmeerraums in der frühen Neuzeit, kulturphilosophische Studien.

MANFRED PITTIONI, Mag. Dr., Jurist, Universitätslektor. Tätigkeit in der Exportwirtschaft und in einer österreichischen Großbank. Schwerpunkte der Forschungs- und Publikationstätigkeit: Orientalistik, insbesondere Geschichte des Osmanischen Reichs.

"Kunst ist die andere Seite der Bildung!"

WWW.SUR.AT

Herbert Exenberger (Hg)
Als stünd' die Welt in Flammen
Eine Anthologie ermordeter sozialistischer SchriftstellerInnen
Das Buch versammelt AutorInnen, die ihr Leben in NS-Lagern lassen
mußten. Gemeinsam war ihnen ihr Zugehörigkeitsgefühl zur Arbeiterbe-
wegung und eine Schreibhaltung, die die Literatur als Mittel der Kom-
munikation, der Solidarität und der Verständigung über die Fragen der
Zeit verstand. Die »Vereinigung sozialistischer Schriftsteller«, gegründet
1933, war eine Schriftstellerorganisation, in der sie gegen die faschistische
Unterwefung der Gesellschaft auftraten.
Von den SchriftstellerInnen dieser Anthologie ist wenig bekannt. Ihr
Schicksal hat sie nicht zu Prominenten gemacht.
ENGL. BROSCHUR, 288 SEITEN, EU 18, SFR 31,80

Illustrierter Führer durch die Bukowina
Herausgegeben von Helmut Kusdat
1907 erschien in Czernowitz der »Illustrierte Führer durch die Bukowina«.
Dieser auch in Fachkreisen kaum bekannte Reiseführer zeichnet ein facetten-
reiches Bild des östlichsten Kronlandes der Habsburgermonarchie. Illustriert
mit ca. 100 Abbildungen, vermittelt der Text einen faszinierenden Eindruck
von der ethnischen Vielfalt, den kulturellen Eigenheiten, den baulichen Besonderheiten und der landschaftlichen Schönheit der Bukowina. Beigelegt
sind zwei farbige Karten: eine detaillierte Verkehrskarte des Herzogtums Bukowina und der legendäre Stadtplan von Czernowitz von Leon Kreiner, der
noch heute westlichen Touristen in Chernivtsi als
willkommene Orientierungshilfe dient.
GEBUNDEN, 156 SEITEN, CA. 100 ABBILDUNGEN, EU 14,90 | SFR 26,30

Gerhard Milchram
Heilige Gemeinde Neunkirchen
Eine jüdische Heimatgeschichte
Mit diesem Buch wurde erstmals eine Geschichte der kleinen jüdischen
Gemeinde Neunkirchen in Niederösterreich erarbeitet – von ihrer Grün-
dung im 19. Jhdt. bis zu ihrer Vernichtung im Jahr 1938. Der Historiker
Gerhard Milchram geht auf die Herkunft der Juden im südlichen Nie-
derösterreich aus dem Burgenland ein und widmet sich in einem eigenen
Kapitel den Lagern der ungarischen Juden, die in Neunkirchen 1944–
1945 Zwangsarbeiten beim Bau von Bunkern am Hauptplatz leisten
mußten. Breiten Raum nehmen Lebenserinnerungen von ehemaligen
Neunkirchnern ein. Diese zeichnen ein sehr persönliches Bild jüdischen
Lebens in Neunkirchen.
ENGL. BROSCHUR, 208 SEITEN, EU 15,80 | SFR 27,90